Mit Farbfotos
und einem
bebilderten
Lexikon

RAINER KLIS

Streifzüge durchs Indianerland

Figuren, Fährten, Fakten

Chemnitzer Verlag

Redaktionelle Mitarbeit: Karin Klis

in Zusammenarbeit mit Westermann Braunschweig
Gestaltung: Günter Jacobi
Herstellung: Renate Roßbach
Satz/Repro: Reprostudio H. Schneider
Druck: Westermann Druck GmbH Zwickau
ISBN 3-928678-59-0

Shí, Nahasdzáán binilch 'i' diyinii nishh
Nahasdzáán bikee', shí shikee'
Nahasdzáán bijáád, shí shijáád
Nahasdzáán biinéí', shi shinéí'
Nahasdzáán bintsékees, shí shintsékees.
Shí, altsé diyinii nishh
Hózhóogo shik' ehgo iiná.

Ich, ich bin der Geist in der Erde
Die Füße der Erde sind meine Füße
Die Beine der Erde sind meine Beine
Die Stimme der Erde ist meine Stimme
Die Gedanken der Erde sind meine Gedanken.
Ich, ich bin die höchste Kraft,
Deren Wege schön sind.

Aus der Wegsegen-Zeremonie der Navajo

Inhaltsverzeichnis

Erster Teil

Die Cree vom Smoky River

Überlebensbericht aus dem Nordosten der Rocky Mountains

Aufbruch und Ankunft im Tipi

Es muss um Pfingsten gewesen sein, als Schulfreund Tom anrief. Pünktlich im vierzigsten Jahr hatte uns, wie wir fanden, die Krise. Bei Bieren beschworen wir alte Zeiten, da wir, Indianer des Rabensteiner Waldes, im Galopp Wanderer erschreckt, Liebespärchen in Sommerwiesen umritten hatten: wilde Sioux im Kampf um Custers letzte Stellung. Auf ging uns, dass dies ein Vierteljahrhundert zurück lag, und wir fanden, dass es begangen werden müsste. Eine Reise, im Katalog „Auf den Spuren der Indianer“ betitelt, schien angemessen.

An einem Morgen Anfang September brachen wir auf. Vom Rücken schlanker Pferde aus würden wir die Rockys erkunden, die nördlichen Prärien, das Land der Blackfoot. In Bockhütten würden wir schlafen, in Zelten, indianische Überlebenstechniken kennenlernen, wie Daniel Boone Flüsse hinabfahren, mit Indianern an Teetanzzeremonien teilnehmen.

In Jacken vom Jagdausstatter, Jeans und Outdoor-Stiefeln kommen wir in Edmonton an. Der lange Tom trägt eine gewendete Fellkappe in der Form einer Eierpfanne. Geziert mit Abzeichen vom Matterhorn, der Rathen-Bastei, einer Brockenhexe, der DDR-Fahne. Unschwer orten wir im Hotel die anderen Expeditionsteilnehmer: Katrin und Ralf aus Frankfurt/Ost, Anja – einstens Absolventin der Chemnitzer Kinder- und Jugendsportschule – aus Berlin. Fünf Ostler im Wilden Westen!

Tags darauf treffen wir in Grande Cache, dem letzten Vorposten bewohnter Welt, Vic. Vic, unser Scout, ein untersetzter Mann Anfang fünfzig, ist Inhaber mehrerer Titel in Überlebenswettbewerben. Wir erfahren, dass er Monate im Wald lebt, sommers wie winters, Wapitis und Elche mit dem Bogen schießt, sich wochenlang von Moos, Rinde, Kräutern ernährt. Ursprünglich habe er Ingenieur gelernt, später mit Indianern gelebt. Seither führe er Leute wie uns viermal im Jahr durch den Busch – escape into the wilderness. Zusätzlichen Verdienst braucht er nicht, will er nicht, sagt er.

Im unwegsamen Wald kommt der Jeep nicht weiter, und Vic lässt uns Koffer auspacken. Mehr als Sachen zum Wechseln und Schlafsäcke genehmigt er nicht. Das Gepäck bleibt im Jeep zurück. Wir folgen im Gänsemarsch durch Dämmerung. Vic schweigt, zeigt hier die Kratzspuren eines Grizzlys am Stamm, dort die Fährte eines Wapitis. Schließlich fällt das Gelände zu einem See hin ab; die Silhouette der Rockys deutlich vorm verblassenden Himmel. Auf einer Lichtung ein Tipi. Vic sagt: That's yours, good night. I'll be back in the morning. Und weg ist er, Gott weiß wohin.

Beklommen stehen wir. Kriechen dann, einer nach dem anderen, durch die niedrige, verhangene Eingangsluke ins Innere. Im Schein der Taschenlampe die Feuerstelle, daneben vorbereitetes Brennholz. Der zum See hingeneigte Boden mit frischen Reisern bedeckt. Wir beschließen ein Feuer anzufachen, draußen, holen Holz heran, lassen das vorgefundene als Vorrat. Zum Glück. Braten mitgebrachte Jagdwurststücke, lassen den Flachmann rumgehen: Endlich zu Hause in der Wildnis!

Wir lauschen der erwachenden Nacht. Der Ruf eines Uhus, der Schrei einer Eule, das Rumoren des Wildes im Laub, das Platschen der Biber im See. Wir sprechen gedämpft. Dann hören wir vom anderen Ufer lang anhaltendes Heulen, beantwortet aus vielen Kehlen, fern erst, dann näher schon. Computerschnell stehen einschlägige Geschichten vor uns, realistische, horrormäßige, vielleicht realistischerweise horrormäßige. Die Frauen ziehen es vor, ins Tipi zu gehen, wo Tom ihnen Feuer macht. Ralf und ich stecken uns eine an. Die Klinge des neuen Messers scheint klein und verloren im dunklen Feuerlicht. Die machetengroßen Dolche fallen mir ein, die ich – wer macht sich gern lächerlich – im Outdoorladen verschmäht hatte, und die Checklisten des Veranstalters (Taschenlampe, Feuerzeuge, Messer mit feststehender Klinge...).

Als das urweltliche Pro-Sieben-Film-Geheul aus nächster Nähe kommt, sind auch wir uns einig, räumen das Feld. Im Tipi herrscht Krisenstimmung. Wir legen Holz nach, bis die Augen tränen. In Schlafsäcke verkrochen und aneinander gedrängt spüren wir doch von unten die bitterkalte Nacht. Rolf und ich kriechen im Wechsel aus dem Sack, um nachzulegen. Als Anja dann vorm Eingang einem dringenden Bedürfnis nachkommt, stehen wir drei mit Messern um sie herum. Unsere Behausung, vom Brand darin, leuchtet wie ein Lampion.

In Sibirien, fällt mir ein, sind zehn Rubel kein Geld, fünfzig Kilometer keine Entfernung, hundert Gramm Wodka kein Schnaps ... Und ich muss an meine Taiga-Expedition denken und an den Kollegen Slawa Filipow, wie er nach diesen Worten und angesichts meiner Zerknirschung zu mir herunter blickte und freundlich meinte: Nu, Sie wollten! *Taiga... Barbaren...* Sie wollten!

Ein guter Tag zum Sterben

Mit den ersten, herbeigesehnten Sonnenstrahlen, die die blauen, klar in den Himmel wachsenden Gipfel aufscheinen lassen, sind wir endgültig im Neolithikum angekommen. Nackt kriechen wir den reifbedeckten Hang zum See hinab, über dessen drei Grad kaltem Gletscherwasser Nebel hängt, um zu baden. Zuvor jedoch breite ich die Arme aus zum großen Manitou und bekenne laut und vernehmlich den Spruch der Krieger: *Ein guter Tag zum Sterben!* Kurz darauf ist mir, wie den anderen Vieren auch, tatsächlich so. Denn Vic schleift uns in Eilmärschen über die Berge, dass uns das letzte Lachen noch vergeht. Irgendwann bleibt Katrin liegen;

mit äußerster Kraftanstrengung schleppen wir sie weiter. Unser Mann aus dem Wald ist wie immer fünfhundert Meter voraus und kaum mehr zu sehen. Wir beginnen mit dem Schlimmsten zu rechnen, fragen uns, ob das die Reise ist, die wir gebucht haben. Eine Verwechslung scheint vorzuliegen, die uns in einen Survival-Kurs für Marines verschlagen hat, denen die Einzelkämpferausbildung zu langweilig war.

Gegen Abend, wir sitzen endlich am Feuer, sind plötzlich Indianer um uns. Unter den Bäumen treten sie hervor, setzen sich abseits ans Feuer. Sie sagen nichts, unterhalten sich später in ihrer uns fremden Sprache. Es ist Jack, der alte Cree, wie wir von Vic erfahren, mit seinen Leuten. Vier Mädchen, drei junge Männer, eine Frau in meinem Alter, ein Mann. Ich gehe zu Jack, der stehen blieb, biete ihm meinen Flachmann an, eine Havanna. Er verneint, lächelt, zeigt eine Dose vor: Kautabak.

Später, wir essen von den Fladen, die die Cree mitgebracht haben, erzählt Jack, dass sein Vater das Tal von Banf verlassen musste, als das Gebiet Nationalpark wurde, und auf meine Nachfrage hin, dass sie, die Cree, dennoch zufrieden seien in Kanada: Viele arbeiteten in der Holzindustrie, andere lebten wie ihre Väter von Jagd. Jeder Cree könne sich niederlassen, wo immer es ihm beliebe.

Wir vererben dir unser Messer

In Zweier-Kanus geht es über drei Seen, an diesem Tag siebzig Kilometer. Dann den Smoky hinunter, einen lindgrünen, eiskalten Gletscherstrom. Viele schon wären in ihm umgekommen, wenige hätte man überhaupt gefunden. Mit Anja im Kanu überlässt der Scout sich als erster der Strömung. Dann folgen Katrin und Ralf, der Kanu-Sport auf der Oder lernte. Der lange Tom und ich sind Laien und starten zuletzt. Doch Manitou hält

„Auf einer Lichtung ein Tipi. Vic sagt: That's yours, good night.“

„Mit den ersten Sonnenstrahlen sind wir im Neolithikum angekommen...“

Beim langen Tom biegt sich die Angel

Lange nichts gegessen – Zeit, die Fische zu braten und weiterzuziehen

Jack, der alte Cree, mit seinen Leuten

„In Zweier-Kanus geht es über drei Seen, an diesem Tag siebzig Kilometer."

Noch fühlt sich Rainer Klis in Daniel Boones Rolle ganz ausgezeichnet...

Bevor es ernst wird: der Autor, Anja, Katrin, Rolf und der lange Tom (von links)

„Dann den Smoky hinunter, einen lindgrünen, eiskalten Gletscherstrom..."

Vic, Inhaber mehrerer Titel in Überlebenswettbewerben, braucht eine Pause

„Wir kommen an Old Freds Lager vorbei, das aus einer 12 Quadratmeter großen blauen Plane besteht... Hier, erzählt Vic, lebe der Outdoor seit dreißig Jahren."

„Vic streift dem Leittier das Halfter über, sagt: Hold it, Rainer, your horse!“

„Mit herausstehendem Oberarmknochen schleppte ich mich neben Vic durch den Busch. Dann kroch der Jeep über Stock und Stein bis zum fernen Highway...“

seine Hand über uns; heil strudeln wir den Vormittag hinab. Um die Mittagsstunde, von den Paaren vor uns ist längst nichts mehr zu sehen, gabelt sich der Strom in gleich breite Arme. Uns ist klar, dass sich die Chance, aus der Sache herauszukommen, eben halbiert hat. Auf dem falschen Fluss, das ist gewiss, würden wir bis zum Arktischen Ozean niemanden treffen. Unschlüssig paddeln wir nach rechts, unschlüssig nach links. Bis die sich teilende Strömung – wir fahren in ihr mit vielleicht vierzig Sachen – uns in den linken Arm zieht. Auf den anderen geraten, hätte ich, wie heute feststeht, diesen Bericht nach Normannenart in Stein ritzen müssen, irgendwo, in der Tundra der Nordwest-Territorien. Freilich nur den Kern der Sache: Wir, 2 Saxen, abgetrieben 1997, vererben dir, Fremder – mögest du nicht Vic heißen –, unser Messer.

Drei Biegungen weiter sehen wir die dünne Fahne eines Feuers. Es gibt gebratene Jagdwurst mit Apfel. Wer will, kann sich Blätter und Kräuter holen, die wir kennen inzwischen.

Es geht weiter, ohne dass Vic über unser Problem ein Wort verloren hätte. Bald treiben Tom und ich weit abgeschlagen. Wie gehabt. Irgendwann gerät auch Rolfs Kanu für uns außer Sicht. An einer Insel aufgelaufener Bäume schließlich kentern wir, dass das Kanu von der starken Strömung unter das Schwemmholz gerissen wird. Es gelingt mir, einen Ast zu greifen; Toms Bein klemmt zwischen Stämmen und Kanu fest: er droht unter die Insel gezogen zu werden, hängt an meinem rechten Arm. Für Minuten sieht er den Tod, tritt, den Kopf von Eisbrühe überspült, mit dem anderen Bein gegen das unten klemmende Boot. Dann endlich kommt er frei.

Nach zwei Stunden sehen wir Vic und Ralf am Ufer – ein davongetriebener Schuh hatte sie aufmerksam gemacht. Gestikulierend fordern sie uns auf zu springen, und wir springen...

Weitergehen soll es auf Pferden. Wir fragen uns, wo die herkommen sollen. Am Sheep Creek, wo wir Lager beziehen: von Pferden keine Spur. Vic jedoch gibt jedem ein Halfter und geht los. Von morgens an durchstreifen wir, ihm folgend, Wälder. Dann endlich, nach Wolfs-, Elch-, Wapiti-, Bighorn- und Bärenspuren, ein erster Haufen Pferdeäpfel! Im späten Nachmittag orten wir die Pferde im Talgrund, und Vic, der die Tiere viermal im Jahr fängt, öffnet den Sack Hafer.

Boys! ruft er, Girls!

Und was soll ich sagen: Die frei lebende Herde kommt herangetobt, dass sächsische Reiter wie Tom und ich zurückweichen. Dabei hatte ich noch vor Tagen geprahlt, Vic gefragt, ob er ein Crazy horse für mich hätte...

Vic streift dem Leittier das Halfter über, sagt: Hold it, Rainer, your horse!

Dann geht es zurück auf den ungesattelten Mustangs, wobei Tom und ich noch auf der Sonnenseite reiten. Mit Mühe zwar, aber immerhin. Wir kommen an Old Freds Lager vorbei, das aus einer vielleicht 12 Quadratmeter großen blauen Plane besteht, die Fred als Unterstand vor seiner Feuerstelle dient. Hier, erzählt Vic, lebe der Outdoor seit dreißig Jahren.

Auch im Winter?

Das ganze Jahr, sagt Vic und zeigt uns zwei Plastikbehälter, in denen Old Fred Tee aufbewahrt, ein paar Büchsen Corned Beef, Streichhölzer...

Wahrscheinlich, sagt Vic, sei Fred einen Freund besuchen, der hinter den Bergen am Fraser kampiere. Er zeigt uns Freds Wolfsschlinge und erklärt, wie man sie legt.

Wie old Old Fred sei?

Fünfundachtzig, sagt Vic.

Nächsten Tags heißt mich der Scout das Leittier am Schluss zu reiten. Es tänzelt stundenlang, unwillig über diese Position, vom Stress mit weißem Schaum bedeckt. Gegen Abend dann, die anderen sind abgestiegen, lässt Vic mich endlich losreiten. Ich gebe den Zügel frei, drücke leicht die Schenkel an... und das Pferd explodiert aus dem Stand heraus... Kaum kann ich dem morschen Blockhaus ausweichen, das Tier zum Stehen zu bringen. Es geht hoch und anschließend durch. Rast einen Abgrund hinab, den kein Hengst, den ich kenne, freiwillig nehmen würde, bekommt gar die Kurve vor einer Baumgruppe – was mir nicht mehr hilft.

Die Äste standen einfach zu tief.

Mit herausstehendem Oberarmknochen schleppte ich mich neben Vic durch den Busch. Dann kroch der Jeep über Stock und Stein bis zum fernen Highway. In Grand Cache schließlich beendigte eine Morphium-Spritze meinen Sonnentanz.

Holzarbeiter fuhren mich nächtens ins 200 Kilometer entfernte Hintoner Hospital, das ich, mit gegipstem Bruch und versehen mit Morphin-Tabletten, am Morgen per Greyhound-Bus Richtung Edmonton verließ.

Zwei Tage später landete ich, mit der Röntgenaufnahme als letztem Besitz, in Leipzig. Ein Polarfuchs im Sommer, taumelte ich, bedreckt, wie ich den Busch verlassen musste, dem trauten Bratwurststand entgegen. Ein eingesessener Penner hob die Hand zum Gruße. Endlich richtig essen, entfuhr es mir. Und der Bratwurstmann neigte sich mir warmherzig entgegen: Lass dir's schmecken, Alter!

Ich musste lachen und an den langen Tom denken. Und an die Cree, die in festen Häusern wohnten. Die mit uns im Tipi Beuteltee tranken, den sie mitgebracht hatten wie die Mokassins für siebzig Dollar. Gott, hatten die die Köpfe geschüttelt, wie unsereins vegetieren konnte!

Zweiter Teil

Indianerzeit

Vom Yellowstone zum Wounded Knee

Von Bahnsteig 3 nach Cody/Wyoming

Diesmal gingen wir es generalstabsmäßig an, das in jungen Jahren Versäumte nachzuholen. Abende im Pub wurden zu ersten strategischen Beratungen. Es sollte Nordamerika sein, der Westen, der mittlere Westen, das Land unserer Indianerbücher, die Berge der Shoshone, die weiten Plains der Lakota, Cheyenne und Crow, das wirkliche Amerika, das Sibirien der Neuen Welt. Karten und Publikationen der Weststaaten waren schnell beschafft. Schnell auch waren wir uns einig: mit Pferden durch die Rocky Mountains von Wyoming. Dann nach Süddakota und wenn möglich mit Pferden durch die Black Hills, die Prärie. *Mit dem Wolf tanzend sich einen Wolf reiten.* So oder so, noch trauen wir's uns zu. Bis zum *end of the trail.*

Freunde, die in Amerika studierten, stellen ihre Kontakte zur Verfügung. Am Ende steht ein Rancher in Nordwestwyoming und einer, der in den Black Hills Pferde züchtet. Ersterer wird uns einen Scout stellen und Pferde, damit wir über die Rockys kommen. Von Jackson Hole durch den Bridger National Forest, die Grand Tetons, den Yellowstone, die Washakie Wilderness. Zur verabredeten Zeit wird er uns an der Mündung des Sheep Creek in den North Fork River erwarten und uns mit dem Jeep zurückbringen nach Cody. Dann würden wir einen Wagen mieten und quer durch Wyoming nach Süddakota fahren, wo Jim mit Pferden auf uns wartet. Mit ihm würden wir durch die Heiligen Berge der Sioux reiten, runter in die Prärie und wieder hoch zum Hells Canyon. Wir würden durch Wälder ziehen, in denen es keine Pfade gibt, durch Prärien mit Antilopen, Büffeln, Klapperschlangen. Wir würden unterwegs sein wie nomadisierende Jäger, fern unserer Welt wie einem anderen Planeten.

Mein Freund, der fünf Söhne hat und eine gut gehende Arztpraxis betreibt, ist es gewohnt, seine paar Tage Urlaub im „Weißen Rössel" zu verbringen. Jetzt aber will auch er *dem Teufel ein Ohr absegeln.* Schließlich wird er dieser Tage fünfzig, und wenn überhaupt, dann sollten wir's jetzt tun. Das ist ihm klar und mir.

Wir gehens an wie die letzte Schlacht: montags reiten, dienstags Massage und Englisch-Einzelunterricht. Mittwochs reiten und Beratung im Pub. Donnerstag Fitnessstudio, Freitag reiten, Sonnabend kampfwandern, Sonntag Schabbes. Wir verlieren allerhand Kilo, kommen uns vor wie Kit Shelleen. Wir lesen die alten Bücher nochmal und ein paar neue.

Wir nehmen Abschied von all unseren Lieben, haben die Lebensversicherungen erhöht, Testamente verfasst. Es ist soweit.

Der Freund sitzt verabredungsgemäß am Bahnsteig 3 des Chemnitzer Hauptbahnhofes. Ich erkenne ihn am Seesack, den wir zusammen gekauft haben. Das Haar geschoren, als ob's in den Vater aller Kriege ginge, hält er sich an einer Dose heimatlichen Bieres fest. Ich stelle meinen Seesack gegen seinen, öffne die zweite Dose.

„Bist du sicher", frage ich, „dass wir hier am richtigen Bahnsteig sitzen?" „Klar", sagt er, „absolut".

Fünf Minuten später fährt der Leipziger Zug zwei Gleise weiter ab. Bahnsteigänderung. Wir fürchten schon, im Rohr zu krepieren, sozusagen, schaffen aber den nächsten.

Im Flughafen werden wir bereits ausgerufen, und als Letzte gehen wir an Bord. Der Anfang ist gemacht.

Wir fliegen nach Frankfurt, Las Vegas, Salt Lake City. Von da gehts mit dem Buschflieger weiter nach Cody/Wyoming. Erschöpft in traumlosen Schlaf gesunken, werden wir jäh hervorgerissen: die Maschine sackt mehrmals durch, dass wir uns einen letzten ratlosen Blick zuwerfen. Draußen, vor den Scheinwerfern, dichte weiße Linien. Endlich fassen wir es: ein Schneesturm Ende Juli!

Später werden wir erkennen, dass die kleine Maschine über die Rocky Mountains nach Cody herunter kam, wo wir schlingernd nachts um halb elf landeten.

Ein Flughafen wie ein Omsker Buswartehäuschen. Kein Mensch da, statt dessen Aushänge: „Missing Persons“. Vierzig Vermisste starren uns an. Daneben Plakate wie „Grizzly Country“, „Grizzlys frequent this area!!!“, „Food Storage“ und „Gray Wolf“. Irritiert schultern wir die Säcke. Wir finden uns in einem dieser Filme, in denen ein Kerl mit seinem Sattel aus der Union Pacific Railway steigt und sich in der Prärie umschaut.

Ein Himmel so groß wie im Märchenbuch, Myriaden von Sternen, *schneeballblütengroß* – um einmal Benn zu zitieren –, eine kleine Straße, die sich am Horizont verliert. Kein Taxistand, und von Cody kein Lichtschimmer über der Prärie. Wir versuchen, das Telefon, das wir in einer Ecke finden, für unsere Zwecke zu nutzen. Schließlich schaffen wir's, und der Portier vom Buffalo Bill Village kommt, uns abzuholen.

In unserem Blockhaus sind wir wieder hellwach. Es ist halb zwölf Ortszeit und wir machen uns auf, die Kneipe zu suchen, die ein *Muss* sein soll für alle, die sich Cody auf fünfzig Meilen genähert haben: die „Irma“. Im vom Stadtgründer „Buffalo Bill“ Cody für seine Tochter Irma gebauten Saloon scheinen wir wieder in eben jenem Film angelangt: langer Tresen, ein paar Tische, ein Klavier in der Ecke. Der Kerl, der der Union Pacific Railway entstieg, sitzt jetzt neben uns und trinkt seinen Whiskey in einem Zug aus. Außer uns tragen alle Hüte und Stiefel. Auf dem Weg zum Restroom (Pissoir) recken sich uns unwirklich große Trophäen entgegen: präparierte Wapitis, Elche, Bären, Büffel. Dazwischen hängen Fotografien, die Buffalo Bill mit Häuptlingen der Crow zeigen, Fotos von Annie

Oakley und Doc Holliday, nach dem wir unseren Freund von jetzt an, nicht nur der beruflichen Nähe wegen, benennen wollen...

Abschied von bewohnter Welt

Bevor wir am übernächsten Tag in die Wildnis aufbrechen können, müssen noch Ausrüstungsgegenstände beschafft werden: geeignete Stiefel, wie sie jeder Cowboy trägt. Hüte, die breit genug sind, um vor der Hochgebirgssonne zu schützen. Chinks – das ist ein Lederschutz, der auf die Jeans geschnallt wird. Gegen Wetterunbilden, Dornen, Unterholz. Die berühmten Outback-Mäntel, die so wasserdicht gewachst sind, dass sie einen auch Blizzards überstehen lassen. Zusammengerollt können sie bequem hinter dem Sattel festgebunden werden. Zwei Messer, etwas für den Fall unliebsamer Begegnungen mit Grizzlys, zwei Flachmänner, zwei Liter Whiskey. In Cody, das mit seinen knapp 7000 Einwohnern die größte Stadt im Umkreis von 250 Kilometern ist, kommen wir mit unseren Besorgungen gut voran. Mit der Bewaffnung sieht es noch schlecht aus. Im einschlägigen Geschäft, wo es von der Winchester bis zur Bärenbüchse alles gibt, finden wir Pepper-Power-Spray, das angeblich zu Verteidigungszwecken taugen soll. Es wird beworben mit einem Plakat, das einen gewissen Marc Matheny zeigt, der dank Spray eine Grizzly-Attacke überlebte. Blutüberströmt sieht er aus, als ob ihm nicht mehr zu helfen wäre. Neben seinem Bild der Text beschreibt den Tathergang: Am 25. September 1992 wird Matheny während einer Jagd mit dem Bogen plötzlich von einem Grizzly-Weibchen angegriffen und fortgeschleift. In letzter Minute kommt Mathenys Jagdfreund Dr. Fred Bahnson mit UDAP's Pepper-Power und schlägt das Untier in die Flucht... „thanks to God, a friend, and pepper power spray“, wird Matheny noch zitiert, „I am still here". Wir schöpfen Hoffnung, halten eine mittlere Dosengröße für angemessen. Der Verkäufer fragt, für was wir es benötigen. „Wir wollen in die Berge", sagen wir, „für den Fall, dass ein Bär..." Er lacht. „This ist for people and dogs! Take this!" Er gibt uns die größte Dose vom Format eines kleinen Feuerlöschers, die Sicherung abzuziehen wie bei einer Handgranate. Wir berappen je 40 Dollar und tragen alles zum Blockhaus. Doc Holliday, während ich ein Sixpack Budweiser besorge, probiert es und gibt einen Sprühstoß zur offenen Tür hinaus. Er wird fünfzehn Minuten husten und röcheln, bis ich ahnungslos mit dem Sixpack komme und in die Wolke laufe, die vor der Hütte steht. Donner und Doria – das hätte ich ihm nicht zugetraut!

Abends, in Irmas Saloon, bekommen wir die größten und besten T-Bone-Steaks, die wir je gegessen haben. Wir finden, dass es angezeigt ist, den Abschied von der bewohnten Welt gebührend zu feiern. Schließlich soll es am Morgen endlich losgehen. Die Dame hinterm Tresen fühlt sich bemüßigt, uns mehrere Lagen Bier auf Kosten des Hauses auszugeben. Und weil wir so wacker uns schlagen, fragt sie noch, wo wir herkommen. Sie ist begeistert, hat offenbar nur Gutes gehört von *East-Germany*. Am Schluss dürfen wir unsere Whiskeygläser mitnehmen, aus denen wir nun, zu gegebenem Anlass, auf unsere Zeit im Wilden Westen anstoßen können...

Am Straßenrand ein erster Elch

Der Morgen ist klar. Es wird ein heißer Tag werden in Cody/Wyoming. Punkt acht kommt die Ranchersfrau in einem Jeep, um uns zur Ranch zu bringen. Wir fahren eine Stunde Richtung Westen durch den Shoshone Canyon, die Absaroka Wilderness. An einem einsam gelegenen Liquorstore bremst sie ab, fragt, ob wir noch etwas zu trinken brauchen. Wir nehmen es als diskreten

Hinweis darauf, dass alkoholische Getränke nicht zur vereinbarten Verpflegung gehören. Wir ergreifen sechs Pakete Mountain-Bier. Doc Holliday äußert zwar Bedenken wegen des Gewichts, jedoch ich bleibe hart. Später wird sich zeigen, dass wir das Doppelte hätten kaufen sollen. Anders als Leute der Ostküste verachten Mittelwestler wie unser Scout Bier nicht.

Die Ranch liegt auf halbem Weg zwischen Wapiti und Pahaska in einem steinigen Seitental. Karge Vegetation. Schlüsselanhänger aus Klapperschlangenköpfen oder Schwanzenden fallen uns ein, präparierte Schlangen von zwei Meter Länge! Man hätte mit dem Kauf Cowboys unterstützen können, die mit ihnen ihr Gehalt aufbesserten. Denn viel ist nicht zu verdienen in Wyoming, wo es dreimal mehr Rinder gibt als Menschen – 450 000 Einwohner im Staat, groß wie die alte Bundesrepublik!

John, der Rancher, wird uns ins Tal von Jackson fahren, wo der Scout mit Pferden wartet. Er legt uns nahe, Gepäck zu verringern. Mehr als Nötigstes sollten wir nicht mitnehmen. Allein was hält er für Nötigstes? Ist ein Hemd pro Woche zu viel? Socken und Unterhosen sortiert er aus, Doc Hollidays Rasierapparat (wir würden eh niemanden treffen), Deos (grizzlys don't like sprays), Landkarten, Survivalbücher (too late), die Ersatzpullover...

Erstaunlicherweise hat er nichts gegen Zigarren, nichts gegen Whiskey, Bier. Ein Mann fürs Wesentliche eben.

Mit ihm fahren wir weiter westwärts bis zum Yellowstone Lake. Die Straße steigt in Schlaufen bis in die Welt unserer Sonntagabend-Naturfilme. Am Straßenrand ein erster Elch! Dann biegt sie nach Süden, führt ein Stück noch durch den Yellowstone Park und aus ihm heraus in die Grand Tetons, wo sie sich irgendwann gabelt. Und tatsächlich fällt uns vor dem steil aus der Ebene aufsteigenden Schneegebirge ein, wie es zu seinem Namen kam. Französische Fallensteller, die ersten Weißen in dieser Gegend, sollen sich hier all der Brüste erinnert haben, die sie als Old Fellows zu vergessen begannen.

Klarer Fall, finden wir, wenn man nur lange genug allein war...

Mein Weib erschießt dich

Bei Turpin Meadow, einem kleinen Parkplatz, hält John. Der Scout, der neben drei angebundenen Pferden und zwei Mulis im Gras lag, kommt ohne Eile heran: Wild Bill Hickok, als er Mitte vierzig war. Schlank, meterachtzig. Unter der breiten Krempe Brauen wie Klosettbürsten. Unstete, schwarze Augen. Ohne sich vorzustellen, packt er Seesäcke und Verpflegung auf die Mulis.

Wir schauen uns um, gehen zu zwei überdachten Schaukästen. Plakate, wie wir sie kennen: „Grizzly Country", „Grizzlys frequent this area!!!". Illustriert wird, wie man sich zu verhalten hat: Essbares, ungeöffnete Konserven inklusive, Zahnpasta, selbst Zahnbürste, in Behältern verschlossen in 4,50 Meter Höhe aufhängen, seitlicher Abstand zu Bäumen je 1,50 Meter. Abstand zu Zelt und Feuerstelle je hundert Meter. Gewarnt wird, einen Hund mit in die Wildnis zu nehmen. Er könnte flüchten, den Bär zum Camp führen. Hat alles nichts geholfen, wird empfohlen sich totzustellen.

„Und was", fragt Doc Holliday, „wenn der Bär, um zu probieren, in den Arsch beißt?"

Wir schlendern weiter. „Wenn du allein zurückkommst", sagt Doc Holliday, „wird meine Frau dich erschießen, das weißt du ja!"

„Wir sterben zusammen", verspreche ich, ziehe den Flachmann. Suche in Gedanken den Film, in den wir zurückkehren könnten.

Da kommt der Scout heran. Er zeigt auf die uns zugedachten Pferde. „I am Terry“, sagt er und wiederholt zweimal unsere Vornamen, um sie richtig aussprechen zu lernen: Rai-neer und Rein-haard. Er wird sie nie wieder nachfragen und nicht ein einziges Mal verwechseln. Doc Holliday bekommt den Wallach „Bear“, mir gibt er die Stute „June“. John verabschiedet uns mit festem Handdruck.

Dann steigen wir auf. Die Pferde, zwei Quarter Horses, sind sensibel im Maul und tänzeln unruhig. Dann beruhigt sich das misstrauische Spiel der Ohren, und wir traben eine Proberunde.

Die beiden Mulis, mit Stricken hintereinander gebunden, übernimmt Terry. Er will, dass danach Doc Holliday reitet, und ich am Schluss.

Mein Traum steht wieder vor mir: Ein gewaltiger Graubär bricht durchs Unterholz, die Pferde gehen durch... Mich, am Schluss, fegt es im doppelten Looping herunter – wie in Kanada... Der Bär ist heran, die anderen sind weg...

„Tschickidih!“ ruft der Scout, dass es wie ein Kriegsruf von den Hängen hallt. Und ab gehts.

Unter Geiern

Im Schritt reiten wir auf ansteigendem Gelände über Bergwiesen und durch Wälder, die an Sibirien erinnern. Lichte Eschenbestände wechseln mit Gruppen von Murrays-Kiefern, deren Stämme, wie uns Terry erklärt, den Shoshone und Arapaho Tipistangen lieferten. Aber viel spricht er nicht, unser Scout. Er sagt „moose“ und weist auf eine Elchspur, sagt „porcupine“ und zeigt auf einen Nadelbaum, dessen Rinde von einem Stachelschwein abgenagt wurde.

Je höher wir kommen, desto dichter der Wald. Die weißen Spitzen der Grand Tetons, denen wir mählich den Rücken kehren, leuchten in der Sonne. Dann, mit einem Mal, reißt das Gelände ab. Im Grund des schroffen Canyons ein donnernder Strom, dessen aufschäumende Wassermassen zwischen Felsbrocken dahinschießen. Instinktiv stellen wir unsere Pferde an die Zügel. „No, no", sagt Terry, und seine Geste belehrt uns, dass dies bei seinen Pferden nicht nötig ist. Mit durchhängenden Zügeln folgen wir ihm, den wir jetzt für wahnsinnig halten, auf einen zwanzig Zentimeter breiten Sims, der an der Canyonwand sacht nach oben steigt.

Am Ende der Schlucht empfinge uns im Überlebensfalle wieder Wald. Im Überlebensfalle! Uns ist klar, dass der allerkleinste Trittfehler unserer Pferde ausreichen würde. Weil ein Pferd oben breiter ist, sehen wir, wenn wir an unseren Stiefeln vorbei hinunter starren, nur noch tobende Gischt.

„Wir müssen aufgeben", ruft Doc Holliday, und ich stimme ihm zu. Doch wie soll das gehen, hier auf diesem Sims, auf dem kein Eichhörnchen wenden könnte? Der Scout vor uns hat die Ruhe. Die Pferde klettern wie Bergziegen, die Sonne scheint wie übern Biergarten, Vöglein zwitschern ungerührt. Man muss nur die Augen schließen. Oder ruhig sitzend den Blick nach oben wenden, wo unterm tiefblauen Himmel, sagen wir mal, zwei Adler ihre Runde ziehen...

Endlich, wir haben es fast geschafft, tritt mein Pferd ein paar Brocken los, die auf ihrem Sturz mehrere andere mitreißen, so dass tief unten eine kleine Lawine aufschlägt. Das Pferd erschrickt nicht.

Doc Holliday, der den sicheren Wald vor mir erreicht, schraubt den Flachmann auf. „Tschickidih!" gellt sein Siegesruf über die Schlucht. Der Scout, der schon ein Stück weiter ist, fährt im Sattel hoch, schenkt uns aber dann doch den Anflug eines Lächelns. „Meeteetse", sagt er sanft, und Gott allein weiß, was das heißt.

Das Gelände wird durch umgestürzte Baumriesen so unwegsam, dass wir von Zeit zu Zeit aus dem Sattel müssen, um die Pferde zu führen. Am Abend erreichen wir den South Buffalo, dessen breites Tal von Prärie überzogen ist: Salbei- und Beifußbüsche, Scharfgarbe und Elchdisteln, die Indianern als Nahrung dienten.

Auf der Spitze der Jagd

Wir folgen dem mäandernden Fluss aufwärts ins sich verjüngende Tal, bis Ausläufer schwarzer Nadel-wälder in die Talsohle reichen. Bäche haben Gräben in die Hochprärie gewaschen, die zu überqueren Mulis sich manchmal weigern. Eins reißt sich los, galoppiert davon. Terry, der das zweite hält, kann nichts tun. Kurz entschlossen kicke ich in die Seiten, die Stute setzt sofort über den Bach und bricht los. Doc Holliday, der gerade ein Foto von der Weite der Landschaft aufnehmen wollte, folgt unfreiwillig. Schafft es aber: Halali! Das Muli mit unseren Seesäcken hat einen Vorsprung wie das Kalb beim Rodeo. Noch immer pfeffert es hinten heraus, und Terry ruft „Tschickidih!“. Büffelpferden unserer Bücher gleich, reagieren die Tiere schnell. Erweisen sich auf ebener Prärie als äußerst wendig. „Endlich zu Hause“, möchten wir schreien, fliegen dahin: Jäger auf der Spitze der Jagd...

„Ho!“ brüllt Terry von weitem, als das Muli zur Seite ausbricht: „Ho!“

Wir überholen, versuchen es zurück zu treiben. Ich schieße an ihm vorbei, schneide den Weg ab, dass es Doc Holliday am Strick zu fassen kriegt...

„Tschickidih!“ quittiert Terry den Erfolg.

Wenig weiter werden wir unser erstes Lager haben. Terry wird Mulis abladen, wir versorgen die Pferde. Dann wird er unser Zelt aufbauen. Langsam, dass wir es selbst können danach. Es steht weit ab, hundert Meter vom Feuer, hundert Meter vom Proviant im Wald. Er, mit seinem 44er, hat den Schlafsack auf der anderen Seite der Feuerstelle entrollt, drüber eine Plane gespannt.

Unsere Taschenlampen stecken in Säcken. Beunruhigt tappen wir vom Feuer Richtung Zelt im Unterholz umher. Fünfhundert Grizzlys sollen es sein im Gebiet, das klein ist wie der Freistaat Sachsen.

Wir finden das Zelt. Zwei Männer könnten sich auf Fußschemeln gegenüber sitzen in ihm. Terrys Unterlagen für Schlafsäcke gleichen ausrangierten Desinfektionsmatten von Schlachthäusern. Wir packen unser Zeug aus, legen unser kleines Nachtbesteck, wie wir die notwendigsten Dinge von jetzt an nennen wollen, in militärischer Ordnung griffbereit neben uns: Taschenlampe, Pepper-Power-Spray (entsichert), Dolch, Flachmann. Letzterer wird vor dem Einrollen als Erstes benötigt. Mir, als unserem Marketender sozusagen, obliegt die Medikamentenausgabe: Zwei Dormutil, eine Faustan, eine Flachmannfüllung Old Crow...

Weit weg der Revolver

Doc Holliday, der kein Auge zugetan hat, steht zuerst auf. Die Grand Tetons hätten gewackelt von meinem Schnarchen! Ich wundere mich, könnte schwören, ebenfalls nicht geschlafen zu haben.

Es ist kalt, man kann den Hauch vorm Gesicht sehen. Die Berge im Westen leuchten in der aufgehenden Sonne. Von draußen im Tal hören wir das Schellen der Glocken, die wir den Pferden umgebunden haben. Wir ziehen uns aus, gehen durchs taunasse Gras runter zum Buffalo. Der Fluss ist seicht, sein Bett steinig, das kristallklare Wasser eisig. Um keine Schwachheiten aufkommen zu lassen, legen wir uns bäuchlings in die Strömung, absolvieren, dass das Wasser über uns fließt, Liegestütze – eine Praxis, die sich bewährt hat. Auf dem Rückweg treffen wir Terry, der schon Feuer entfacht hat und Holz heranschleppt. Zum Frühstück gibt es Indianderpfannkuchen, die der Scout in eiserner Pfanne brät, mit Ahornsirup. Dazu Cowboykaffee, der in einer großen verrußten Blechkanne am Rande des Feuers köchelt. Man kann ihn literweise trinken: Koffein kommt nur in Spuren vor. Aber er ist heiß, und das zählt.

Mit einer Rolle Klopapier und einem Feldspaten (die Wildnis soll sauber bleiben) verschwindet einer nach dem anderen. Dann werden die Pferde geholt, gesattelt, Mulis beladen.

„Räjllurei?" fragt Terry, und wir brauchen eine Weile, uns den Spruch ins Oxfordenglisch zu verdeutschen: are you ready to ride? Wir nicken.

Terry erzählt, dass die Gegend, durch die wir reiten, ein beliebter Jagdgrund der Shoshone war. Gut für Büffel, Wapiti, Moose, Deer. Über die Bergkette reiten wir ins Tal des Soda Creek. Wir finden Spuren all dieser Tiere, mit Ausnahme von Büffeln. Die soll es weiter nördlich geben, zwei Tagesritte in unserer Richtung. Wir folgen dem Soda Creek bis zum North Buffalo, den wir stromaufwärts reiten. Als wir unser Lager aufschlagen, haben wir neun Stunden im Sattel verbracht.

Wir wollen unser Zelt in der Nähe der Feuerstelle aufbauen, wo über Terrys Schlafsack der Revolver an einem Ast hängt. Er schickt uns fort, verweist auf die 100-Meter-Regel. Grizzlys kämen nun mal zuerst zum Essplatz, dann erst zu uns. Er grinst, verbrennt aber wie schon am Abend zuvor alles, was vom Essen übrig blieb. Er klaubt die letzte Bohne, die daneben fiel, vom Boden auf, wirft sie ins Feuer. Dann werden die leeren Bierdosen verbrannt, Pfanne und Blechteller abgewaschen, die Vorräte mit dem Lasso an einem Ast bis in 4,50 Meter Höhe hinaufgezogen. Es ist mondhell, die Kojoten heulen, vom Blaffen ihrer Jungen unterbrochen.

Dieses Mal werden Dormutil und Old Crow ihre Wirkung entfalten. Diese Nacht, in der, wie uns am Morgen Terry zeigen wird, der große Graue in zweihundert Metern Entfernung an unserem Zelt vorbeikommt, werden wir schlafen wie tot...

Am Morgen ist Terry nicht da. Als er mit den Pferden zurückkommt, die in jener Nacht flussaufwärts gezogen waren, haben wir Kaffee gekocht, das Zelt abgebaut. Da, wo wir auf die andere Uferseite reiten, zeigt Terry uns die Bärenspur, die nach nächtlichem Regen gestochen scharf hervortritt. An einem Baumstamm hat der Grizzly seine Visitenkarte ebenfalls hinterlassen: fünf lange Kerben. Der Scout zeigt, wie der Bär im Vorüberziehen mit seiner Tatze gegen den Stamm schlug. Aus dem Abstand der Krallen ließe sich auf seine Größe schließen. Terry meint, die Fährte könne nur von einem ausgewachsenen Männchen stammen. Sagt aber dann, um uns bei Laune zu halten: „Grizzlys don't like people." Und dass sie Menschen aus dem Weg gingen. In der Regel.

Um starke Nerven zu demonstrieren, nicken wir einsichtig. Dann geht es weiter bergan zum Two Ocean Pass, wo die kontinentale Wasserscheide verläuft, der Pacific Creek nach Westen, der Atlantic Creek nach Osten fließt.

Abends unternehmen Doc Holliday und ich einen Spaziergang über die große Lichtung, die auf dem Dach der Rockys von dichten Wäldern umschlossen liegt. Wir treffen zwei Hirsche, die entweder halb blind sein müssen oder mit unserer Art noch keine unangenehmen Erfahrungen gemacht haben. Aufrecht nähern wir uns ihnen, indem wir, wenn sie den Kopf zum Äsen senken, ein paar Schritte tun, sobald sie ihn sichernd heben, stehenbleiben. Wir kommen an sie bis auf vier, fünf Meter heran. Dann muss ich, damit meine Havanna nicht ausgeht, einen Zug tun. Die beiden Hirsche gehen ruhig ein paar Schritte weiter...

Später am Abend zieht ein Gewitter auf. Die untergehende Sonne scheint gegen die blauschwarzen Wolken. Rot glühen die Bergkuppen im Osten. Es setzt Hagel ein, und wir haben Mühe, die Pferde, die wir vorsorglich unter dichten Bäumen anbanden, zu beruhigen. Die Temperatur sackt innerhalb einer halben Stunde um fünfzehn, zwanzig Grad ab, so dass wir in unseren Mänteln frieren. Dann regnet es. Als wir uns ins Zelt flüchten, sehen wir oben mehrere undichte Stellen. Auf dem Boden haben sich Pfützen gebildet. Zusammen mit Terry versuchen wir eine alte Plane zwischen Bäumen über dem Zelt aufzuspannen, was uns irgendwann gelingt. Noch immer schlagen Blitze in die Wälder um uns her, dass uns Hören und Sehen vergeht. In feuchten Schlafsäcken bibbernd, erhöhen wir auf einstimmigen Beschluss, ungeachtet möglicher Defizite an folgenden Tagen, unsere Whiskeyration um hundert Prozent. Wenn einer nachts raus muss, schwören wir uns, geht der andere mit. Kleine Bedürfnisse werden am Zelteingang geregelt, Wasser zu Wasser...

Von den Grand Tetons in den Yellowstone

Am nächsten Tag, wir haben kein trockenes Stück mehr, liegt ein weiter Ritt vor uns. Wir überqueren die nur in Karten ersichtliche Grenze zum Yellowstone-Nationalpark, folgen dem Yellowstone runter bis zum Mountain Creek. Die Sonne brennt, so dass wir mit freiem Oberkörper reiten. Mittags wird es achtunddreißig Grad. Wir ziehen unsere Hemden über, weil erste Anzeichen von Verbrennungen uns warnen. Während einer Rast im Talgrund hören wir fremdes Pferdewiehern. Kurz darauf sehen wir einen Reiter, der mit zwei Mulis auf uns zukommt. Der Einzige, der uns auf unserem Nomadenritt begegnet, steckt in blank gewetzten, ramponierten Lederklamotten. Ein Mann von vierzig vielleicht, dessen blondes Haar lockig unter dem Hut hervor bis auf die Schultern fällt. Auch ohne jeden Maskenbildner könnte er einen Mormonenscout abgeben, einen Regulator, Goldsucher, Desperado. Er reitet einen schön gezeichneten, temperamentvollen

Appaloosa. Vor sich im Futteral eine Winchester, an seiner Seite, im Holster, einen großkalibrigen Revolver. Wie wir hat er seinen Mantel zusammengerollt hinter den Sattel gebunden. Die Mulis tragen Zelt und Ausrüstung. Er grüßt, indem er mit der Hand an die Krempe tippt: „hi". Und schon ist die Erscheinung vorüber.

„Warum nicht?" sagt Doc Holliday, blickt zweifelnd dem Fremden hinterher, dann an sich selbst hinab. Die ehedem neuen Stiefel, noch nass, scheinen seit Jahren getragen, die Chinks sind schlammbespritzt, das Hemd ist dreckig. Nachdenklich reibt er sich übers unrasierte Kinn. Holt die Kamera, ein Foto von mir zu machen.

Unten im breiten Prärietal des Yellowstone legen wir ein paar Galopprunden ein. Die Prärie, zum Lospreschen einladend, wird sumpfig, durchzogen von Wasseradern. Zigarillogroße Bremsen fallen über uns und die Pferde her. Sie, die viel aushielten, tänzeln wie vorm Durchgehen. Wir ziehen die Handschuhe an, versuchen möglichst viele Blutsauger abzuschlagen.

Als wir unser Camp in einem Wäldchen errichten, kommen noch Mücken. Nach kurzer Zeit erinnert unsere Haut an Streuselkuchen. Dann versagt der Reißverschluss unseres Zeltes endgültig. Allein mit Myriaden von Moskitos, erinnern wir uns der Aborigi-nis, die Tabubrecher gefesselt in Haufen bissiger Ameisen gesetzt haben sollen. Ich hole die letzten zwei Doppelcoronas aus der Reserve und paffe, was das Zeug hält. Doc Holliday, der Nichtraucher, feuert mich an im engen Raum, dass es eine Freude ist. Auch würde ich gern noch was trinken. Allein die Tagesration ist aufgebraucht...

Als ob der Freund zum Büffel würde

Am Yellowstone kampieren wir zwei Nächte. Da Seife und Zahnpasta zu benutzen im Park verboten ist, gehen wir „schwimmen": Das Wasser eisig kalt. Doc Holliday, der am schlammigen Ufer ausgleitet und unvorbereitet ein Vollbad nimmt, ist vor mir wach. Es ist die beste Zeit des Tages. Von Reif überzogen liegt die Prärie. Stunden später wird es so heiß, dass man sich in den Tropen wähnt. Exotische Insekten werden wir sehen und Kolibris, die winzigen Helikoptern gleich vor Blüten stehen. Wer Glück hat, kommt dank einer sich sonnenden Klapperschlange zum Rodeo. Doc Holliday, dem der Tag gehört, hat Glück: das Pferd geht hoch, bricht zur Seite aus. Schon sehe ich ihn unten. Der Hut fliegt weg, für Bruchteile von Sekunden ist zwischen ihm und dem Sattel ein halber Meter. Dann geht die Post ab...

Ich lasse die Zügel fahren, kicke mit den Hacken. June schießt los, dass auch ich fast aus dem Sattel gehe. Dann erfasst mich des Pferdes Raserei. Über seinen Hals gebeugt feuere ich es an: „He! He! He!" Von Ruf zu Ruf zieht es nochmal an! Fast ist es, als ob der Freund zum Büffel würde: „Tschickidih!"

Draußen in der Weite der Prärie hole ich ihn endlich ein. Er treibt sein Pferd an, wie man einen Durchgänger antreiben muss, bis er in Trab verfällt. Schaum vorm Maul, Hals und Flanken mit weißen Flocken bedeckt, kommt es langsam zu sich. Doc Holliday lässt es laufen, bis es ruhig wird. Dann wenden wir, reiten zurück im versammelten Galopp.

Am nächsten Morgen gehts zu Hawks Rest, einem abgebrannten Blockhaus, bei dem wir angeln. Mit Fliegen versuchen wir unser Glück. Als das Feuer schon lodert, nimmt der Scout seine Forellen aus; wir stecken unsere im Ganzen an die Spieße. Wir treiben sie durch die Mäuler, an den Mittelgräten entlang, bis hinten durch. Halten die Fische der Reihe nach übers Feuer. Mehrfach macht der Scout uns darauf aufmerksam, dass die Eingeweide mit braten. Dann fällt sein erster Fisch ins Feuer, dann der zweite. Unsere Forellen jedoch stecken fest. Leicht lösen wir das Fleisch ab, lassen es uns wohl sein. Zurück bleiben am Stock Eingeweide und Mittelgräte. Terry interessiert sich jetzt für unsere Methode.

„Russian hunters do it so!" sagt Doc Holliday, und Terry ahnt, dass auch er einiges hätte lernen können von der großen Sowjetunion, aus deren tiefstem Sibirien wir ihm eben einen Trick gezeigt haben: *Pojechali!*

Sing a song

In den nächsten Tagen ziehen wir den Mountain Creek aufwärts. Unser Ziel ist der Eagle Pass in dreitausend Metern Höhe. Hinter ihm die Washakie-Wildnis. Doch zunächst müssen wir umkehren. Gestürzte Bäume, dichtes Unterholz. Mit Mulis keine Chance. Wir reiten aufs andere Ufer, versuchen es hier. Kommen langsam voran. Nachmittags zwingt ein Unwetter uns, Schutz zu suchen. Wir reiten runter zum Fluss, wo Bäume dichter stehen, steigen ab, binden Pferde und Mulis an. Jedes Tier für sich. Wenn eins verrückt spielt, muss es die anderen nicht anstecken. In kurzer Folge schlagen Blitze ein. Das Tal ein gewaltiger Resonanzkörper. Ein Wolkenbruch, der den Creek binnen Minuten zum reißenden Strom anschwellen lässt. Zusammengehockt in Mänteln, warten wir's ab. Die Köpfe gesenkt, dass das Wasser von der Hutkrempe abfließt. Terry reicht mir die Kautabakdose, grinst. „The best for Wyoming cowboys!" Ich hebe die Schultern, hab es noch nie probiert. Erkenne aber die Dose wieder, die ich oft schon sah. Bei den Cree vom Smoky River, den Männern in der Irma.

„Test it!"

„Copenhagen snuff it satisfies", steht drauf, „since 1822". Terry zeigt, wie man es macht. Man legts zwischen Zahnfleisch und Wange, lässts wirken. Ich probiere. Es krümelt im Mund, schmeckt nicht uninteressant, ein bisschen wie Tabak. Die Lösung für Nichtraucherflüge vielleicht!

Als der Wolkenbruch nachlässt, brechen wir auf. Es regnet noch lange an diesem Tag. Zwischen den Gipfeln der Berge hängen Wolken durch . Die Pferde sinken ein bis über die Fesseln. Unter einem Felsvorsprung schlagen wir das Lager auf. Die Tiere grasen unterhalb im Tal. Es ist kalt, das Holz nass. Mühsam, Feuer zu entfachen. Dann gibt es Grog vom Old Crow, Forellen nach Burjatenart.

Mit Sonnenaufgang reiten wir noch im Nebel los. Der Himmel verspricht gutes Wetter. Raben beschreien unseren Aufbruch. Ein langer Ritt, der Aufstieg zum Pass, liegt vor uns. Ohne Pause ziehen wir bis zum Mittag weiter. Dann hebt Terry die Hand, bedeutet zu halten. Er schaut sich um, sucht die Umgebung ab. Steigt vom Pferd, hockt sich hin, zeichnet mit den Fingern auf dem Boden etwas nach. Unruhe kommt in die Tiere. Die Ohren nach vorn gerichtet, haben sie Witterung bekommen. „Go back!" ruft der Scout, schwingt sich in den Sattel. Zieht die Mulis hinter sich her, an uns vorbei. „A female grizzly with two cubs! Fresh track, fresh dung. Ten minutes, half an hour. This direction." Er zeigt in die Richtung, in die wir vorhatten zu reiten. So zügig es eben geht, ziehen wir uns auf unserer Fährte zurück. Reiten durch den Fluss, den Hang hinauf.

Der Eagle Pass noch fern, nehmen wir einen Umweg in Kauf.

„Sing a song!" ruft der Scout. „Grizzlys don't like music!" Und los gehts.

Irgendwo die Zahnpasta

Das Gelände steigt an, wir kommen nur mühsam weiter. Schluchten tun sich auf. Wir stoßen auf Skelette, Kadaver von Elchen, Wapitis. Irgendwann hält Doc Holliday, steigt ab. Kommt zurück mit zwei Elchschaufeln. Trägt schwer an ihnen. Ich helfe ihm, sie aufs Pferd zu bugsieren. Terry sagt nichts, grinst nur. Wenig später, der Busch wird dichter, der Stich steiler. Kaum schaffens die Pferde. Doc Holliday mit dem Gehörn vornüber, ein Bild zum Fotografieren! Wir brauchen die Hände, uns am Sattelhorn festzuhalten. Er gibt auf, kippt die Last seitwärts ab.

Oben am Eagle Pass Schneefelder im Schatten der Bäume. Dazwischen Wiesenblumen. Wir rasten, essen kalte Indianerpfannkuchen, nehmen einen Schluck, rauchen. Dann drängt der Scout zum Abstieg. Weit sei unser Weg, der Abend nicht fern.

Wir müssen die Pferde führen. Fast noch steiler, als es bergan ging, neigt sich das Gefälle jetzt. Vom Regen aufgeweicht der Boden. Auch wir versinken bis über die Knöchel. Fürchten, die Pferde hinter uns könnten ins Rutschen geraten. Wir schwitzen, haben Mühe, nicht selbst auf dem schmalen Grat auszugleiten. Die Pferde, scheints, nehmen es gelassener. Halten kurz inne, suchen den Platz für den nächsten Tritt. Sie wären schneller als wir, halten aber Abstand, um uns nicht übern Rand zu schieben.

Irgendwo unten wartet der Scout. Ein dahinschäumender Fluss versperrt den Weg. Wir sind am Eagle Creek, dem wir folgen werden. Wir steigen auf, reiten hinein. Die Sonne steht tief. Die Füße hochgereckt bis übern Rist, versuchen wir sie trocken zu halten. Sicheren Schritts waten die Tiere durch das eiskalte Wasser.

Immer dichter, höher der Wald. Umgestürzte Urwaldriesen, aus denen frisches Grün greift. Moosbärte, die wie Gardinen von Ästen hängen. Dahinter Walddunkel. Geduldig unsere schwer beladenen Mulis: Nur unklare Hindernisse mögen sie nicht. Wir reiten zurück, versuchens andersherum. Wenn Zureden nicht hilft, springt Terry vom Pferd, haut dem ersten Muli den Strick in die Seite.

Noch einmal campen wir zwei Tage. Unsere Vorsicht hält sich nun in Grenzen. Die Zahnpasta liegt irgendwo.

„Langsam wird es Zeit", sagt Doc Holliday, „dass wir einen zu sehen kriegen!"

Wir bekommen keinen zu sehen, nicht einmal, nachdem ich eine Dose Bier umkippe. Stattdessen kommt ein Elch. Das gigantische Vieh, zehn Meter weg, bleibt stehen. Mustert uns aus weit auseinander stehenden Augen... Es überlegt, zieht dann gedankenschwer weiter.

Mountain Men aus Germany

Morgens, wir haben das Bad hinter uns, hat Terry was am Spieß. Es sieht aus wie Kaninchen. Er lacht, hält eine Drahtschlinge hoch. „A good breakfast for mountain men!" Am Rande des Feuers Reste von Fell. Das Tierchen, aufgeklappt wie ein Buch, die Läufe schon knusprig, wird hin und her gedreht. „Five minutes", sagt er. Wir nehmen uns Kaffee.

Nach dem Braten, wir sind leidlich satt, reiten wir hoch auf die Berge. Der Scout erklärt uns Fährten, Scheiße von Wapitis, Bighorns und Deers. Dann ein Haufen Lakritz. „Mountain lion", sagt Terry. „Many lions here in this area." Wir staunen, nehmens sogar in die Hand, schnuppern dran. Original Pumadreck. Wo gibt es das!

Terry nimmt den Flachmann, den Doc Holliday anbietet. Er sieht glücklich aus. Heute, wo die Mulis im Tal grasen, ist Schabbes sozusagen. Herrenpartie. Wir wissen inzwischen, was unser Scout mag, schlagen vor, nachmittags angeln zu gehen.

Wir reiten flussabwärts bis zu einer Stelle, wo gestürzte Bäume das Wasser stauen. Ein Bassin hat sich gebildet. Strudel zeigen an, wo der Fluss sich seinen Weg sucht. Es ist ein guter Platz, und jeder tut, was er mag. Terry angelt, ich entfache Feuer, schnitze Spieße. Doc Holliday sucht Gold.

Dann gehts los. Der Scout hat mehr Fische herausgeholt, als drei Männer essen können. Wir probieren Rogen frisch, leben wie Grizzlys im Film.

Zurück im Camp, feiern wir weiter. Wir stellen alles hin, was noch da ist. Acht Dosen Bier, eine halbe Anderthalbliterflasche Old Crow. Zum Schluß singen wir *Oh Susanna*. Ein paar Kojoten heulen. Der Mond scheint hell. Ein Pferd wiehert.

Am Morgen schlafen wir aus, lassen uns Zeit mit dem Packen. Die Sonne knallt, dass wir die Hemden ausziehen. Wir reiten am Eagle Creek hinab, halb nackt mit Hut. Bis zum North Fork River. Der Wald dicht, unterbrochen von Prärien, die den sich windenden Fluss säumen.

Am verabredeten Treffpunkt wartet John schon mit Bier. Wir stoßen an auf die vergangene Etappe, sitzen noch lange.

In Cody wieder, ist uns, als ob wir Jahre in der Wildnis lebten. Wahrscheinlich sehen wir auch aus, als ob. Wir interessieren die Dame an der Rezeption.

„Is this the *Buffalo Bill* Village?“ frage ich, grinse.

„Oh yes!“ Sie hat es kapiert, „yeah!“

Wir beziehen zwei Blockhäuser, feiern unsere Desinfektion. Die Wannen könnten hinterher ersetzt werden. Hemden und Socken gehen als Sondermüll durch.

Eine Deutsche, die seit Jahren ein Motel hat in Cody, fragen wir nach den Reservationen.

„Was wollen Sie dort?“ fragt sie. „Keine Läden, keine Motels. Sie werden enttäuscht sein. Wenn Sie wirklich wollen, bleiben Sie auf der Hauptstraße! Die sehen Sie nicht so gern als Weiße. Es kann passieren, dass welche auf Sie zukommen. Wenns nur ums Portemonnaie geht, haben Sie Glück!“

In der „Irma“ erkennt man uns wieder. Wir bekommen unseren Whiskey hingeschlittert, dass er kurz vor uns zum Stehen kommt. Wir haben Kredit. Man trinkt uns zu, den Mountain Men aus Germany, wo jeden zweiten Gasts Großvater her kam...

Wyoming Cowboys

Am Abend ist Rodeozeit. Cody/Wyoming-Night-Rodeo. Wir sind pünktlich da, steigen die Treppen hoch zu den Metallüberführungen, über die wir zu den Tribünen gelangen. Unter uns Pferche. Die Bullen, die Pferde, allesamt schöne Tiere, wirken entspannt. Die Bullen liegen im Sand, kauen. Manche der Pferde scheinen zu schlafen. Sie sehen nicht aus wie Mustangs, die zu reiten ein Risiko wäre.

Zwischen Popcorn kauenden Amerikanern finden wir noch zwei Plätze. Country-Musik aus gewaltigen Boxen läßt einen das eigene Wort kaum verstehen. Neben der fußballfeldgroßen Arena ein Gatter, in dem Reiterinnen ihre Pferde bewegen. Es dauert, bis es endlich losgeht. Dann aber wird es feierlich: die Nationalhymne ertönt. Alle erheben sich. Unten die Cowboys nehmen, was sonst bestenfalls zum Schlafen geschieht, die Hüte ab. Viele halten die Hand aufs Herz, den Blick übern Horizont, als ob hinter den Bergen der neuerschaffene Mond aufginge, ein amerikanischer Mond natürlich, Stars and Stripes in leuchtenden Farben!

Das Ende der Hymne ist Startsignal für den Clown. Er kündigt das Rodeo der Superlative an, absolviert seinen Klamauk, reißt ein paar Witzchen. Inzwischen hantieren Cowboys an den jetzt in engen Boxen stehenden Pferden. Einer lässt sich von oben auf den Pferderücken gleiten. Der Clown verschwindet eilig, die Box springt auf. Wie von Sinnen das vorher ruhige Pferd! Es geht mit allen Vieren gleichzeitig hoch, pfeffert hinten raus, als ob es einen Löwen abzuwehren hätte. Tobt quer übers

Feld, bricht seitwärts aus. Der Kerl geht in den Sand, die Hufe verfehlen knapp seinen Kopf. Zwei andere Cowboys galoppieren heran, nehmen das um sich schlagende Pferd in die Mitte, lösen im Vorbeireiten das Band um seinen Hinterleib. Sofort wird das Pferd ruhig, trabt dem jetzt geöffneten Tor zu, lässt sich wegführen.

Wir blicken uns an, wissen nicht, was genau da unten vor sich geht. Das nächste Pferd wird vorbereitet, und dieses Mal schauen wir genau hin. Von den hinter ihm schiebenden Tieren in die Box gedrückt, kann es sich nicht mehr bewegen. Zwei Kerle ziehen ein in der Mitte verbreitertes Band unter seinem Bauch durch, zurren es auf dem Rücken fest, dass es dem Hengst die Hoden abdrückt! Dann steigt der Cowboy auf, die Box wird geöffnet. Vor Schmerz verrückt, versucht das Tier sich vom Band zu befreien: das Rodeo nimmt seinen Lauf... Die Menge rast, Beifall, Pfiffe, Schreckensrufe.

Dann die Bullen. Eier wie Honigmelonen. Es gibt ein Extraband. Breit genug, fest genug. Die Burschen legens akkurat um die Klöten, ziehens straff, und der Bulle brüllt auf. Eine Weile noch steht er so, bis sein Vorgänger mit dem Reiter fertig ist. Dann ist er dran. Jeder Sprung lässt den Schmerz explodieren. Er tobt, kommt in Raserei. Der Bullenreiter, in Schutzweste und mit Sturzhelm, hält sich am zweiten Band, das um den Vorderbauch gebunden ist. Er versteht seinen Job, bleibt lange oben. Die Besucher johlen. „Bill Lewis!" kreischt die Lautsprecherstimme, „Wyoming Cowboys, Cody Wyoming!!!"

Entschlossen wie Ernst Thälmann

Mit unserem Mietwagen, einem Jeep, fahren wir den Bighorn Mountains entgegen. Es ist ein heißer trockener Tag, und wir sind froh, als wir die Berge erreichen. In niedrigen Gängen nehmen wir die steile Straße, kommen über zweieinhalbtausend Meter hoch. Kleine

Schneefelder zwischen Baumgruppen. Wir halten, trinken vom eiskalten Gebirgswasser, essen unsere Traditional Buffalo Sticks - Büffelfleisch, luftgetrocknet.

Dann kriecht unser Jeep die Serpentinenstraße hinunter den mit Salbeisträuchern übersäten Plains von Wyoming zu. Die Aussicht auf das Land, durch das vor hundertzwanzig Jahren noch gewaltige Büffelherden zogen, gleicht der aus einem Flugzeug. Unser Ziel, das Schlachtfeld am Little Bighorn, liegt über hundert Meilen nördlich in Montana. Mein Freund, der den Wagen lenkt, nutzt jedes gerade Stück, um schneller zu fahren, als erlaubt ist. Die Möglichkeit, einer Amtsperson aufzufallen, setzen wir bei null an. Schließlich treffen wir nicht einmal zivile Verkehrsteilnehmer.

Wir versuchen die Geschichte der Kriege gegen die Plainsstämme zu rekonstruieren. Puzzeln zusammen, was uns aus Büchern erinnerlich ist: der Widerstand der Lakota gegen die Abschlachtung der Büffel, die Okkupation der Black Hills. Red Clouds Kampf um das Land am Powder River, gegen den Bau von Straßen wie den Bozeman Trail, der Kampf gegen die Union Pacific Railway, deren Schienenstränge Jagdgründe zerschnitten. Im deutschen Osten mehr mit den Büchern von Liselotte Welskopf-Henrich als mit Karl May aufgewachsen, kennen wir auch die Geschichten von Tokei-ihto, dem Oglala-Kriegshäuptling der Teton-Lakota. Die DDR-Autorin – unter dem Namen „Tashina“ (Schutzdecke), honoris causa sozusagen, in den Stamm der Oglala-Lakota aufgenommen – recherchierte nicht nur besser als der schwungvolle Karl aus Hohenstein-Ernstthal, sondern war auch literarisch diesem überlegen. Dennoch scheint uns ihr Lakota-Name auch anzudeuten, dass von ihr einiges, wenn schon nicht unter die Decke gekehrt, so doch beschönigt wurde. Für und Wider erörtern wir, fragen uns, ob die zu den kriegerischsten und gefürchtetsten Stämmen gerechneten Oglala wirklich in quasi sozialistischen Brigaden wie der Bärenbande umherzogen. Der Häuptling edel wie Ritter Runkel, tapfer wie Pawel Kortschagin, entschlossen wie Ernst Thälmann.

Doch Rain-in-the-Face zum Beispiel soll in der Schlacht am Little Bighorn Tom Custer das Herz aus der Brust gerissen, ein Stück abgebissen, es ihm ins Gesicht gespuckt haben.

Verräter fallen uns ein, die sich als Armeescouts anwerben ließen. Red Tomahawk, der als Indianerpolizist Sitting Bull erschoss. Crow Dog, der den Sicangu-Häuptling Spotted Tail ermordete. Die Überläufer, die Crazy Horse festhielten, damit ein Wachposten ihn erstechen konnte...

MASS GRAVE – PLEASE KEEP OFF

Je tiefer wir kommen, desto lichter die Fichtenwälder. Schließlich lockere Gruppen von Murrays-Kiefern. Die Straße führt den Tongue River entlang durch hügelige, dann ebene Prärie. Vegetation, die an Halbwüsten erinnert. Hier und da eine Gruppe Antilopen, ein Kojote, der am Straßenrand entlang schnürt. Der Himmel ist weit. Mühelos kann man Wetter vorhersagen. Es wird ein Hundstag. In Dayton, einem vergessenen Prärienest, entdecken wir einen Wegweiser: Schlachtfeld am Tongue River 0,5 Miles. Wir erinnern uns, biegen ab.

Das „Schlachtfeld“, heute ein Campingplatz, wird von drei Seiten vom Fluss begrenzt; alte Bäume, die schon Black Bears Arapahodorf Schatten spendeten, machen den Ort zur Oase. Eine Tafel erinnert an das, was die Amerikaner eine Schlacht nannten: „Von dieser Seite griff in den frühen Morgenstunden des 29. August 1865 General Patrick Edward Connor Häuptling Black Bears Arapahodorf an...“ Der General, ausgezogen, um Wege zu den Goldminen Montanas „zu befrieden“, fällt mit 250 Kavalleristen und einem Kontingent Pawnee-Scouts über das noch schlafende Dorf her. Die zahlenmäßig weit unterlegenen Arapaho-Krieger leisten erbittert Widerstand: „Much of the fighting was hand-to-hand combat and many women and children were killed."

Was die Tafel verschweigt, wir wissen es aus Büchern amerikanischer Historiker: Die Soldateska verstümmelte die Leichen auch noch. Von den Campern scheint es niemanden zu irritieren, dass ihre Zelte an eben jenem Platz stehen.

Auf dem Interstate 90 fahren wir nach Norden Richtung Crow Agency. Mit der Staatsgrenze Montanas überqueren wir die der Crow Indian Reservation, in deren Nordostterritorium das Schlachtfeld vom Little Bighorn liegt. Dort, wo 1876 Custer mit fast dreihundert regulären Soldaten des siebenten Kavallerieregiments bis zum letzten Mann aufgerieben wurde, wollen wir Gelesenes rekonstruieren.

Es ist nach Mittag, als wir ankommen. Der offiziellen Empfehlung folgend, fahren wir mit dem Wagen ins Gedenkfeld. Denn sechs bis sieben Kilometer lang ist der Weg, der Custers letzter war. Eine schmale Asphaltstraße führt zum Besucherzentrum. Relikte der Schlacht, Gemälde, Waffen, Uniformen. Wir decken uns mit Geländekarten, Broschüren ein. Am National-Friedhof halten wir nur kurz. Ein Soldatenhain wie andere auch. Gefallene des Weltkrieges, Gefallene aus Vietnam.

Dann das Custer-Monument. Ein mächtiger Stein, die Namen der Männer der Kavallerie. Drum herum Rasen. MASS GRAVE – PLEASE KEEP OFF. Davor, talwärts, weiße Gedenksteine verteilt im Gras. Sie stehen, wo die Letzten fielen. Ihre Namen zu lesen. Dienstgrad, Kompanie. Der Stein für Custer hervorgehoben. G.A. CUSTER BVT. MAJ. GEN. LT. COL. 7TH U.S. CAV. FELL HERE - JUNE 25. 1876.

Neben dem Massengrab mit den Überresten der Kompanien C, E, F, I und L, die mit Custer gezogen waren, ein Warnschild: „Denken Sie daran, dass Sie sich im Klapperschlangengebiet befinden. Bitte bleiben Sie auf den festen Wegen. Parkaufseher bieten schnell Hilfe an, falls ein Unfall passiert."

Auf der Battlefield Road fahren wir zum Ausgangspunkt der Schlacht. Dem Ort, an dem Custer sein Regiment von sechshundert Männern in drei Bataillone aufteilte. Drei Kompanien, sagt die Broschüre, unterstellte er Major Reno, drei Hauptmann Benteen. Eine wurde der Tragtierkolonne zum Schutz zugeteilt. Fünf Kompanien behielt er bei sich. Das Dorf der Indianer im Tal hinter dem mäandernden Little Bighorn.

Reno sollte den Fluss überqueren, auf der Westseite angreifen. Custer zog gedeckt vom Hügelkamm im Osten am Dorf vorbei, um von Norden zu kommen. Benteen, links von Custers Regimentsroute, hatte den Packzug zu decken: Munition, Verpflegung. Auch er, geschützt vom Kamm, zog Richtung Indianerdorf – gemächlich, wie man ihm vorhalten wird.

Reno greift an, wird schnell zurückgeworfen, entkommt nur knapp. Neunundzwanzig Soldaten fallen.

Wir fahren von Punkt zu Punkt, studieren die Tafeln, das Gelände. Stehen dort, von wo Custer das Dorf sah. Unterschätzt haben soll er dessen Ausdehnung. Wir verstehen es nicht. Weniger unübersichtlich, als wir je dachten, ist das Gelände. Das Tal gut zu überschauen von Custers Route. Doc Holliday, ein Reserveoffizier der Nationalen Volksarmee der DDR, rechnet Kompaniestärken nach, versucht die Zahlen der Broschüre, die andere sind als die in Büchern, passend zu machen. Dann die Zahl der Sioux, der Cheyenne. Das Heer der Indianer, will uns scheinen, wächst noch heute. Gehen zeitgenössische Berichte von 1000 bis 2000 Kriegern aus, nennen amerikanische Stellen immer höhere Zahlen. 30 000 oder 35 000 Indianer sollen es gewesen sein, die die 7. Kavallerie *hingemetzelt* hätten. – Was Geschichtsfälschung ist, hier lernen wir dazu.

Sicher aber scheint eins: Vom Ehrgeiz getrieben, muss Custer ignoriert haben, was Scouts ihm berichteten, Offiziere vorschlugen. Er wollte nicht sehen, was im Tal nicht zu übersehen war: die große Zahl der Tipis.

Aber auch eine Tafel neben einem der Steine für Gefallene gibt uns zu denken: „Vincent Charley, Hufschmied der Kompanie D, wurde an an dieser Stelle während Renos Rückzug verletzt zurückgelassen, trotz der Einwände von einigen seiner Kameraden, er sollte doch gerettet werden."

Was fehlt, ist ein Saloon

Nach einer Nacht im Motel fahren wir nach Süden bis in die Shoshone Indian Reservation. Von dort wollen wir weiter bis Nebraska. Am Abend hoffen wir in den Black Hills zu sein. Wir könnten, bevor der nächste Ritt beginnt, die Sioux in Pine Ridge aufsuchen.

Gegen Mittag passieren wir die Grenze zur Shoshone Reservation, sehen ein paar Tipis, ein paar heruntergekommene Baracken. Die Straße führt in einen Canyon, dann durch steiniges Wüstenland, auf dem sich nichts anbauen lässt. Auch Viehzucht ist unmöglich. Noch trostloser als andere Prärienester liegt Riverton: eine Tankstelle, drei Läden, ein paar Bruchbuden. Und eine Holzkirche natürlich. Was aber fehlt, ist ein Saloon. An einem Baldachin, kleiner als wir ihn aus deutschen Hausgärten kennen, halten wir. Eine alte Indianerin, umgeben von Enkeln, brät Pfannkuchen, die hier beliebt sind wie bei uns Thüringer Bratwurst. Wir kaufen zwei, fragen, wie man sie traditionell isst.

„Ohne das", sagt sie, zeigt auf die Sirup- und Ketschupflaschen, „das ist nur für Weiße".

Wir erzählen ihr, wo wir herkommen – dass wir keine

Amerikaner sein können, hat sie wohl bemerkt. Deshalb vielleicht kommen wir mit ihr ins Gespräch. Wir erfahren, dass jeder hier im Monat 125 Dollar erhält, fürs Öl, das ein Konzern auf Reservatsland fördert. Mehr ist nicht, wer nix hat, kann Stütze beantragen. Ihr Sohn, der aus einem hochgebockten Wohnwagen herankommt, bestätigt es. An die zwei Meter groß, gebaut wie der Häuptling aus dem „Kuckucksnest", ist er arbeitslos wie die meisten hier. Aber er redet mit uns, gibt uns am Ende verschiedene Adressen und Telefonnummern.

Vor uns liegen noch sechshundert Kilometer. Wir fahren los. Wir tragen zusammen, was wir über Shoshone wissen. Sie haben nicht gegen die Invasion von Siedlern gekämpft wie ihre Erbfeinde, die Cheyenne und die Sioux. Dass ihr Häuptling Washakie aber ein großer Krieger war, ist uns ebenfalls aus Büchern bekannt: Als Siebzigjährigen versuchten junge Krieger ihn kaltzustellen. Zu alt sei er. Er bestieg sein Pferd, ritt fort. Nach acht Wochen kehrte er mit sechs Skalpen zurück. Das waren mehr, als seine Widersacher in einem halben Jahr erbeutet hatten. Als er im Februar 1900 im Kampf mit einem Crow-Häuptling starb, war er hundertundzwei Jahre alt! Der Crow, erst achtundvierzig, starb auch an seinen Wunden. Die Statur des Arbeitslosen fällt uns ein – was für eine Perspektive hätte dieser noch vor zweihundert Jahren gehabt...

Am Fuße der Black Hills

Stundenlang fahren wir durch Salbeiprärien auf Straßen, die sich am Horizont verlieren. Hin und wieder eine Ranch, deren Territorium von Schildern „Keep out" markiert wird. Unter dem Schriftzug das Brandzeichen. Mal ein Symbol, mal eine runenähnliche Signatur. Wir suchen ein Ranchhaus in der Ferne, Zeichen menschlicher Anwesenheit. Nichts. Aller hundert Meter: „Keep out". Dann die Silver Ranch: Mit Tempo 110 fahren wir fast zwei Stunden an ihrem Gebiet entlang – eine Strecke wie Sachsens Nordgrenze! Gebirgszüge liegen hinter ihr, Seen. Wir atmen durch, als die Beschilderung aufhört. Was hat sich da mancher abgebissen! Das Volk der Shoshone lebt auf einem Gebiet, winzig wie der Kreis Stollberg, öd und zu nichts nutzbar. Und die Enkel derer, die vor hundert Jahren, mit der allerersten Wessi-Welle sozusagen, in dieses Territorium schwappten, nennen Ländereien von der Größe europäischer Fürstentümer ihr Eigen. Ein Rancher, seine anglikanische Rancherin, das hellblonde Töchterchen, der kleine Prinz. Ein paar Kerle gefallen sich als *Wyoming Cowboys,* damals, heute. Arbeiten für Kost und Logis. Das Land, dessen riesige Büffelherden ganze Stämme ernährten, macht einige wenige reich heute. Dieser Staat, der hunderte Nationen enteignete, Völker ausrottete, so gut wie nichts an Wiedergutmachung leistet, führt sich als Ordnungsmacht für die Welt auf. Was, fragen wir, ist den Nez Percé unter Amerikanern anderes geschehen als den Roma unter Deutschen? Den Lakota als den Wolgadeutschen unter Russen?

In der Dämmerung erreichen wir Lusk, das erste Kaff seit Stunden. Von hier aus wollen wir rüber nach Nebraska, verfehlen aber, wie sich zeigen wird, den Abzweig. Nach 150 Kilometern endlich ein Ort: Newcastle. Wir sind am Fuße der Black Hills! Kaputt von der Fahrt wollen wir ins Motel. Doch das Motel ist voll – No vacancies! Wir versuchen es bei den anderen. Überall das gleiche, überall die Harleys der Biker vor den Unterkünften. Klar, es ist Bikertreffen in Sturgis. Tausende aus ganz Amerika treffen sich in den Black Hills. Doch dass man deshalb im Umkreis von 200 Kilometern kein Bett mehr findet?

Wir fahren weiter nach Custer, und von Custer nach Hot Springs. Es ist weit nach Mitternacht, als wir ein heruntergewirtschaftetes Etablissement in Downtown – fünf Häuser und eine Tankstelle – finden. An der Rezeption eine schöne Indianerin.

„Only one room“, sagt sie, und das reicht uns.

Keine Jeans, keine Schlüpfer

Anders als im restlichen Amerika haben Raucher im Wilden Westen kaum zu leiden. Wir finden ein gemütliches Plätzchen gegenüber unserer Unterkunft, wo wir eines der berühmten T-Bone-Steaks zum Frühstück bestellen. Das Lokal, es ähnelt ein bisschen deutschen Schrebergartenkneipchen, ist, wie man der aufgepflanzten Fahne und einschlägigen Schildern entnehmen kann, Tagungsort des Lions Club von Hot Springs. Jetzt aber sitzen Biker um die Tische. Manche haben Tücher um die Glatze gebunden, manche, die noch langes Haar haben, tragen Stirnbänder. Einer, er erinnert an Darstellungen von Kaiser Barbarossa, hat sich einen deutschen Stahlhelm übergestülpt, ein anderer eine Badekappe. Den Höhepunkt markiert einer mit Skalplocke und Kriegsbemalung. Der jüngste von ihnen mag vielleicht fünfundfünfzig sein, den ältesten wagen wir nicht zu schätzen. Unter den Bikerinnen sind durchaus welche unseren Alters. Auch sie tragen Ledersachen oder haben Chinks auf die Jeans geschnallt. Nur eine, sie trägt überm T-Shirt eine langfransige Lederweste und ist vielleicht vierzig, hat sich untenherum nur Chinks umgeschnallt – keine Jeans, keine Schlüpfer. Wir vermeiden es, länger in ihre Richtung zu blicken: ist ja vielleicht normal hier. Draußen, wo die heißen Öfen abgestellt sind, trifft von Zeit zu Zeit ein neues Geschwader ein. Sie warten geduldig, bis drinnen Platz wird. Die Biker um uns her, allesamt friedliche Leute, schlürfen ihren Kaffe, rauchen, und einige von ihnen lesen die Feuilletonseite. Bis auf äußerliche Ähnlichkeiten scheinen sie so ziemlich das Gegenteil von Rockern zu sein. Wir sind sicher, die alle waren schon als Althippies bei Woodstock dabei, allein wie viele können sich noch daran erinnern?

Wir rechnen uns aus, wie lange wir bis zur Pine Ridge Reservation brauchen würden. Brechen auf. Ein Bikerpärchen, es könnten unsere Eltern sein, besetzt unseren Tisch: „hi."

Aus den Bergen heraus kommen wir in die Prärie, fahren südwärts, bis wir in Nebraska sind. Abermals haben wir einen Abzweig übersehen, wenden. Kurz nach der Grenze Süddakotas geht dann die gesuchte Straße ab: Eine Landwirtschaftsstraße, könnte man meinen. Doch ein Hinweisschild, das wir bei unserem kriminellen Tempo glatt übersahen, steht da. Schnurgerade fahren wir gen Osten. Vorsichtig überholen wir ein paar Schrottkisten, in denen Indianer sitzen. Unserer Beobachtung nach ist ihre Mentalität im Straßenverkehr der unserer vietnamesischen Mitbürger vergleichbar, die sich ebenfalls nicht aus der Ruhe bringen lassen – zum Vorbild für unsere Jugendlichen.

Red Cloud – ein Agenturindianer?

Pine Ridge Indian Reservation – Oglala Sioux. Wir sind da, fahren langsamer. Landschaftlich kein Unterschied zur umliegenden endlosen Prärie. Dann ein paar Hügel, ein paar Felsen. Die ersten Behausungen, wie wir sie schon bei den Wind River Shoshone erlebt haben: Baracken, räderlose Wohnanhänger, Tipis. Ab und zu ein besseres Holzhaus, ab und zu eine Bruchbude aus der Jahrhundertwende. Dann wieder Prärie, drei Kühe, Autowracks. Wir sind beim Volk Tasunke Witkos – des Häuptlings Crazy Horse –, dem vielleicht kriegerischsten, stolzesten der nördlichen Plains, damals. Noch wissen wir nicht, wie wir an die Nachfahren derer, die am Little Bighorn kämpften, herankommen. Die Gesichter in Oglala, einem elenden Nest, lassen uns weiterfahren – einladend waren die nicht. Viele trugen ihr Haar lang, hatten Zöpfe geflochten. Viele auch trugen Halsgürtel aus Knochenröhrchen, Armgürtel. Andere ähnelten anderen Amerikanern. Unser brandneuer Jeep, Kennzeichen Montana, scheint uns als „Weiße" abzustempeln.

Bei der Red Cloud Indian School stellen wir ihn ab, gehen den Hügel hoch zum alten Friedhof. Grabsteine wie *Wallace Walking Elk, Blue Horse* oder *Red Thunder*. Vor einigen stecken USA-Fähnchen, vor einigen wehen bunte Stoffbändchen. An Red Clouds Grab verweilen wir. Unterm christlichen Kreuz begraben, ist sein Platz besonders geschmückt. Überall am Maschenzaun flattern farbige Tücher und Schleifen, hängen kleine Medizinbeutel. Er, der als einziger Häuptling der Plains einen ganzen Krieg gegen die USA gewann, diese zwang, ihre Forts entlang des Bozeman Trail und dann den Trail selbst aufzugeben, ist, wie wir erfahren werden, unter seinen Leuten umstritten. Er habe nach dem Vertrag von 1868 nie wieder gekämpft, nicht, als der Vertrag gebrochen wurde, nicht, als sein Volk zusammengedrängt am Little Bighorn zurückschlug. Er sei ein Agenturindianer geworden, als die meisten Oglala unter Tasunke Witko noch frei umherzogen, gegen Goldsucher in den Black Hills, gegen die Armee kämpften. Er habe sich aufgeworfen, für alle zu sprechen, er, dessen Häuptlingswürde nicht ererbt war. Niemand kann für alle Lakota sprechen, wird man uns erklären, es sei denn, drei Viertel aller Männer haben zuvor zugestimmt. Er sei es gewesen, der einen Vertrag mit den Jesuiten geschlossen habe, in seiner Reservation eine Schule zu errichten. Die Jesuiten ihrerseits hätten sich der Regierung gegenüber verpflichtet, die Wilden nicht nur zu missionieren, sondern auch zu zivilisieren. Die Kinder wurden zwangseingeschult, in Internate gesteckt, geschoren, geprügelt, wenn sie sich ihrer Muttersprache bedienten. Viele hätten ihr Leben weggeworfen, Hand an sich gelegt.

In der Red Cloud Indian School, dem Klassenzimmer, atmen wir den jahrhundertealten Mief der Inquisition: an der Tafel ein frommes Liedchen, an der Wand daneben die Heilige Familie in mittelalterlichem Habit. Das Jesuskind – langes Haar! – gleicht einem Marzipanschweinchen aus Disneys Fanartikelproduktion. Auf der anderen Seite der Tafel die US-Flagge. In der Ecke der Globus ist rund!

Es gibt keinen Zufall

Im Foyer der Red Cloud Indian School hängen Zeichnungen. Naiv gemalt, beschwören sie farbenprächtig den Mythos Büffel, das Leben vor dem weißen Mann. Gegenwart fehlt. Es scheint, die Maler lebten zur Zeit der Großväter. Tom Cheyenne, ein Oglala, wird in Text und Fotos vorgestellt. Sein Habit das eines Sioux des vorigen Jahrhunderts. Er bekennt sich zur gefühlsbetonten Malerei, will, sagt er, Vergangenes wachhalten.

Geräuschlos erscheint ein Jesuitenpater, nimmt hinterm Tisch Platz, auf dem Broschüren und Prospekte liegen. Das weiße Haar fällt auf die Schultern. Doc Holliday, kein Freund des Klerus, macht spitze Bemerkungen. „Sei vorsichtig“, flüstere ich, trete auf den Tisch zu. „Sprechen Sie deutsch?“

„Ein bisschen.“ Der Jesuit versucht ein Lächeln. „Der junge Mann dort – sprechen besser als ich...“

Der junge Mann, ich denke schon, er meint den Freund. Dann sehe ich den Ankömmling – augenscheinlich kein Jesuit. Er setzt sich vor den Computer, schreibt. Könnte in meinem Alter sein. „Sie verstehen uns?“ frage ich. Er gibt sich zugänglich, erklärt, in Österreich aufgewachsen zu sein. Ich stelle uns vor, erzähle von unserer Reise, unserem Interesse. Er heiße Wil, sei Professor der Universität von Arizona. Hier auf Pine Ridge schreibe er

Computerprogramme, mit denen Lakotakinder ihre Muttersprache lernen könnten, die gegen das Englische zu verlieren drohe. Der Zeichentrickfrosch auf dem Monitor versucht eine Mücke zu schnappen. Darunter steht „frog“, darunter das Lakotawort.

Wir fragen Wil, ob er uns mit einem Lakotahäuptling zusammenbringen kann. Er willigt ein, will wissen, wann wir kommen könnten.

„Wir können nicht noch einmal kommen“, erkläre ich ihm.

„Okay. Ich werde versuchen, euch mit Leonard Little Finger bekannt zu machen. Urenkel von Big Foot und Vertreter der Lakota bei der UNO.“

Wir folgen Wil zurück nach Oglala. Doc Holliday fährt, ich schreibe eilig Fragen auf. Wie leben Ihre Leute, bekommen sie Zuwendungen, wie gestaltet sich das Verhältnis zu den USA? – Wann hat man schon Gelegenheit, einen leibhaftigen Häuptling der Sioux zu sprechen. Mir ist, als hätten Jelzin und Clinton gleichzeitig angerufen, um interviewt zu werden. Auch Doc Holliday ist aufgedreht. „Der ist nicht da, der ist sicher nicht da!“

Vor einer heruntergekommenen Schule hält Wil, heißt uns warten. Dann kommt er wieder, winkt. Wir haben Glück, folgen durch Gänge mit kaputtem Fußbodenbelag. An den Wänden von Kindern gezeichnete Büffel, Adler, Monde, Sterne. Am Ende ein Großraumbüro. Computer, Stöße Papier. Drei Indianer hantieren mit Büchern, einer kommt auf uns zu: Little Finger. Fast zwei Meter groß, kräftig gebaut, Zopf. Vielleicht fünfzig, vielleicht sechzig. Er reicht mir die Hand, begrüßt Doc Holliday, führt uns nach nebenan, wo ein runder Tisch steht. „Was für ein glücklicher Zufall für uns, Sie zu treffen“, sage ich.

Er schaut mich an, lässt Zeit verstreichen. „Es gibt keinen Zufall“, sagt er. Lächelt.

Bereitwillig beantwortet Little Finger unsere Fragen. Schon einmal wäre einer von einer Zeitung bei ihm gewesen. Seitdem habe er mehrere Briefe aus Australien bekommen. Ich sage ihm, dass ich Schriftsteller sei, kein Journalist. Wenn es sich aber ergäbe, schriebe ich etwas über unsere Begegnung. Noch ahnen wir nicht, dass vier Zeitungen dieses Interview drucken und Little Finger auch Briefe aus Deutschland erreichen würden.

Wir werden die Mehrheit sein

Er erzählt vom Massaker am Wounded Knee. Dreihundert Minnecoujou und Hunkpapa Sioux, die sich, geführt von Häuptling Big Foot, seinem Urgroßvater, ergeben hatten, wurden vom 7. US-Kavallerieregiment mit Sprenggranaten zusammengeschossen. Eine reine Vergeltungsaktion jenes wieder aufgebauten 7. Regiments, das die Lakota kurz zuvor am Little Bighorn vernichtend geschlagen hatten. 27 Kavalleristen wurden ausgezeichnet – mit der Congressional Medal of Honor, der höchsten militärischen Ehrung. So viel Medaillen auf einmal gab es in der Militärgeschichte der USA weder vor diesem Blutbad noch jemals danach.

Mich interessiert, ob es schließlich so etwas wie einen Friedensvertrag gegeben habe.

„Der Krieg wurde gewissermaßen nie beendet", sagt er, steht auf und holt vom Schreibtisch Papiere. „Der letzte Vertrag, den wir anerkennen und den wir nie gebrochen haben, ist der Laramie-Vertrag von 1868. In ihm wurden uns die Black Hills für ewig, die Bighorn Mountains und ein Plainsgürtel, der Gebiete von Montana, North Dakota, große Teile von Wyoming, South Dakota und Nebraska umfaßt, für so lange garantiert, wie es Büffel gibt. Keiner weißen Person wäre es demnach gestattet, sich in irgendeinem Teil des Territoriums anzusiedeln oder niederzulassen oder dasselbe ohne unsere Einwilligung zu passieren. So steht es hier." Er zeigt uns die Karten. „Die Ewigkeit dauerte sieben Jahre. Heute kämpfen wir vor den Gerichten weiter, und 1980 bestätigte das oberste Gericht der USA, dass die Black Hills uns gestohlen wurden." Auf der Karte sind die Gebiete schraffiert, die den Sioux in Laramie zuerkannt wurden.

„Dann gibt es also Chancen?" fragt Doc Holliday.

„Die Regierung kann sie angeblich nicht zurückgeben. Sie bot uns Entschädigung an. 300 Millionen Dollar. Das ist die Summe, die nach dem Bodenpreis von 1868 zusammenkommt plus Zinsen. Also 1 Cent für 1 acre (4.046,8 m^2)! Allein das Gold, das seitdem aus den Bergen geholt wurde, 550 Millionen ounces, hat einen Marktwert von 153", er hebt den Finger, „*Milliarden* Dollar. Nicht zu reden von den reichen Uranvorkommen. Rechnete man alles zusammen, den heutigen Wert des Bodens dazu, ergibt das einen zweistelligen Billionenbetrag!"

Ein großgewachsener schlanker Indianer kommt ins Zimmer und stellt einen Aktenordner ins Regal. Er ist älter als Little Finger, sein graues Haar, zu einem Zopf gebunden, fällt fast bis zum Gürtel. Er wirft uns einen freundlichen Blick zu: Wenn der Chef mit uns redet, können wir keine Lumpen sein. Wir sind Gäste.

Wil, dem wir die Begegnung verdanken, sagt, dass die Lakota kein Angebot akzeptierten, die Black Hills also niemals verkaufen würden. Wir fragen Little Finger. Die Antwort kommt prompt: „Niemals!" Er erklärt uns, was die Black Hills sind: Heilige Berge, Mittelpunkt der Welt.

„Paha sapa", sage ich, denn ich habe meine Indianerbücher viele Male gelesen.

„Paha sapa!" wiederholt er, und seine Augen blicken in meine Augen. Und dann sagt er das Merkwürdigste, was ich vermutlich je von einem Indianer hören werde: „Lakota und Deutsche gleichen sich. Beide sind Stammesvölker!"

Während ich noch grüble, wie er das meinen könnte, nickt Doc Holliday. Mir aber fallen meine Sachsen ein. Tausend Jahre ist es her, dass Karl der Große diese *deutschen Sioux* hinschlachten ließ. Aber was ist aus diesem sperrigen Stamm späterhin geworden?

„Amerikaner haben keine gemeinsame Vergangenheit. Wir wissen, wer wir sind, wir existieren seit Tausenden von Jahren mit unserer Sprache, unserer Spiritualität, wissen, wo wir herkommen. Wenn man das weiß, kann man auch sagen, wo es mit einem hingehen kann und wohin nicht. Wir werden weiter existieren, wenn es die USA vielleicht längst nicht mehr gibt.“

Wir lassen das unkommentiert und bringen das Thema auf den Büffel. Little Finger erklärt uns, dass die Zukunft auf den Plains nicht der Rinderhaltung gehören kann, die jetzt schon unwirtschaftlich wäre. Dieses Land sei Büffelland, und sie, die Vertreter der großen Indianerstämme, hätten ihren Anspruch angemeldet.

Doc Holliday fragt nach einer politischen Lobby, die diese Interessen vertreten könnte.

„Keine Lobby“, sagt Little Finger. „Aber in dreißig, vierzig Jahren werden wir einen Lakota-Gouverneur in South Dakota haben. – Viele Weiße gehen fort, ziehen an die Ostküste, die Westküste. Die Landwirtschaft ist unrentabel, Industrie gibt es nicht. Und es gefällt ihnen nicht hier. Außerdem bekommt eine weiße Familie, wenn überhaupt, ein bis zwei Kinder – jede Lakotafamilie vier bis fünf. Wir werden die Mehrheit sein.“

„Dreißig, vierzig Jahre sind eine lange Zeit“, sage ich.

„Das ist keine Zeit“, sagt Little Finger, „Zeit ist eine Illusion. Es gibt nur Indianerzeit.“

Stein mit Namen

Wir fahren zurück nach Pine Ridge. Die Tankstelle, eine großräumige Cola-Kneipe mit ein paar Zapfsäulen davor, ist überfüllt. An die hundert jugendliche Sioux hocken um Plastiktische. Einige blicken starr vor sich hin, andere beobachten die Umgebung. Wenige unterhalten sich. Niemand lärmt. Alle, scheint es, rauchen, haben Cola vor sich, die schwer gespritzt ist. Die meisten tragen ihr Haar traditionell, haben Halsbänder aus Knochen, kleine Medizinbeutel um. Sie mustern uns ohne Neugierde. „Denen möchte ich nicht begegnet sein vor hundert Jahren“, sagt Doc Holliday. Wir stellen uns vor, wie Soldaten der siebenten Kavallerie zumute gewesen sein muss, wenn diese hier, bemalt und in vollem Kriegsschmuck schreiend, heran galoppierten. Für Momente haben wir Mitleid mit Custers Truppe, von der keiner übrig blieb...

Wir bezahlen unsere Gallonen bei einer jungen Indianerin, die uns teilnahmslos das Wechselgeld hinblättert, sind erleichtert, als die Tür hinter uns zufällt.

Wir nehmen die Landstraße nach Wounded Knee. Vor uns, auf der Ladefläche eines alten Pickup, ein Indianerjunge. Er wirft mit Papierkügelchen nach uns, die manchmal unsere Windschutzscheibe treffen. Dann biegen wir ab, halten an einer grünen Tafel. Verblichene Lettern erinnern an Tasunke Witko, der bis heute allen Sioux als Verkörperung ihres Freiheitskampfes gilt. Er, von dem es kein verbürgtes Foto gibt, soll groß und ein schöner Mensch gewesen sein, der sich Tänzen und Festlichkeiten fernhielt. Unehrgeizig und ein strategisches Genie. Tapfer und kriegerisch. Er war der Anführer, als die Sioux die US-Truppen am Rosebud besiegten, er war es, der sie mit Gall gegen Custer führte. Unversöhnlich trotz aller Korrumpierungsversuche. 1877 wurde er als Gefangener in Fort Robinson bei einem angeblichen Fluchtversuch ermordet. Seine Eltern begruben sein Herz an einem nur ihnen bekannten Platz am Wounded Knee.

Der Wounded Knee Creek windet sich durch hügelige Prärie. Eine Gedenktafel am Straßenrand markiert die vor uns liegende Talsenke als Ort des Massakers. Schwere Wolken ziehen über uns hin, und Doc Holliday erinnert daran, dass es bald dunkel wird. Dennoch stellen wir den Wagen ab, laufen die hundert Meter bis zum Massengrab auf dem Hügel. Es ist lang und schmal und von Maschenzaun umgeben. In der Mitte ein Stein mit Namen. Little Fingers Urgroßvater liegt hier wie viele seiner Verwandten. Nur der Großvater überlebte als Knabe. Bänder aus buntem Stoff, Medizinbeutel, wie wir sie kennen. Wir sehen die Fotos vor uns. Körper in grotesken Verrenkungen gefroren, Männer, Frauen. Dahinter die Kerle der siebenten Kavallerie, Winchester über der Schulter, Hut nach hinten geschoben. Wie nach schwerer Arbeit.

Auch wir sind Opfer

Über endlose Prärien fahren wir auf die Black Hills zu, die sich, Gewitterbänken gleich, über den Horizont schieben. Welche Entfernungen haben diese Menschen auf Pferden zurückgelegt! Nomadenleben – hier bekommt man einen Begriff davon! Schon vor den Weißen mag nicht jeder die Gegend der Kindheit wiedergesehen haben. Von hier bis tief nach Montana zogen die Oglala umher, von Nebraska bis nach Nordwest-Wyoming, wo die Crow jagten. Jagd und Krieg, Krieg und Jagd. Wie anders als in der Vielweiberei hätten sie überleben sollen – Männer waren knapp, wurden oft nicht alt. Vier, fünf Squaws, ein Krieger. Tschickidih!

Im Radio singen sie *My Old Kentucky Home*. Dann gehts mit dem Präsidenten zur Sache. Zurücktreten soll er, weil mindestens ein Weib zuviel seine Hand in seiner Hose gehabt haben soll.

„Narrenbande“, sagt Doc Holliday. Er fährt schneller, als erlaubt ist, will ein Bier. „Hier ist null Promille Gesetz“, sage ich.

„Mir egal. Ist eh keiner unterwegs", sagt er.

Ich hole ein Sixpack vor, lasse es zischen. Es ist heiß, und auch ich habe Durst. „Wenn wir erwischt werden, kommen wir in den Knast", gebe ich zu bedenken. „Werden vergewaltigt und zusammengetreten."

Doc Holliday tut einen Zug, tippt die Sendertaste. Die Intifada hat zugeschlagen: amerikanische Diplomaten als Geiseln! Die Außenministerin bleibt hart. *Wir lassen uns nicht erpressen!*

Das Land ist weiter, als Bücher es zu beschreiben vermochten. Wir fahren und fahren. Fragen uns, wie Soldaten ihre Opfer überhaupt aufspüren konnten. Ohne Radar, ohne Satellit. Hügel hinter Hügeln, Prärie wie ein Weltmeer. Die Black Hills kein Stück näher. Hier und da Antilopen, ein Kojote, ein Büffel. Vor uns kein Auto, hinter uns keins. Dabei denkt man immer, hier sei die halbe Welt mit Campmobilen unterwegs. Wie im Film.

Das Kühlwasser kocht, die Frau setzt den Fuß aus der Tür. Es rasselt. Eine Schlange zieht breit und schuppig übern Bildschirm. Die Frau quiekt, der Mann, ein dicklicher Italiener mit Schweißtuch um die Glatze, kommt vorm Kühler herumgerannt. Dann der Fremde! Er steht plötzlich in der Prärie, spuckt Priem durch die Zahnlücke. Musik setzt ein. Der Soundtreck. Auf CD und MC – nicht im Handel, nur hier. Jetzt kaufen! In zwanzig Jahren bezahlen.

Auch wir sind Opfer, treten vorsichtig ins Gras, um zu pinkeln.

Gott helfe uns ins Leben!

Biber groß wie Bären

Zehn Kilometer nach Custer biegen wir der Beschreibung folgend ab. Wir suchen die Porter Ranch, wo unser Ritt durch die Black Hills beginnen soll. Die Sandpiste führt durch Wälder. Links und rechts

Felsgebilde, versteinerte Krieger, die sich gen Himmel recken. Die Ranch erreichen wir bei Einbruch der Dunkelheit. Ein Blockhaus, zwei Nebengebäude. Autos davor, auf den Koppeln Pferde. Die Rancherin, um die sechzig, kommt uns in Hemd, Jeans und Stiefeln entgegen. Sie hat uns nicht mehr erwartet. Sie erklärt uns, dass wir für früh um neun angekündigt waren. Ihr Sohn Jim habe bis mittags gewartet. Und ihr Mann könne uns frühestens am Morgen zu ihm bringen, dessen Ranch zwei Autostunden entfernt liege. Auch habe sie kein Zimmer mehr frei, höchstens den Wohnwagen, wenn wir mit ihm vorlieb nehmen möchten. Wir möchten. Es beginnt zu regnen.

„Um acht ist Frühstück", sagt sie, „dann müssen Sie fahren. Mein Mann fährt vornweg." Sie holt den Schlüssel, führt uns zum Wohnwagen, der unter alten Bäumen steht. Schlafsäcke haben wir.

Mit Budweiser und Old Crow richten wir uns ein. Wir sind bei den Besiedlungstheorien angelangt, erörtern Für und Wider. Der einen Vorstellung nach wandern erste Menschen vor 100 000 Jahren ein. Über die Beringstraße. Andere Theorien nehmen einen Zeitraum von vor 40 000 bis vor 20 000 Jahren an. Damals, während der letzten Eiszeit, sank der Meeresspiegel durch weltweite Vergletscherungen um 150 Meter. Das Beringmeer, nur fünfzig, sechzig Meter tief, fiel trocken. Tundra breitete sich auf dem Schelf aus. Auf der Tundra große Herden. Ihnen folgten Jäger. Über einen eisfreien Korridor drangen sie in den neuen Kontinent. Es gab Riesenbisons von Elefantengröße, Biber gewaltig wie Bären, die Nagezähne zwanzig Zentimeter lang. Mammuts von über vier Metern Höhe, Elche mit Schaufeln von zweieinhalb Metern. Faultiere, fünf, sechs Meter lang. Riesenwölfe, Urbären doppelt so groß wie Grizzlys. Warum sie ausstarben? Von frühen Indianern zu stark bejagt, sagen die einen,

„Wenn du allein zurückkommst," sagt Doc Holliday, „wird meine Frau dich erschießen."

„Wo unterm Himmel, sagen wir mal, zwei Adler ihre Runde ziehen..."

Grand Tetons – „Französische Fallensteller sollen sich hier all der Brüste erinnert haben, die sie als Old Fellows zu vergessen begannen..."

Der Autor und Doc Holliday (links) mit einem Fladen Büffelmist fürs Feuer

Neun Stunden im Sattel verbracht, Pferde versorgt, Zelt aufgebaut, Holz gesägt – Feierabend. Noch griffbereit Terrys Revolver am Ast...

Taschenlampe, Peeper-Power-Spray (entsichert), Dolch, Flachmann...

Doc Holliday begrüßt am Morgen sein Pferd

Vorbereitung zum Aufbruch

Ein Gewitter geht nieder

Nach dem Blizzard – am Nachmittag kommt die Sonne durch bei Hawks Rest

Doc Holliday angelt – die Beute umbringen muss der Autor, der darin Übung hat

„Terry ahnt, dass auch er hätte was lernen können von der großen Sowjetunion."

Vor der Nacht geht der Autor los und hält im Gelände nach Grizzlys Ausschau...

Rast – Terry, Doc Holliday

Im Tal des Yellowstone

End of the trail

„In den nächsten Tagen ziehen wir den Mountain Creek aufwärts…“

Blick in die Washakie Wilderness

Glücklich den Eagle Pass erreicht – von nun an gehts bergab

Saloon aus der Zeit des Wilden Westens

Schlachtfeld am Little Bighorn: markiert die Stellen, wo die Letzten fielen. Der Stein mit schwarzer Front steht für Custer

Die Motels in den Black Hills sind voll – Bikertreffen in Sturgis

Doc Holliday am Grab des Oglala-Häuptlings Red Cloud in Pine Ridge. Am Zaun dahinter Stoffbändchen, Medizinbeutel

Altes Klassenzimmer der Red Cloud Indian School. „Mief der Inquisition. Das Jesuskind – langes Haar! – gleicht einem Marzipanschweinchen aus Disneys Fanartikelproduktion.“

Sioux-Massengrab am Wounded Knee Creek, Pine Ridge Reservation

Little Finger zeigt das Bild seines Großvaters. Der Autor hält die Fotografie von Häuptling Big Foot, Little Fingers Urgroßvater, der beim Massaker von Wounded Knee starb

Buffalo National Grassland: Hier wurde „Der mit dem Wolf tanzt“ gedreht

Bisonbulle in den Black Hills

Chukwagon: traditionelle Küche der Cowboys

durch Klimaerwärmung, Trockenheit und spärlichere Vegetation, die anderen. Wir wissen es auch nicht, leeren die Flachmänner. Wir schlafen gut in dieser Nacht.

Am Morgen gibt es Würstchen, *Bacon and Eggs*, eine Art Bratkartoffeln, Melonenscheiben. Und Kaffee. Mr. Porter, ein Kerl wie John Wayne, fordert uns auf, kräftig zuzugreifen. An den Wänden, unter Jagdtrophäen, Familienfotos verschiedener Größe. Hochglanz und sehr bunt die meisten, einige schwarz-weiß vergilbt. Die Altvorderen, deren Konterfeis ganz oben, gleich unter den Geweihen, hängen und denen Mr. Porter gleicht, haben den Goldgräbergründerblick. Jüngere, schlank bis asthenisch und bläßlich, scheinen pietistische Fanatiker zu sein. Unten auf der Anrichte Nippes aus der Schießbude.

„Our family", sagt Mr. Porter, zeigt mit der Gabel Richtung Wandgalerie.

Wir nicken anerkennend. Er will wissen, ob auch wir Kinder haben. „Fünf Söhne", sagt Doc Holliday.

„Oh my god! My goodness!" ruft Mrs. Porter. „And you?"

„One daughter", bekenne ich kleinlaut. Es ist Doc Hollidays Tag.

Ein Schecke, ein Brauner

Nach dem Frühstück steigt Mr. Porter in seinen alten Pickup, Marke Chevrolet. Wir folgen ihm, der gemütlich fährt, zurück nach Custer – einem Nest aus zweigeschossigen Geschäftshäusern, drei Motels, zwei Tankstellen, ein paar Kirchen. Baptisten, Methodisten, Sieben-Tags-Adventisten. Leuchtreklamen, Werbetafeln. Am Rand der breiten Straße die Maschinen der Biker. An der Kreuzung ein Schild: Crazy Horse Monument...

Wir biegen nach Südwesten ab, fahren eine Stunde auf der schmalen, sich durch Talgründe windenden Asphaltstraße. Dann gehts auf einer unausgebauten Piste über Hochprärien, durch Wälder. Die letzten Rückzugsgebiete Tasunke Witkos – damals, als die Oglala vor den Truppen flohen. Es waren die Berge ihrer Winterplätze, reich an Wild, geschützt vor Wettern.

Jims Ranch liegt in einem breiten Tal. Das Haus, ein eher bescheidener Flachbau, steht zwischen großen Bäumen. Im Hintergrund der Stall, umgeben von Koppeln. Zwei Pferde galoppieren umher, ein Schecke, ein Brauner.

Mr. Porter ist ausgestiegen, langt ins Auto, hupt. Von Jim nichts zu sehen.

Er geht in die Koppel, zwei Seile überm Arm, versucht die Pferde zu fangen. Lockt sie mit Rufen, flucht. Dann schafft er es, dem Schecken die Schlinge umzuwerfen. Das Pferd steigt, wiehert. Mr. Porter hat Mühe, es festzuhalten. Als es wieder herunterkommt und tänzelt, haut der Alte ihm die Faust auf die Stirn, brüllt.

„Dein Pferd“, sagt Doc Holliday. Ich nicke.

Schließlich gelingt es Mr. Porter, die Viecher zum Stall zu schaffen. Er schimpft noch immer.

Ein heruntergekommener Jeep holpert heran. Drin offenbar Jim. Er hält ein Stück entfernt, geht zu seinem Vater, der mit den Pferden im Stalleingang steht. Jim ist zwei Meter groß, schlank wie nach Hungerjahren. Sein Kopf nordisch schmal. Ein akkurat geschnittener Schnurrbart. Er hat Chinks auf die Jeans geschnallt, trägt ein sauberes Hemd, Seidentuch und Hut nach Cowboyart. Die beiden reden. Jim blickt herüber. Dann sattelt er die Pferde, die Mr. Porter hält.

„Ich glaub, die sollen wir besteigen.“ Doc Holliday setzt sich zurück ins Auto.

Jim kommt heran, reicht uns die Hand, sagt „I am Jim“.

Dann will er wissen, wer von uns wer ist. Mir fällt ein, dass er seinerzeit Fragen gefaxt hatte: wie alt wir seien, wie groß, was wir wiegen, seit wann wir reiten. Ich erinnere mich, bei der letzten Frage „dreißig Jahre“ angegeben zu haben, bei Doc Holliday „drei“. Und auch das war übertrieben.

„Einer fährt mit meinem Jeep, einer reitet mit mir."

Wir schauen uns an. „Mach noch ein Foto von mir", sage ich.

Mr. Porter und Jim halten den Schecken, damit ich aufsteigen kann. Sie haben ihm einen Brustriemen angeschnallt, der verhindern soll, dass er sich auf die Hinterhand stellt. „That's Sail!" sagt Jim.

„Tschickidih!" ruft Doc Holliday, knipst wirklich.

Geworden wie unsereins

Jim reitet den Braunen im Schritt. Mein Schecke tänzelt daneben her. Ich weiß, dass ich die Zügel kurz halten muss, wenn er nicht durchknallen soll – die geballte Kraft unter mir, das Ausschlagen des Kopfes! Ich merke, wie Jim mich beobachtet. Das Pferd, nicht leicht zu gewinnen, versucht dieses und jenes. Wenn ich jetzt nachgebe, wird es künftig machen, was es will. Das ist mir klar.

Wir reiten zum Kamm, der Jims Tal begrenzt. Oben haben wir einen weiten Blick über fast ebene Prärie. Doc Holliday, mit dem Jeep, folgt im Abstand. Jim denkt nicht daran, schnelleres Tempo anzuschlagen. Will wissen, ob ich es schaffe, den Hengst zurückzuhalten...

Unser Training zahlt sich aus. Ich bringe Sail ins Camp, ohne von Jims Seite abgekommen zu sein. Er scheint zufrieden. Fragt: „Do you like Sail?"

Ich nicke. „Yes. I like him!"

„Sail is yours!"

Dann bindet er die Pferde an ein zwischen Bäumen gespanntes Seil, an dem ein Schimmel wartet. Wir nehmen unsere Seesäcke aus dem Auto, folgen Jim über den sacht ansteigenden Prärierücken zu Tipis, die an einem Waldrand stehen. Sie sind nicht groß, aber es sind ihrer vier, zwei beieinander, zwei etwas ab. Dazwischen, in der Mitte, ein Chuckwagon, wie er von alters her Cowboys als Küchenwagen dient: Holzkonstruktion, hohe Plane. *Segelschiffe der Prärie* soll man die Gefährte genannt haben.

Es zeigt sich, dass Jim für jeden von uns ein Tipi eingeplant hat – Einzelzimmer sozusagen. Wir sind beeindruckt. Sind Nachbarn. Doch wer wohnt in den anderen, hinter dem Küchenwagen?

Wir packen aus, wollen die Schlafsäcke zum Lüften ins Gras breiten. Sehen noch rechtzeitig Kakteen, die sich überall zwischen Gräsern am Boden verzweigen. Stacheln wie Nägel, Zentimeter lang. Der Gedanke, aus dem Sattel zu fliegen, lässt uns schaudern. Wir nehmen die Säcke zurück in die Tipis, trinken erstmal was. Gott weiß, was es noch alles hat mit der Gegend! Dem Land der Sioux, der Söhne der großen Bärin, die, wenns Sommer war, angeblich barfuß gingen.

Doc Holliday holt die Flöte hervor, die Little Finger ihm geschenkt hat. Versucht *Die Internationale.* Ein paar Kakteen lassen Stacheln fallen. Dann kommt Jim, fragt, ob wir reiten wollen.

Wir reiten im großen Bogen ums Camp. Doc Holliday reitet den Braunen. Ich Sail. Jim den Schimmel. Wir traben, galoppieren über offenes Land. Treffen auf Antilopen, Rotwild, das erst spät flüchtet. Wir könnten nachsetzen, es einholen vielleicht. Können uns vorstellen, wie Lewis und Clark Prärien erlebten: Büffel, Hirsche, Antilopen, Rehe. Sehen bemalte Tipis in der Biegung des Flusses beieinander stehen. Die Menschen ohne Uhr, Nummer und Versicherung! Ohne Leberwurst und Literatur.

Eingefangen seit hundert Jahren, sind nun auch sie geworden wie unsereins. Sie sorgen sich, und der Staat ernährt sie doch.

Schwager zweier Sioux

Als wir zurückkehren, stehen drei Pferde zwischen den Bäumen. Am Feuer, beim Chuckwagon, zwei junge

Frauen, ein Mann Mitte dreißig. Die Blonde stellt sich als Jane vor. Sie sei Wrangler, würde reiten mit uns. Der Mann, Mr. Hume. Wir sollen ihn Steve nennen. Mrs. Hume heißt Linda. Aus Nottingham seien sie. England. Er Lehrer, sie Lehrerin. Mit der Reitkunst hapere es noch, aber Spaß hätten sie. Wie am Kochen, was niemand nachvollziehen könne. Beim Ruf der englischen Küche.

Sie seien hier, den Westen zu ergründen, kämen mit dem Mietwagen von Denver, wollten weiter nach Montana, Custer-Schlachtfeld, Billings.

Wir erzählen von unserem Trip, von Pine Ridge, Little Finger.

Das interessiert sie.

Jane geht hintern Wagen, wo ein verrußter Herd aufgestellt ist, schürt Feuer in ihm, legt Steaks in die Pfanne. Wir sitzen auf zusammengezimmerten Präriestühlen aus jeweils zwei Brettern. Jim, der das gewohnt ist, liegt wie im Sessel, die Beine weit von sich gestreckt.

Er kenne die Problematik, habe selbst Indianer in der Familie. Ein Schwager, eine Schwägerin. Die allerdings lebten nicht in der Reservation. Hätten studiert, besäßen Häuser in der Stadt. Normale Amerikaner.

„Die Klügeren, die gut in der Schule waren", sagt er, „gehen fort. Ein paar Jahre, ein weißer Ehepartner, und sie sind assimiliert. Wer bleibt, bleibt, weil er draußen nichts werden kann. Achtzig, neunzig Prozent."

„Gott sei Dank", sagt Steve, „dass die Mehrheit bleibt. Was würde sonst aus den Sioux. Wer spräche noch Lakota, wenn alle gingen?"

Ob er Little Finger kenne, frage ich Jim. Der sei Professor.

„Ja gut", sagt Jim. Little Finger kenne er nicht. Er sage ja, Ausnahmen gäbe es immer.

Wir essen. Doc Holliday bringt das Thema auf die Black Hills. Wie realistisch sei die Forderung der Sioux auf Herausgabe? Schließlich sei dies hier ihr Land. Das oberste Gericht hat es bestätigt.

Wir schauen zu Jim, Jim schaut zu Jane. Jane, die mehr zu sein scheint für ihn als seine Wranglerin, hebt die Schultern.

„Ich kann mir das nicht vorstellen", sagt er schließlich. Wir spüren, dass für ihn die Sache längst nicht so klar ist, wie wir es weißen Amerikanern unterstellen. „Ich frage mich nur, was dann aus den Vielen werden soll, die Land hier haben, Häuser."

Doc Holliday erkundigt sich nach den heiligen Plätzen, von denen Little Finger erzählte. Ob es sie hier gäbe, in der Gegend.

„Oh ja!" sagt Jim, „die gibt es hier." Was sollte er, dessen Ranch im Oglala-Land liegt, zur Rückgabe noch sagen? Auch für einen Schwager zweier Sioux eine harte Nuss.

Old Joe zum Beispiel

Nach dem Aufstehen gehen wir zum Feuer. Wir haben uns in die strapazierten Stiefel gezwängt, Chinks umgeschnallt. Die Hüte genommen. Der Engländer, frisch rasiert, cremefarbenes Nicki an, wartet schon. Füße in blitzblanken Stiefeln nebeneinander. Er erkundigt sich nach unserem Schlaf, bringt ein Witzchen aus. Seine Frau reibt sich die Hände am Handtuch, kann nicht verhehlen, dass ihr das Prärieklo zu schaffen macht. Jane hat Indianerpfannkuchen gebraten. Es gibt *scrambled eggs, jam cake*. Nach dem Frühstück raucht der Engländer ein Zigarillo.

Dann satteln wir die Pferde. Linda und Steve reiten mit Jim, wir mit Jane. Die Briten, alles andere als Freunde wilder Jagden, haben ruhige Pferde, reiten gemessen. Ein Stück begleiten wir sie, schwenken dann ab zum Heels Canyon. Jane erzählt, dass die Gegend sehr trocken sei, was man ihr nicht ansähe. Weit und breit kein

Wasserloch, kein Fluss, nichts. Höllencanyon hätten durchziehende Siedler die Schlucht genannt: Klapperschlangenland. Es ist heiß, die Pferde schwitzen. Ihre Furze giftige Bälle. In offener Formation halten wir uns an die Richtung, die Jane vorgibt. Galoppieren auf Hügel, veranstalten Rennen. Sail ist kaum zu bändigen. Er ist das schönste, das verrückteste Pferd, das ich ritt. Auf einer Felsplatte zieht es ihm die Hinterhand weg. Wir stürzen, schlittern dem Abgrund zu. Dann, das Pferd ist aufgesprungen, sitze ich noch immer im Sattel. Das Cowgirl hält den Daumen hoch, lacht.

Mir fällt auf, dass sie ein sehr schönes Lachen hat. Wenig älter ist als meine Tochter. Ihr Vater arbeite bei der Navy, erzählt sie später, und sei versetzt worden hierher. Aufgewachsen wäre sie in Kentucky.

„Was macht die Navy im Gebirge?“ frage ich.

Sie lächelt: „Militärisches Geheimnis.“

Sie führt uns zu einem Ort, wo wir suchen sollen. Hier, sagt sie, hätten Lakota Feuersteine geschlagen. Wir steigen ab, finden wirklich Abschlagungen an Steinen. Jim besitze schöne Stücke von hier, Jagdspitzen für Pfeile, Speerspitzen. Doc Holliday findet zwei Schaber. Die Schlagstellen scharf wie Rasierklingen.

Als ich aufsteige, geht Sail los. Den Fuß im Bügel, schlage ich ins Geröll. Für Momente ist mir schwarz vor Augen. Dann rapple ich mich auf. Es gab schon Schlimmeres.

Die Hinterlassenschaft des Old Joe zum Beispiel. Verkohlte Lagen vom Blockhaus, ein Kamin aus aufgeschichteten Natursteinen. Gewaltige Nägel, handgeschmiedet.

„War einer der ersten hier“, sagt Jane. „Abgefackelt achtzehnhundertsiebzig. Dort unten hat man ihn gefunden. Aufgeschlitzt, skalpiert. Hatte einen Brunnen geschachtet, fünfzig Fuß tief.“

„War er allein hier herauf gekommen?" will Doc Holliday wissen.

„Allein, ja. – Soll alt gewesen sein. Schon als er aus dem Osten herüber kam."

Hinterm Hügel die Krieger

Als wir wieder im Camp ankommen, dunkelt es bereits. Es war ein langer Ritt, wir spüren die Knochen. Jim sitzt mit den Engländern am Feuer. Das Gespräch dreht sich um die Wirtschaft. Jim erzählt, was wir schon von Little Finger wissen: es geht abwärts mit den Ranchern, den Farmern…

Wir holen ein paar Bier aus dem Tipi, geben nach dem Essen eine Runde. Lassen unsere Flachmänner rumgehen, was alle honorieren. Dann ist es aber genug, die Engländer danken, nehmen einen Pott Tee. Auch Jim und Jane verneinen. *Thank you very much!* Wir verabschieden uns, ziehen in Doc Hollidays Tipi. Ein bisschen kommen wir uns wie Russen vor unter all diesen Maßvollen. Oder wie Mountain Men eben – *Meeteetse!*

Wir vergleichen den Ritt durch die Rockys mit diesem jetzt. Fühlen uns in der einsamsten Gegend der Black Hills, in unberührter Natur, wie im Stadtpark. Was ist das gegen die Grand Tetons, die Washakie Wilderness? Dort mussten die Pferde klettern wie Gämsen. Mit dem Wolf tanzen? Der Film entstand hier. Das Heulen der Kojoten, ihr Kläffen, hält Stunden an. Kommt mal von vorn, mal von hinten. Als ob ein Rudel das Camp umkreist. Wir haben die Plane zurückgeschlagen. Vor uns die mondhelle Prärie scheint schneeüberzogen. Ein paar Weißschwanzhirsche ziehen äsend zwischen den Pferden durch, die sich verteilt haben in der weiten Senke. Sternschnuppen und Wetterleuchten. Der Schrei einer Eule.

Wir sitzen lange so. Längst haben die anderen das Feuer gelöscht, schlafen.

Am Morgen reiten die Engländer mit Jim zur Ranch. Sie wollen weiter mit dem Auto.

Wir bleiben noch, ziehen übers Buffalo Grassland. Galoppieren oft kilometerweit. Es ist heiß. Kein Lüftchen. Schmetterlinge, die wie Grillen rasseln. Das Pfeifen von Präriehörnchen. Der Jagdschrei des Falken.

Gegen Mittag treffen wir auf eine Herde. Zwanzig Bisons grasen im Tal. Die Kolosse bewegen sich langsam. Einige, scheint es, schlafen im Stehen. Auf hundert Meter heran, werden wir von Jane zurückgehalten. Mehr Unfälle mit Büffeln gäbe es als mit sonst irgendwas. Nicht täuschen lassen sollten wir uns von Schwerfälligkeit.

Als ob sie es gehört hätten, heben zwei die Köpfe. Beobachten aus kleinen Augen. Die anderen ignorieren uns noch. Die Pferde beobachten die Büffel. Wir sitzen still, rühren uns nicht. Die Zeit steht. Hinter uns, hinter dem Hügelkamm, warten die Krieger auf unser Zeichen.

Das siebte Geschlecht

Allein mit Jane sitzen wir ums Feuer. Die Funken ziehen nach oben fort. Der Mond ist voll, die Prärie liegt in seinem Licht. Wer hinaus ginge, sähe Grillen im Gras. Wer sich anschliche, würde entdeckt. Ruhig grasen die Pferde um uns her.

Wir reden vom Büffel. Den Indianern.

Aus Fell machten sie Tipiplanen, Decken und Kleider. Kriegsschilde aus Höckerleder. Tabaksbeutel aus der Blase. Hörner wurden zu Bechern und Löffeln. Schädel zu Tellern und Näpfen. Schulterblätter dienten als Schaufeln und Hacken. Kriegskeulen und Kanuspanten entstanden aus Rippen, Fäden zum Nähen aus Sehnen. Gelenkfett und Hufe wurden Leim. Därme Bogensehnen. Schwänze Fliegenwedel.

Nahrhaft waren Fleisch und Leber, arm an Fett. Delikatessen die Zunge, die Augen.

Mark gemischt mit Dörrfleischmehl war Verpflegung im Winter. Zum Gerben half Hirn, zum Schaben nahmen sie Zähne. Der Kot: Brennmaterial.

Nichts, was *Pte*, der Büffel, nicht gab. Wer Büffel besaß, besaß das Leben.

Dann die Trapper. Man schoss sich seinen Büffel zum Frühstück, zum Abend. Nahm die Zunge. Schaffte kaum die.

Büffelschießen als Sport. Tote Indianer sind gute Indianer. Die Army regts an, die Eisenbahn greifts auf. Organisiert *Jagdzüge.* Aus den Fenstern wird geschossen, was das Zeug hält. Mancher bringts auf 250 Abschüsse pro Tag. Die Prärie, einst schwarz von Herden, die Flüsse leertranken, eine Abdeckerei.

Sioux und Cheyenne, die im Juni 1876 Custers Truppen schlugen, werden vom Hunger besiegt. Sie, die militärisch nicht zu unterwerfen waren, sind am Ende.

Noch 1876 kapitulieren die Cheyenne unter Dull Knife. Die letzten freien Oglala unter Crazy Horse ergeben sich im Winter. Die Cheyenne River Sioux unter Lame Deer kämpfen noch im Mai. Im September setzt sich Sitting Bull nach Kanada ab, Crazy Horse wird ermordet.

Die, die frei umherzogen, sind interniert. Gestalten, denen keiner Brot reichen möchte. Das siebte Geschlecht, die Rotte Korachs!

„Das alles haben Europäer getan“, sagt Jane.

„Europäer wie wir, unsere Altvorderen?“ frage ich. „Mein Großvater war Indianer in Galizien in Polen.“

„Ach hör doch auf mit deinem Opa“, sagt Doc Holliday. Er geht hinters Zelt pinkeln. Pfeift *Oh Susanna*. Ein Pferd furzt in der Ferne. Dann zieht eine goldene Sternschnuppe geräuschlos über die Prärie. Ich wünsche mir nichts.

Dritter Teil

Rückkehr ins Indianerland

Der Stein, das Tier, und du

Am Ende des Highways Billy the Kid

Es kam, wie es kommen musste. Die Jahressteuererklärung wurde fällig, und unter meinem Weisheitszahn gluckste es. Im Kasten stauten sich Rechnungen und Absagen auf Manuskripte. Dann fiel auch noch unser Herrenabend aus: Doc Holliday, der Freund, hatte sich, ohne mich zu verständigen, einen Tag zuvor weggeputzt. „Erschossen", sagte sein Weib. Ich legte auf und trank.

Gegen Morgen rief ich *sie* an. Doch sie wollte von Elend nichts wissen, sie hatte genug von mir. „Wie du schon dasitzt", sagte sie, „aus dir wird nichts mehr, das kann ich durch den Hörer sehen!" Es war soweit.

Ich wählte die Nummer in Arizona, die Doc Holliday hinterlassen hatte – der Schlüssel für unseren nächsten Trip. Helmut, seinerzeit Kneiper in Berlin, meldete sich prompt. Klar könne ich kommen und losreiten. Fünfzig pro Tag, wie er dem Doc schon gesagt hätte, Verpflegung inklusive. Nur er selbst habe jetzt keine Zeit, müsse einen Trailritt für Touristen vorbereiten, zu dem ich natürlich eingeladen sei. Wenn es mich aber derart dränge, habe er noch einen Freund anzubieten, Indianer, wenn mich das nicht störe, der mich in die Wüste begleiten würde. Okay?

Mit einem Last-Minute-Ticket fliege ich nach Las Vegas und von Las Vegas nach Phoenix-Scottsdale. Im Gepäck die Ausrüstung, die ich mir zusammen mit Doc Holliday in Wyoming zugelegt hatte, den Flachmann, den er mir zum Geburtstag brachte. Nach fünfzehn Stunden im Flugzeug wird mir klar, dass es ein Unterschied ist, ob der Freund neben einem hergeht oder im Kopf hockt.

Im Baggage Claim suche ich nach Helmut. Großgewachsen sei er, ein Cowboy, was sonst, ich könne ihn nicht verfehlen, hatte er gesagt. Ich frage drei, lasse seinen vollen Namen ausrufen. Zwei Stunden auf und ab, dann betritt eine Gestalt die Gepäckausgabe: Billy the Kid, wenn er die Rente erreicht hätte – verstaubt der alte Hut, das Hutband mit mandelgroßen Türkisen besetzt. Am Gürtel ein Ding zwischen Messer und Machete. „Excuse me, are you Helmut?" frage ich. „Ja, det bin ick!" sagt ein weiches, versoffenes Gesicht.

Im Pickup fahren wir raus aus Phoenix rüber nach Scottsdale, dann durch die Apache-Reservation. Zum Glück hatte der Berliner noch am Liquor-Store gehalten, wo ich mich ausreichend mit Bier und Whiskey bevorraten konnte. Er selbst trinke seit fünf Wochen nix mehr. Auch das Rauchen habe er aufgegeben. Aber an anderen störe es ihn nicht.

Wir kommen an Autowracks und Wohncontainern vorbei, vor denen Indianerkinder spielen. Baumhohe Saguarokakteen wechseln mit Yuccas und Kerzensträuchern. Die Sonne steht knapp überm Horizont, doch es ist heiß. Ich frage nach Klapperschlangen. „Ja", sagt er, „die gibt es hier. Ein bisschen vorsichtig sollte man schon sein."

„Und Skorpione?"

„Die auch. Sind überall, wie bei uns die Spinnen. Am wichtigsten ist, dass du früh zuerst die Stiefel ausschüttelst, da gehen sie besonders gern rein." Ich schaue ihn an, doch Helmut blickt auf die Straße, als ob wir im Pulk auf einer Überholspur dahinpfiffen. Die Straße führt schnurgerade auf die kahlen Berge zu.

Wir biegen auf einen Sandweg ab. Es ist hügelig, die letzten Anwesen liegen Meilen zurück. „Am Ende des Highways sind wir da", sagt Helmut. Doch das dauert noch. Dann zwei betagte Holzbungalows im Gelände. Dahinter eine Koppel mit Pferden, ein Tipi, ein zerschrammter Pferdetrailer. „Hier wohne ich mit Kate", er zeigt auf die erste Bude. „Dort drüben schlaft ihr."

Den Seesack auf dem Rücken folge ich Helmut an

Sträuchern und Kakteen vorbei zu meiner Bleibe. Der Boden ein harter Grind, von der Sonne aufgesprungen. Eine Eidechse schießt übern Pfad. Wen er mit *ihr* meinte, wird klar, als wir durch die offen stehende Tür treten: Zwei Indianer in T-Shirts und Jeans lümmeln vorm Fernseher. Im Fernseher ein Baseballspiel. Nichts an ihnen verrät, dass sie von uns Notiz nehmen. „Hi guys!“ sagt Helmut, „this is Rainer. – Das ist Neswood, das ist Oscar.“

Ich reiche dem Älteren, er könnte mein Jahrgang sein, die Hand. „Hi“, sagt er, und das wird alles sein, was ich bis auf weiteres von ihm zu hören bekam. Oscar, vielleicht Mitte zwanzig, bleibt ebenfalls in seiner Ecke. „Hi!“

Helmut weist auf den Verschlag, in dem ich schlafen soll. Eine Kommode, ein Bett, überm Bett ein Traumfänger, wie ich ihn von Plainsstämmen kenne. Es riecht nach altem Holz und ein bisschen nach Petroleum. „Du bist müde“, sagt Helmut. „Und ich muss wieder fort. Die beiden werden ab morgen mit dir reiten. Früh kommt Kate, und ihr könnt ein Pferd für dich aussuchen. Essen ist im Kühlschrank. Wasser im Tank. – Und“, er wirft einen Blick zu den Indianern hin, „lass die nichts von dem Bier sehen und erst recht nichts vom Schnaps. Die Chance, dass man hier einer wild gewordenen Rothaut zum Opfer fällt, ist größer, als von einer Klapperschlange gebissen zu werden!“ Er grinst, zeigt mir Kartoffeln und Brot. Dann fährt er ab, und ich setze mich neben Neswood. Das Spiel im Fernsehen ist zu Ende. Ich versuche ein Gespräch anzufangen, erzähle, wo ich herkomme und wie weit es von East-Germany bis hierher war. Der Indianer verzieht keine Miene, steht auf und geht. Durch das Fenster sehe ich ihn eine Schrottkiste besteigen und abfahren. Der Jüngere hat sich längst den Hörer seines Walkman ins Ohr geschoben und verfolgt die Werbesendung. Der Anfang ist wiedermal gemacht.

Lange vor Sonnenaufgang bin ich wach. Ich sitze vorm Haus, warte auf den Tag. Der Mond, ein abgedämmerter Theaterscheinwerfer, beleuchtet Schemen. Vogelgepfeife, wie man es in gemäßigten Breiten nicht kennt. Ein Kojote schnürt heran, sieht mich, hält kurz inne und geht ab. Kühl ist es. Der rötliche Streif hinter den Silhouetten der Saguaros wächst unter Wolken zu einem Gebirge aus fahlem Licht. Tief im Jetlag höre ich die Stille summen hinter den Stimmen der Wüste, die schläfrig macht. Die polierten Spitzen meiner Stiefel schimmern. Eingedöst, stehe ich noch einmal mit Doc Holliday in Waynes Bootshop in Cody/Wyoming. Wie ein Weib, sagt der Freund, schüttelt den Kopf. Nimm *die* Stiefel, und gut! – Ach mein Freund, sage ich. Warum willst du diese Scheiße machen und dich erschießen? Bleib hier, wir wollen nach Arizona, die Sonne putzen!

Langsam nur wird es hell

Die Sonne lässt auf sich warten. Ich werde wach und dämmere ein. Und wache auf. Die Indianer, denke ich und suche in der Stille ein Atmen. Das Auto, in dem der eine wegfuhr am Abend, ist wieder da. Die Fenster im Haus stehen offen – ich bin allein.

Ich versuche mir vorzustellen, dies sei das Land Geronimos, Cochises, Mangas Coloradas'. Die Wüste, die all das Blut trank, liegt weit zu meinen Füßen.

Die großen Klapperschlangen draußen unter den Sträuchern schlafen wohl noch, vor Kälte starr wie ich. Langsam nur wird es hell. Doch dann ist es mit einem Mal Tag. Die Tür von Helmuts Hütte wird geöffnet. Eine blonde junge Frau, Kaffeetopf in der Hand, geht zu den Pferden hinüber. Bereit, ihr freundlich Guten Morgen zu wünschen, verfolge ich sie mit meinem Blick. Sie schaut nicht nach links, nicht nach rechts. Schon gar nicht zu mir. An der Koppel lässt sie sich nieder, sitzt in der Morgensonne lange Zeit. Es ist stiller geworden jetzt, wo die Schatten sich verkürzen. Ein paar Vögel singen noch, flattern unstet von Kaktus zu Kaktus.

Hinter mir, im Haus, sind Schritte zu hören. Es klappert Geschirr. Die Indianer unterhalten sich leise in ihrer mir unverständlichen Sprache. Sie klingt anders als das Sioux der Lakota, das Algonkin der Cheyenne oder Cree. Ein sanftes Zischeln, nur kurze Vokale. Drinnen finde ich sie am Tisch. Es gibt Kaffee und in einer Pfanne Eier mit Speck. Ich nehme mir was, setze mich zu ihnen. „What's the Navajo expression for Hello?“ frage ich. Und sie schauen mich an, kurz, aber ein erstes Mal. „Yá' át' ééh“, sagt der Jüngere.

„Yá' át' ééh!“ wiederhole ich und schreibe es auf.

„Yá' át' ééh“, wenn man sich bald wiedersieht“, sagt er nach einer Weile, „yá' át' ééhéé, wenn du lange wegbleibst.“ Er rülpst kraftvoll, doch das will nur heißen, dass es ihm gut geht. Aber das zu verstehen, wird noch dauern bei mir.

Wenn ich oben bleibe, das beste Pferd

Nach dem Frühstück erscheint Kate. Dass den abgerissensten Clochards oft die hübschesten Dinger zufallen, scheint sich für Helmut bestätigt zu haben. Ich ahne, warum mit Saufen Schluss ist bei ihm. Sicher lebt sie vegetarisch, liebt es, Tiere zu streicheln, Gutes zu wollen.

An der Koppel erklärt sie mir Pferd für Pferd. Rasse, Charakter, Temperament. Helmut hat Tennessee-Walker, Missouri-Foxtrotter. Und einen Mustang, von Neswood gefangen, zugeritten im Monument Valley, der Navajo-Reservation, die groß ist wie Bayern. Viele Mustangs gäbe es dort, dieser sei ein typisches Indianerpferd. Ausdauernd und schnell. Wild und nicht leicht zu reiten, doch sensibel. Ich habe mich entschieden.

Neswood, der neben uns steht, nickt. Er reicht mir die Trense. Sein Blick verrät, dass ihm meine Wahl gefällt. Dann gehen wir in die Koppel, Neswood und ich, und jeder versucht an sein Pferd zu kommen. Der Indianer ist schnell fertig, bindet seines draußen an, kehrt zurück. Es dauert, bis wir den Mustang so weit haben, dass ich ihm den Zaum anlegen kann. Er galoppiert mit der Herde im Kreis, bricht zur Seite aus. Zusammen gelingt es uns schließlich, und Neswood lässt mich mit dem Pferd allein. Ich lege ihm die Hand auf die Nüstern, streichle ihm die Stirn zwischen den Augen. Singe leise *Woyaya*. Das Tier lässt es geschehen, steht bald ruhig. Es wirkt zierlich gegen die anderen Pferde. Aber die Brust ist breit und verrät Ausdauer, der schlanke Körper Schnelligkeit. Ich lege ihm Decke und Sattel auf. Erst als ich aufsteige, kommt es in Stimmung. Es tänzelt, steigt zwei, drei Mal, galoppiert fast auf der Stelle. Wenn ich oben bleibe, das beste Pferd! Ich bleibe oben, konzentriere mich auf jede seiner Regungen, tätschle seinen Hals, stelle es sanft an den Zügel. Es reagiert feinnervig auf jede Hilfe. Leicht nur brauche ich die Hand nach rechts zu führen, damit der äußere Zügel am Hals anliegt, und schon geht es nach rechts ab. Nur mit der Gangart klappts noch nicht: Neswood reitet Schritt, ich im kurzen, versammelten Galopp nebenher. Um das Tier zu beruhigen, lasse ich es auf einem freien Hang vom Zügel. Es prescht los, fliegt mit mir bergan, durch die nächste Senke, auf die nächste Kuppe. Ich pariere es durch, galoppiere zurück zu Neswood, der mir entgegen trabt. Er lächelt ein wenig, sagt aber nichts. Nebeneinander reiten wir ein weites Stück geradeaus. Nachmittags rasten wir an riesigen rundgewaschenen Felsen, die wie hingewürfelt in der Wüste liegen. Waschschüsselgroße Kuhlen in einem der Brocken scheinen von Menschenhand ausgeschliffen. „Apache“, sagt Neswood, „hole to take rainwater. An old campground maybe.“ Er sucht nach weiteren Zeichen, die seine Vermutung bestätigen könnten, findet eine alte Feuerstelle und unter einer Sandkruste Reste verkohlten Holzes. „Apache“, sagt er noch einmal. „A very old fireplace.“

Aus meiner Satteltasche ziehe ich zwei Dosen Coor's, gebe Neswood die eine. „Ahéhee", sagt Neswood, lässt es zischen. Ich schreibe es auf: Danke – ahéhee. Im Schatten genießen wir unser Bier. Dann schiebt Neswood seinen Hut über die Augen, um ein Nickerchen zu machen. Auch ich döse in der Hitze ein. Ein Kriegertrupp Apache steht wie aus dem Boden gewachsen vor mir. Geronimo, auf einem schwarzen Mustang, wendet sich an Neswood, den Navajo. Neswood erklärt ihm etwas in seiner Sprache, die der Apache versteht. Geronimo mustert mich kurz, sagt: „Ouu!" Die Luft flimmert, und dann ist die Vision vorbei.

„Are you ready?" fragt der Indianer. Er macht sein Pferd los, steigt auf. „Ouu", sage ich, „ready".

Sieben Jahre vor Little Bighorn

Der Indianer reitet seinen Mustang, der nicht zu Helmuts Herde gehört, im kurzen Trab, selten im Schritt, noch seltener im Galopp. Oft bin ich ein paar hundert Meter voraus, halte mich abseits. Zwar hat er mich auf die Wasserlöcher der Apache aufmerksam gemacht, aber will er sich deshalb mit mir unterhalten? Schweigend, mit unbewegtem Gesicht, reitet er neben mir. Er trägt Jeans wie unsereiner, Chinks aufgeschnallt, Hemd und breitkrempligen Hut, ohne den niemand sich hier der Sonne aussetzt. Außer Oscar vielleicht, der nach Art der Altvorderen mit Stirnband geht, heute aber zu Hause blieb. Neswoods Haar, traditionell geschnitten, fällt schwarz glänzend bis zu den Schultern. Es stört ihn nicht, dass ich von Zeit zu Zeit zu ihm hinüber blicke, er scheint es nicht zu bemerken. Unzugänglicher als die Sioux, Cheyenne oder Shoshone, die ich mit Doc Holliday besucht hatte, scheinen mir die beiden Navajo, mit denen ich die nächsten Wochen verbringen soll.

Räuberisch und kriegerisch wie ihre Verwandten,

die Apache, hatten sich ihre Vorfahren dem Zustrom weißer Siedler entgegengestellt, bis im Winter 1863-64 Kit Carson, der kein Indianerhasser war, sie auf Befehl General Carletons und unterstützt durch Ute- und Zuni-Söldner widerstrebend „befriedete". Als Strafaktion auf Überfälle und Rinderdiebstähle der Navajo-Klane deklariert, hinterließ sein Zug verbrannte Erde. Carleton hatte angeordnet, jeden männlichen Navajo zu töten. Die Soldateska skalpierte ihre Opfer auch, was unter den Navajo, die wie die Apache diesen Brauch verabscheuten, Entsetzen auslöste. Ein Teil des Stammes floh zu den Apache, ein anderer unter Häuptling Manuelito in den Grand Canyon. Einige Gruppen suchten in den unzugänglichen Navajo Mountains Zuflucht. Die Hauptstreitmacht aber zog in den für uneinnehmbar gehaltenen Canyon de Chelly, um sich dort zu verteidigen. Aber der Canyon wurde zur Falle. Carsons Truppen sperrten die Ausgänge, fuhren Kanonen auf. Die Navajo, halb verhungert und vom Erfrieren bedroht, kapitulierten. Der Colonel befahl, was nicht zu transportieren war, zu zerstören. Über viertausend Pfirsischbäume, Stolz des trockenen Kernlandes der Navajo, ließ er kurzerhand fällen, die schmalen Maisfelder abbrennen. Im März 1864 trieb er die Navajo auf den langen Deportationsmarsch nach New Mexico, wo man sie nach einem kurzen Aufenthalt vor Albuquerque bei Fort Sumner mit den Mescalero-Apache zusammen internierte. Seuchen griffen um sich: Blattern, Pest, Cholera. Viele litten an Unterernährung, Lungenentzündung. Einzelnen Gruppen gelang die Flucht. Als Guerillas kehrten sie auf den Kriegspfad zurück, überfielen Nachschubtransporte der Armee, einsam gelegene Ranches, Goldsucher. Die Häuptlinge aber protestierten weiter gegen die Zustände im Lager, die Vertreibung. Nicht ohne Erfolg in diesem beispiellosen Fall. 1868, im November, ließ der Senat die Navajo endlich, nachdem ein Viertel des Stammes in vier Jahren zugrunde gegangen war, auf ihre alten Jagdgründe zurückkehren – in das größte Reservat, das je einem Stamm in Amerika zugebilligt wurde. Zu wertlos schien das steinige zerklüftete Land, um seinetwegen die Tagesordnung auf Jahrzehnte hinaus um einen leidigen Punkt verlängert zu sehen. Der militante Staat, geschwächt vom Bürgerkrieg, unterm Eindruck von Hiobsbotschaften aus den nördlichen Plains, lenkt ein! Manch einem in Washington mögen Zweifel gekommen sein, sieben Jahre vor Little Bighorn...

Fern der Heimat, fremd wie ich

Am Abend, Neswood hat Steaks von enormer Größe auf den Grill gelegt, hole ich ein paar Bier ans Feuer, für die beiden Indianer, für mich. Helmuts Warnung, sie nur nichts von meinem Vorrat erfahren zu lassen, scheint mir inzwischen überzogen. Und außerdem: Wer auf Gottes Erde würde einem anderen Menschen in dieser Affenhitze ein kühles Bier vortrinken? Sie trinken, ohne sich mit Dankesfloskeln aufzuhalten. Als Neswood mir das größte der drei Steaks reicht, sage ich ahéhee und erziele einen kleinen Erfolg: der Indianer verbessert meine Aussprache, lässt es mich fünfmal wiederholen, bis es klappt: ahéhee!

Natürlich weiß ich, dass das Diné der Navajo zu den schwersten Sprachen der Welt zählt. Und manches im Pazifikkrieg hätte sich anders gestaltet, wäre man im Pentagon nicht darauf gekommen, im zweiten Weltkrieg Navajo als Funker einzusetzen – die Funksprüche in dieser Sprache wurden, anders als alle Kodierungen, von den Japanern nie geknackt! Hochdekoriert kamen die Navajo-Soldaten zu den Ihren zurück.

„Dá igláá' hé!" sagt Neswood. Es heißt Prost. „Igláá' hé!" sagt Oscar, „wenn du nur mit einem trinkst." Er lacht breit, und sein Gesicht ist offen. Unvorstellbar, er könnte zu Arglist neigen. Über mich herfallen am Ende.

Wir sitzen und schneiden Stück für Stück von unseren Steaks. Ich schäle Knoblauch, Zehen groß wie Apfelsinenscheiben. Oscar rülpst und greift sich eine. Sie essen gern Knoblauch, wie sich zeigt. Zwiebeln und scharfe mexikanische Saucen. Ich sehe und höre, wie es ihnen schmeckt. Ich fühle mich wohl. Dann rauchen wir, Oscar und ich. Wir halten uns an meine schwarzen Brazil, die er schon einmal probiert hat. Neswood kaut *Red Man*, langgeschnittenen Kautabak, üblich hier wie bei uns Zigaretten.

Die Indianer sprechen jetzt englisch, wenn sie miteinander reden. Ich registriere es als freundliche Geste. Wie für mich ist Englisch für sie Fremdsprache, die sie nicht sicher beherrschen. Aber sie sprechen verständlicher als weiße Westler, die alles verschleifen. Doch viel ist es nicht, was sie miteinander reden. Ich frage sie, ob sie oft hier unten in Arizona sind, außerhalb und fernab ihrer Reservation. „Das erste Mal", sagt Neswood, und ich muss daran denken, wie traumwandlerisch sicher er uns beide im weiten Bogen durch die Wüste zurück brachte. Manchmal, fällt mir ein, war er doch auf eine Höhe geritten, hatte Ausschau gehalten, war dann nach links oder rechts abgeschwenkt.

Später erst werde ich verstehen, *wie* fern der Heimat die beiden Navajo hier waren, tief im Apacheland, der Apacheria, tausend Kilometer von zu Hause entfernt. Fremd im südlichen Arizona wie ich.

Gefällt dir John Wayne?

Nach Cowboykaffee und Indianerpfannkuchen satteln Neswood, Oscar und ich unsere Pferde. Der Himmel ist blau, es wird ein heißer Tag werden in der Gilawüste. Für jeden von uns packe ich zwei Dosen Mountainbier in den Kühlbeutel, den ich in einem der Schrankregale fand, verstaue ihn in der Satteltasche, für mittags, wenn wir im Schatten rasten.

Zwischen Wacholdergestrüpp, Orgelpfeifenkakteen und riesigen Saguaros reiten wir in offener Formation, so dass jeder sich seinen eigenen Weg suchen kann. Die Richtung aber gibt Neswood an, und wohin Neswood will, weiß Neswood wohl selbst noch nicht. Stunde um Stunde ziehen wir westwärts, das steinige Gelände ein monotones Auf und Ab. Dann ein steiler Hang, für Pferde nicht zu bewältigen, denke ich. Hintereinander folgen wir aber Neswood, der es hier versucht und dann dort, der schließlich einen Aufstieg findet. Noch habe ich keine Ahnung, dass dieser Stich, der zwar mich irritiert, aber nicht mein Pferd, lächerlich wirken wird gegen das, was mich im Navajo-Land erwartete. Oben angekommen, ein leichtes Lüftchen ist zu spüren, haben wir einen guten Blick. Von Horizont zu Horizont kein Zeichen menschlicher Anwesenheit. Hoch am Himmel zieht ein Adler seine Bahn. Das salztrockene Land, Endstation vieler, die, vom Osten kommend, hier ihren Weg nach Kalifornien suchten, liegt still unter uns. Nur Indianer, hieß es, könnten hier überleben. Sie allein vermochten an Wasser zu kommen, wo kein Weißer Wasser vermuten würde. Saguaros bohrten sie an, gruben nach verborgenen Wasseradern. Aber auch ohne Wasser hielten sie lange durch, wanderten fünfzig, sechzig Kilometer am Tag, schafften zu Pferd das Doppelte. Als Guerillas nicht zu schlagen, terrorisierten die Apache, unter denen auch Navajo und Comanche kämpften, amerikanische und mexikanische Siedlungen, die auf ihrem Land errichtet worden waren, zwangen der Armee der Vereinigten Staaten den längsten Feldzug ihrer Geschichte auf. Der Schrecken, den sie unter die Invasoren trugen, war so nachhaltig, dass Arizona Skalpprämien aussetzte, der Gouverneur befahl, jeden Apache, der angetroffen werde, zu erschießen. Der härteste und auf beiden Seiten mit äußerster Grausamkeit geführte Indianerkrieg zog sich über Jahrzehnte bis 1886 hin. Tausende amerikanische Soldaten, verstärkt durch Mexikaner, Miliz-Einheiten und Apache-Scouts jagten am Ende noch eine Hand voll Krieger, die, geführt von Geronimo, mit Frauen und Kindern in die Berge flohen.

Neswood, auf den Sattelknauf gestützt, beobachtet mich von der Seite. „Wie gefällt dir John Wayne?" kommt seine unvermittelte Frage, die erste überhaupt, die er mir stellt.

„Saublöde Filme", sage ich, überrumpelt, „für noch blödere Amerikaner."

Er holt aus, will mich wohl vom Pferd schlagen. Gerade noch erkenne ich, dass dafür seine Hand zu weit nach oben ging und halte ihm, einer Eingebung folgend, meine offen entgegen. Er schlägt hinein, ein Lachen ist in seinen Augen. Dann hole ich aus, wiederhole das Ritual. Wir sind Freunde.

Medizinmann sagt, du musst sterben

Kein Land, hatte Helmut erklärt, hätte mehr giftiges Getier, mehr stachelige Pflanzen als Arizona. Vor einer Kakteenart solle ich mich besonders in Acht nehmen, das Pferd von ihr fernhalten: Jumping Cholla. Ihre Stacheln gingen durch Stiefelleder, wären, hätten sie sich in die Haut gebohrt, nicht mehr herauszuziehen. Sie wanderten ins Fleisch, wären nur chirurgisch zu entfernen. In gehörigem Abstand lenken wir die Pferde um die Chollas, suchen einen anderen Weg, wenn sie zu dicht stehen.

Einem ausgetrockneten Flussbett folgen wir nach Süden, dann nach Osten, reiten im Schritt, als wir eine erste Klapperschlange noch rechtzeitig sehen. Das Reptil, anderthalb Meter lang, liegt regungslos in der Sonne. Ich reite näher, bis Neswood mich zurückhält. Es rasselt, und der Mustang tänzelt. Ich schieße noch ein Foto, dann zieht sich die Schlange unter den nächsten

Strauch. Oscars Arm ahmt eine zuschlagende Schlange nach. Schlimmer seien Preußen, erklärt er mir. Ich lache. „Die *Preußen*?" frage ich und bin geneigt, ihm recht zu geben. „Poison", er artikuliert jetzt deutlich, und ich verstehe – *giftig* meint er. Er zeigt mit der Hand eine sich seitwärts bewegende Schlange. Kleiner sei sie, noch gefährlicher. Sie lebe oben in den Bergen seiner Heimat, dem Monument Valley. „Und wenn diese eben mich gebissen hätte", will ich wissen. „Kann sein, du überlebst es." Oscar lächelt. Wenig später rasten wir.

Die Indianer reden jetzt ab und zu mit mir, nachdem ich Neswoods ideologische Fangfrage nach John Wayne richtig beantwortet habe. Scherzen gar.

„Ein Indianer reitet mit seinem weißen Freund in die Berge", beginnt Neswood. – Ein Witz, denke ich und höre aufmerksam zu.

„Da beißt den weißen Freund eine Klapperschlange in den Schwanz", Neswood grinst, faßt sich in den Schritt. „Sein Freund lehnt ihn gegen einen Felsen. Ich muss ins Tal gehen und den Medizinmann fragen, erklärt er. Kein Problem, sagt ihm der Medizinmann. Du musst die Bisswunde aufschneiden, dann aussaugen. – Okay. Der Indianer macht sich auf den Weg zurück. Was sagt der Medizinmann, fragt der Freund verzweifelt. Medizinmann sagt, sagt der Indianer, du musst sterben."

Die beiden brechen in so herzliches Lachen aus, dass ich mich anschließen muss. Dabei denkt man, Indianer hätten keinen so gemeinen Humor!

Nachmittags, wir dösen im Sattel vor uns hin, spielt plötzlich mein Mustang verrückt, galoppiert um die eigene Achse, als ob er etwas abschütteln wolle. Ich versuche die hinteren Partien in den Blick zu bekommen, was, will ich oben bleiben, schwierig ist. Dann sehe ich die stacheligen Bälle, riesige Kletten, an seiner Hinterhand, springe aus dem Sattel. Sofort wird das Pferd ruhiger, hält still. Ich bemühe mich, sie zu entfernen. Das Bein zuckt, doch das Pferd versucht es auszuhalten. Stacheln dringen mir in die Finger. Die beiden Indianer schauen gelassen zu. Dem Pferd ist noch nicht geholfen, die Spitzen bleiben im Bein. „Take your knife!“ sagt Neswood schließlich, und ich nehme das Messer. Das Tier blutet. Zu fest sitzen die Nadeln. Endlich geruht Neswood abzuspringen, mir zu zeigen, wie es gemacht wird. Mit dem Messerrücken schlägt er von oben nach unten am Bein entlang.

Abends dann gibt es Jumping Cholla am Spieß, als Kompott. Der Indianer brennt die Stacheln ab, reicht mir die Bällchen. Ein Geschmack zwischen Kiwi und Apfel. „Shoná“, sagt Oscar, schmatzt, „good“. Und lässt mich das Wort wiederholen, bis es sitzt.

Pass auf mit deinem Fusel

Spät am Abend kommt Helmut, erkundigt sich nach meinem Befinden. „Yá’ át’ ééh!“, sage ich kühn, „shoná, ahéhee“. Doch Helmut versteht kein Wort. „Schon voll integriert, was? – Umso besser. Wenn ihr wollt, könnt ihr schon morgen ins Monument Valley fahren, den Küchenwagen mitnehmen, für den Trailritt. Ein Zelt hab ick für dich. Und reiten kannst du dort mit deinen roten Freunden noch besser als hier.“

„Warum nicht“, sage ich, „und wann kommst du mit den Touristen?“

„Übernächste Woche Sonntag.“ Er wendet sich an Neswood, fragt, was er davon hält. Neswood nickt, und das heißt, wir fahren.

„Pass weiter auf mit deinem Fusel“, sagt Helmut, „du bist zwar Neswoods Gast ab morgen, aber ich könnte trotzdem Schwierigkeiten kriegen. Die sind nicht komisch dort, wenn es um Alkohol geht. Weiße dürfen gar nicht herunter von der Transitstraße, falls dir det als Ossi wat sagt. Ganze zwei Leute haben eine Ausnahmegenehmigung, um in der Reservation zu reiten, Don Donilley und ich. Don treibt Japaner auf Mauleseln durch den Stammespark, nicht größer als der Grunewald. Ich kann Trailritte machen, quer durch die Reservation, in Gegenden, wo kein Weißer hinkommt. Eh das soweit war! Da musst du nach Window Rock, beim Stammesrat antreten. Die behandeln dich, da kriegst du das Frieren. Dann darfst du blechen. Als Nächstes musst du zu den Clanmüttern, über deren Territorium du reiten willst – ohne einen fetten Hammel im Kofferraum für ein kleines Poww-Woww brauchst du da gar nicht vorzusprechen! Neswoods Mutter ist so eine, die hasst Weiße eigentlich." Er zieht die Brauen hoch, als ob es heikel wäre, darüber zu reden. „Sehr traditionell die Alte, große Medizinfrau!"

Ich erinnere mich, im *Brockhaus* von der Weißenfeindlichkeit unter Navajos gelesen zu haben. „Du denkst, ich könnte skalpiert werden?" frage ich.

„Vor kurzem sind jedenfalls vier Kerle abgestochen worden, bei Auseinandersetzungen zwischen den Clans!"

Neswood und Oscar haben sich eingerichtet und verfolgen Mickey und Goofy im Fernsehen. Oscar, wiedermal an den Walkman angeschlossen, gibt mir ein Zeichen: Bier, Brazil! Er fordert es ein, als ob es um Fleisch des gemeinsam erlegten Büffels ginge, freundlich, selbstverständlich. Dabei lacht er mich offen an, dass ich nicht anders kann: ich stelle jedem ein Bier hin, nehme bei dieser Gelegenheit mutig den Kopfhörer aus seinem Ohr, höre hinein: *Hey-ye-ye-ye*... Indianersingsang zur Trommel, Kriegstanz oder Gebet um Regen. Gott weiß es. Ich stecke den Lautsprecher zurück in Oscars Ohr. „Dá igláá' hé!" sage ich, und beide antworten: „Ouu!"

„Bis morgen!" sagt Helmut.

Wasser in Eis und eiskaltes Bud

Der Pickup zieht schwer an dem Küchenwagen für die Touristen. Bergauf stinkt es, als ob Eisen in Flammen stünde. An den Mittelspiegel gehängt, tanzt eine Adlerfeder vor der Frontaussicht. Auf der Konsole

Perlenflechtereien. Wir tuckern durch Arizonas Halbwüsten, Stunde um Stunde. Die Indianer schweigen, ich kann rauchen, soviel ich will. Sie fahren gelassen, als ob Ankommen keine Frage der Zeit sei. Dann legt Neswood eine Kassette ein: Poww-Woww. Oscar nimmt den Verstärker aus dem Ohr. Ich nehme das Cover. Lese, was ich höre. Es sind Gesänge der Sioux, der White Faces Banch. Die Typen auf der Vorderseite sehen aus, als ob sie den Ausgang der Schlacht von Anbeginn gekannt hätten, ihrer Schlacht, Little Bighorn. Kaum vorstellbar, dass sie in Pine Ridge zum Hundertmeterlauf an die Linie des Red-Cloud-Indian-School-Sportplatzes traten, ruhig verharrten, bis es knallte. Wurzeln zogen, Englisch lernten wie unsereins.

Irgendwann ereignet sich das Wunder: Neswood hält an einem Saloon, in einem Nest, das es nur hier geben kann. Natürlich sind wir die einzigen Gäste, das Töchterchen des Wirts kommt an den Tisch. Ich verstehe kein Wort, warte, bis die Freunde bestellt haben, sage: „The same for me, please!"

Es gibt fette Rippchen mit gebackenen Kartoffeln. Dazu Wasser in Eis und eiskaltes Bud. Ein paar Müsliknabberer von zu Hause fallen mir ein. Sie bekämen es mit der Angst, litten an meiner Stelle fürchterlich. Doch ich entdecke endlich die amerikanische Küche.

Dann kommt die Rechnung, und Neswood nimmt sie mir aus der Hand. Er geht zum Tresen, bezahlt. Oscar greift sich eine schwarze Brazil.

Im Auto ist es inzwischen heiß wie in einer Sauna. Es riecht nach Pferd, Benzin und verkohlter Verkleidung. Die Indianer richten sich für tausend Jahre ein: Oscar mit dem Walkman, Neswood mit dem Blick auf die Straße. Mit fünfzig Meilen pro Stunde ziehen wir auf dem schnurgeraden Asphalt gen Norden. Die Berge, blaue Schemen, kommen nicht näher. Wir fahren an hunderttausend Klapperschlangen vorbei, an einsamen Gerippen, verirrten Kühen, rolligen Pumas. An Vögeln, die wie Torpedos ins Abseits schießen. An Saguaros, in die schon Blitze schlugen. An Indianern, die in Campinganhängern warten, dass etwas geschieht.

Wer heute nicht kommt, kommt morgen

Je mehr wir uns ihren heimatlichen Bergen nähern, desto aufgeräumter scheinen die Indianer. Neswood hinterm Steuer hat zu singen begonnen. Hey-ye-ye / Hey-ya-ya-ye... Dann stimmt Oscar ein. Auf einer leeren Plastikflasche klopfe ich den monotonen Takt.

Seit dem Morgen fahren wir nach Norden. Jetzt, wo die Sonne sinkt, erreichen wir die Grenze der Navajo Indian Reservation, überqueren den Little Colorado River. In Tuba, einem der größeren Orte im Indianerland, halten wir vorm Supermarkt. Die beiden gehen nach Mineralwasser, ich schaue mich um. Schon hier, wo vieles noch ans weiße Amerika erinnert, bin ich das einzige Bleichgesicht. Die livrierten Beschäftigten des Marktes wirken unbeteiligt gegen ihre Kollegen außerhalb der Reservation, die durch programmierte Freundlichkeit auffallen. Entspannt tippen sie die Preise ein, reichen, während sie sich unterhalten, Kaffeebecher übern Tresen. Ein *Yes Sir, Thank you very much Sir* wird man von ihnen nicht hören, und ein bisschen fühle ich mich in heimatliche Centrum-Warenhäuser, Konsum-Kaufhallen zurückversetzt. Ich kaufe eine Road Map of Navajo & Hopi Nations, ein paar Packungen getrocknetes Büffelfleisch, drei Kaffee.

Meine beiden sitzen bereits im Auto, die Türen stehen offen. Gern nehmen sie den Kaffee, trinken, obwohl wir spät dran sind, mit Andacht. Vorwürfe wegen meines müßigen Verweilens im Markt bleiben mir erspart. Wer heute nicht kommt, kommt morgen. Einen Indianer, der nach der Uhr blickt, scheint es nicht zu geben. Nicht einmal einen, der eine Uhr besitzt. Wir fahren weiter, nachdem der Kaffee getrunken ist.

„Wie weit noch?“ frage ich.

„Nicht mehr weit“, sagt Neswood.

Wolken sind aufgezogen, schnell wird der Wind schärfer. Innerhalb kurzer Zeit sackt die Temperatur in den Minusbereich. Später setzt Schneetreiben ein. Ein Blizzard bricht herein, wie ich ihn in Wyoming kennengelernt habe. Aber der Schnee bleibt nicht liegen, zu warm ist noch der Boden. An der Steigung zum March Pass, in 2200 Metern Höhe, wird der Motor wieder heiß, und der Gestank lässt uns husten. Wir kurbeln die Fenster herunter, doch der Sturm fegt durch die Kiste, so dass wir die Giftschwaden vorziehen.

In Kayenta tanken wir. Es ist das erste Nest seit einer Stunde, und es besteht aus der Tankstelle, einem kleinen Spital, einem Motel für den angrenzenden Navajo-Stammespark mit den berühmten „Marlboro-Felsen“, einem Supermarkt. Wir sind die einzigen Kunden, und auch sonst scheint alles verlassen. Die helle Beleuchtung der Tankstelle wird so ziemlich das letzte Licht sein, das ich bis auf weiteres sehe. Müde wie ich, versuchen die Indianer wach zu bleiben. Oscar hat sich den Kopfhörer wieder ins Ohr gedrückt, döst. Neswood starrt auf die Piste, die im Scheinwerferlicht immer noch geradeaus führt. Der Himmel ist schwarz, um uns her ist das Nichts. Die Adlerfeder am Spiegel tanzt.

Am Rande, in weiter Prärie

Neswood verlässt die Transitstraße, auf einer Sandpiste fahren wir noch eine Stunde durch schwarze Nacht. Dann biegt er auch von der Sandpiste ab, fährt über weglose Prärie. Als er hält, ist außer der Armaturenbeleuchtung und dem Schnee, der in weißen Linien an den Scheinwerfern vorbeiweht, nichts zu erkennen. Trotzdem steige auch ich aus. Der Wind ist schneidend.

Hunde springen an mir hoch. Ein fremder Indianer mit langem Zopf ist plötzlich neben uns und begrüßt Neswood und Oscar. Mich ignoriert er. Ich schaue mich um, in der Hoffnung, Licht menschlicher Behausungen zu erkennen – nichts. Neswood gibt mir ein Zeichen. Wir steigen ein, fahren weiter. Nach fünf oder zehn Minuten stellt Neswood den Motor ab.

„Soll ich hier bleiben?“ frage ich ungläubig.

„Ja“, sagt er, „im Zelt.“

Gegen den Schneesturm gestemmt, versuchen wir zu dritt ein Bergzelt aufzubauen. Eine kleine Taschenlampe gibt mattgelbes Licht, was bald erlischt. Die Heringe treten wir im Dunkeln ein. Dann steigen die beiden ins Auto: „Bis morgen!“ Deprimiert schaue ich den Rücklichtern nach. Der Sturm zerrt am Zelt, die Plane knattert. Der Schlamm, in dem ich stehe, gleicht trocknendem Gips. Ich wuchte den Seesack durchs Eingangsloch, krame unter Reitmantel, Chinks und T-Shirts nach dem Schlafsack. Um ihn herauszubekommen, bleibt mir nichts anderes übrig, als alles um mich her zu verteilen. Der Vorteil ist, ich finde den Flachmann. Es ist schwarz um mich wie unter der Erde. Ich muss an Doc Holliday denken, an unsere Nächte in Grizzlyland. Welchen Spaß konnte man bei aller Scheißangst haben! Triebe es mich jetzt aus dem Zelt, würde mich keiner mit der Lampe begleiten und Witze reißen. Ich trinke auf dich, mein Alter!

Mich friert, dass es mich schüttelt. Der Schlafsack, angeblich geeignet bis minus zehn Grad, hilft nicht in dieser Nacht. Wenn es das Zelt fortrisse, was täte ich? Liege ich am Rand eines Canyons oder in weiter Prärie? Gibt es jemanden hier draußen außer mir? Ist der nächste Indianer zwei Kilometer entfernt oder zehn? Ist er Freund oder einer, der mich als Eindringling betrachtet? Es dauert, bis der Sturm sich legt, Mondlicht einen Schimmer ins Zelt bringt. Ich erkenne Haarbürste, Tabletten, Unterhosen und Wegwerfkameras. Den Stiefeldreck am Hemd, die Ration Klopapier, das Messer aus Cody/Wyoming. Ich habe keine Ahnung, wie spät es ist, warte auf den Morgen. Irgendwann lässt ein Geräusch mich aufhorchen. Etwas ist draußen, und nur der dünne Stoff ist zwischen uns. Ich atme leise, doch das Herz schlägt mir bis zum Hals. Ein Geräusch, das man überhören könnte, das aber da ist, wenn man aufmerksam geworden ist. Ein Gähnen? Ein Luftholen? Ein leises Schmatzen, als ob etwas aus Schlamm gezogen würde. Ich taste nach dem Messer, dem Feuerzeug. Mit einem Ratsch reiße ich den Verschluss auf, blicke für einen Moment in die Augen eines Wolfes, eines Steppenwolfes...

Mehr als ich erschrocken, springt das Tier seitwärts weg, flieht über einen mondhellen Hang zwischen kniehohem Gestrüpp dahin. Dann ist es still, und ich steige aus dem Zelt, um zu pinkeln. Meine Angst ist tiefer Ruhe gewichen, und indem ich mich in den Schlafsack rolle, bin ich endlich angekommen.

Er hieß Whiskey

Es ist noch früh, als ich aufwache. Erste Strahlen erhellen aber schon das Chaos. Schnell kehrt die Erinnerung an die Nacht zurück: der Schneesturm, die Indianer, die wieder abfuhren, die Augen des Kojoten. Die Frage, wo ich hier bin, lässt mich das Aufräumen auf später verschieben. Ich ziehe die Stiefel an, krieche aus dem Zelt, finde mich auf einer mit Salbeibüschen bestandenen, hügelig abfallenden Savanne. Auf der anderen Seite heben ein paar Maultierhirsche sichernd den Kopf. In der Ferne die schroffen Felsformationen leuchten rot in der aufgehenden Sonne.

Ich wandere ein bisschen umher, entdecke auf der Spitze der Erhebung, an der ich kampiere, eine Feuerstelle, um die herum Bretter als Windschutz in den roten Sand gerammt sind. Etwas ab davon finde ich den

Küchenwagen für die Touristen und in der nächsten Senke eine Koppel mit vier Mustangs. In vielleicht achthundert Metern Entfernung leuchtet ein weißer Wohncontainer, nicht größer als ein Zirkuswagen. Er steht frei, und es sind weder Strom- noch Telefonkabel auszumachen. Neswoods Zuhause, ich bin beruhigt, gehe, mich anzuziehen, aufzuräumen. Es fällt mir auf, wie gut die Indianer den Platz für mein Zelt gewählt hatten. Von zwei knorrigen Wachholdern gegen die schlimmsten Wetter geschützt und mit Eingang nach Osten, steht es auf einem fast ebenen Absatz. Später werde ich sehen, dass mein Gastgeber nicht anders konnte, als im Schneesturm mir diesen Ort anzubieten. In seinem Heim, nicht eben geräumig, schliefen in dieser Nacht seine Frau, seine Tochter, sein Bruder, der zu Besuch gekommen war, Oscar und er. Er wollte es uns nicht zumuten.

Während ich noch dabei bin, Überflüssiges in den Seesack zu stopfen, höre ich aus Richtung Feuerstelle die Stimmen der Indianer. Als ich oben bin, sitzen sie mit Kaffee am Feuer. In einer verrußten Eisenpfanne braten Tacos. „Yá' át' ééh", sage ich. „Yá' át' ééh", antworten alle. Neswoods Bruder, der Indianer aus der letzten Nacht, lächelt mir jetzt zu. Er ist älter und größer als mein Gastgeber. In einem mir verständlichen schlechten Englisch erklärt er mir, dass er Wasser zu den verstreut siedelnden Familien in der Gegend fährt. Dass er für jede Familie nur ein Fässlein auf seinen Pickup lädt und dass diese Familien, dreißig, vierzig, fünfzig Kilometer voneinander entfernt, in Hogans oder kleinen Containern wohnen, weiß ich noch nicht.

Wir trinken unseren Kaffee, essen jeder einen Taco. Neswood stochert in der Glut, fragt, ob ich dann fertig wäre zum Reiten. Ich könne einen seiner Mustangs haben. Er ist wortkarg wie am Anfang, und ich merke, dass etwas nicht stimmt. Er steht als Erster auf, geht runter zur Koppel.

„Whiskey", sagt Oscar leise, „sein Lassopferd ist gestorben, als wir fort waren. Es hieß Whiskey."

Ein Hengst, der fliegen konnte

Als ich an der Koppel ankomme, hat Neswood bereits zwei Stuten für uns gesattelt. Ich stelle mich vor das mir zugedachte Tier, streiche ihm über die Nüstern, damit es meinen Geruch aufnehmen kann, mache mich bekannt mit ihm. Es ist temperamentvoll, doch von gutem Charakter. Es jetzt schon mit einem Apfel zu verwöhnen, den ich noch in der Tasche weiß, hätte wenig Sinn. Wahrscheinlich würde es ihn nicht annehmen, bei Mustangs braucht so etwas Zeit. Ich versuche aufzusteigen, doch das Pferd weicht zur Seite aus, wird lebhaft. Ich stelle mich wieder vor seinen Kopf, streichle es erneut, versuche es noch einmal. Im Sattel angekommen, pfeife ich die alte Melodie, die ich immer schon benutzte, um ein Pferd an mich zu gewöhnen. Seine Ohren zeigen mir, dass es sich darauf einlässt.

Neswoods Blick fragt, ob ich fertig bin. Ich nicke. Im Trab reiten wir an meinem Zelt vorbei. Es sind vorwärts drängende Tiere, die auf freien Flächen wie hier sofort in Galopp fallen, wenn man sie vom Zügel lässt. Aber Neswood bremst, reitet bald Schritt, und ich folge seinem Beispiel. Noch keine hundert Meter hinter meinem Schlafplatz steigen plötzlich Geier vor uns auf. Die Pferde scheuen, doch Neswood behält die Richtung bei. Ein Rudel Steppenwölfe flieht, von uns aufgeschreckt. Jetzt nehme auch ich den Aasgeruch auf, der unsere Tiere beunruhigt. Neswood treibt aber seine scheuende Stute weiter, reitet um den Kadaver herum, hält. Der tote Mustang liegt zwischen uns. Auch meine Stute tänzelt ängstlich, ich habe Mühe, sie am Platz zu halten. „Mein bestes Pferd", sagt Neswood, „das beste, das ich je hatte!" Sein Blick bleibt, während sein Tier vorn hochgeht, auf Whiskey gerichtet. „Mit ihm habe ich letztes Jahr unsere beiden hier eingefangen."

Dem toten Pferd fehlen die Augen, hinten am Unterbauch klafft ein Loch. Der Kadaver ist leer innen. Halbverdautes Gras bezeichnet die Stelle, wo die Wölfe um Eingeweide stritten.

„Was ist passiert?" frage ich.

„Er hat eine Spinne gefressen. Einen Tag bevor wir ankamen." Er zeigt mit den Fingern, wie winzig sie war. „Eine Spinne, die im Gras lebt. Meine Mutter kennt Medizin, kann Pferde retten. Ich war zur falschen Zeit am falschen Ort!" Er lässt die Stute ein paar heftige Galoppsprünge machen, zwingt sie noch einmal ums Aas herum. Dann preschen wir los.

In steinigen Schluchten reiten wir wortlos nebeneinander her. „Ein Hengst, der fliegen konnte", sagt er irgendwann, zeigt und erklärt mir, wie wendig er in vollem Galopp ein anderes Pferd zu verfolgen vermochte, wenn Neswood das Lasso schwang. Wie er, wenn die Schlinge saß, stehenblieb, sich gegenstemmte. Ich nicke. Was soll ich in seine Trauer auch sagen? Ich sehe zu, dass ich an seiner Seite bleibe, halte mein Pferd zurück, wenn es nach vorn zieht.

„Und du begräbst Whiskey nicht unter Steinen?" frage ich schließlich.

Er schüttelt den Kopf. „Alles hier hat ihn genährt – jetzt nährt er alles."

Wüstenmedizin Seit Stunden reiten wir durch steiniges Land, auf dem sich außer ein paar verkrüppelten Kiefern und Wacholdern nur vereinzelte Schlangenbüsche halten. Ich schweige wie er, fühle, dass seine Gedanken noch immer bei dem Pferd sind. Unter einem Felsvorsprung binden wir unsere Tiere an. Wortlos reiche ich Neswood meinen Flachmann, den ich nach Helmuts Warnung nie hätte zeigen dürfen. „Whiskey?" fragt er, und ich glaube den Anflug eines Lächelns zu erkennen.

„Whiskey“, sage ich. „Igláá' hé!“

„Gut für mich“, meint er, „igláá' hé!“ Er nimmt einen kräftigen Schluck, reicht mir den Trostspender, damit ich nachziehen kann.

Später, als wir wieder im Sattel sitzen, erklärt er mir Verschiedenes, vielleicht, um sich abzulenken. Er erklärt, warum der Schlangenbusch Schlangenbusch heißt, man sich besser von ihm fern hält, nie hineintreten sollte. Klapperschlangen suchten unter ihm Schutz vor der Sonne.

Blüten zeigt er mir, lässt sich im Reiten an der Seite des Pferdes hinuntergleiten, pflückt eine, sitzt im nächsten Moment wieder oben. Die Blüte ist rot. Er hält die Blüte, zeigt mir die Staubgefäße. Vielleicht hat sein Vater, sein Großvater, es ihm ebenso vorgeführt. Mit Daumen und Zeigefinger zieht er sie heraus, führt sie zum Mund, reicht sie mir dann: essen! Sie sind größer, als man sie in der Blüte erwartet hätte – Miniaturspargel, deren Geschmack keinem anderen nahekommt. Weder süß noch sauer, weder fruchtig noch erdig noch pfeffrig. Die Blüten kommen in großer Zahl vor. Es sei gut, gesund, die Dinger zu essen. Für die Wüste ein Wissen, das einen unter Umständen retten kann!

Von einer Kiefer reißt er ein paar Zapfen ab, bedeutet mir, auch sie zu essen. Sie schmecken nach Erkältungsbad, aber nicht nur. Ein Geschmack, der mir von irgendwoher erinnerlich ist. Beim zweiten Zapfen fällt es mir ein: Sibirien!

Schon drei Wochen bin ich in der Taiga. Bei Krämpfen und Durchfällen muß ich mir Wodka mit Salz einflößen – meine Kameraden, zwei Pelztierjäger, schwören darauf. Dann versuchen sie's mit Speck, glasig von der Körperwärme, paniert mit allen Fusseln russischer Jacketttaschen. Es hilft nichts! Sie bringen mich zum Schamanen, der Schamane gibt mir Bast zu essen, frisch von der Kiefer geschält, eine ordentliche Portion...

„A remedy for diarrhea?“ frage ich.

„Ouu“, antwortet er, „woher weißt du?“

Ich schweige, lass ihn im Dunkeln. Warum soll ein Bleichgesicht nicht auch ein paar Mittelchen kennen?

Indianerpolitik ist Kabbala

„Das ist mein Platz“, hatte Neswood erklärt und dabei mit dem Arm eine Runde über die Mesa und die fernen Berge beschrieben. Und indem er es mir erklärt, verstehe ich es. Ein Navajo hat kein Zuhause, er hat *my area*, sein Gebiet. Es ist das Land, auf dem die Familie, der Klan, dem seine Familie angehört, seit Urzeiten umherzieht. Seine Familie hat fünfundzwanzig, dreißig Mitglieder, sein Klan zweihundert, zweihundertfünfzig. Das Oberhaupt seines Klans ist die alte Klanmutter.

Zwischen den Klanen geht es oft gut. Einige halten schon immer zusammen, andere reden nicht miteinander. Fangen irgendwann Händel an. Junge Männer gehen aufeinander los, Blut für Blut. Jeder hat seine Winchester, einen Colt. Messer sind obgligat. Neswood hat zwei, ein Jagdmesser am Gürtel, ein Wurfmesser am Sattel. Kommt Schnaps ins Spiel, und Schnaps gibt es, weil er verboten ist, überall, ist schnell Krieg. – Den Präsidenten der großen Navajo Nation kennen die wenigsten dem Namen nach. Wie der Stammesrat sitzt auch der Präsident im fernen Window Rock. Russland ist groß, der Zar ist weit. Hier ist der Zar aber neu, eine Pause des Weißen Vaters in Washington. Die Mutter des Klans ist alt wie der Adel Europas. Zeigt sie mit dem Stock, wird gehandelt. Niemand übergeht sie ungestraft.

Oscar, der mich so breit und offen anlacht, als ob er mich zum Schwiegervater wünschte, erklärt es mir geduldig: Paktierten einige Klane mit den Ute, waren die Ute die Todfeinde der anderen, fielen ein ins Navajoland, ins Monument Valley. Andere schlossen sich mit Apache zusammen, wieder andere hatten Krieg mit den Apache.

Indianerpolitik, scheint mir, ist Kabbala! Ich ahne, wie tief unsereins eindringen müsste, um alles, was hier und in den Plains geschah, zu verstehen. Oscars Klan, das höre ich heraus, vertrug sich mit den Ute, war vielleicht versippt mit ihnen.

Neswood legt ein Stück Holz nach, damit das Feuer nicht ausgeht. Der Himmel über uns hat Myriaden Sterne, Sternschnuppen ziehen wie UFOs dahin. Ich muss an den Freund denken. Sehe, wie er jetzt, ein Zauberer mit großem Getue, vier Büchsen Bier aus den Taschen zieht. Er schaut uns mit kreisrunden Augen an, sagt: „Dá igláá' hé! – Prost, mein Meisterchen!"

Ich werfe die leere Dose ins Feuer, wie ich es bei unserem Scout in Wyoming abgesehen habe. Ich fange an, von Pine Ridge zu erzählen, der Crow Agency, der Northern Cheyenne Reservation. Nicht allen, behaupte ich, gehe es so gut wie ihnen hier.

Oscar, der die Sioux-Songs hört, lacht und erschreckt mich: „Was interessieren mich Cheyenne, Lakota, Cree? Hauptsache uns Navajo geht es gut!" – Er strahlt mich an, als ob ich das Einfachste nicht begreife. Ich wünschte, er wäre mein Schwiegersohn!

Neswoods Tiere

Neswood besitzt sieben Hunde. Der erste ähnelt einem Rottweiler, der zweite ist ein zahmer Kojote, der dritte eine Mischung zwischen Schaf und Wolf, der vierte wird Sausage gerufen und sieht auch wie ein Würstchen aus. Und schließlich drei Welpen, die ihm ein Freund brachte. Nicht älter als ein Vierteljahr, sind sie der drollige Mittelpunkt des Rudels, das sie adoptiert hat und sich rührend um sie kümmert. Sogar das Würstchen, ansonsten eine Giftkröte und selbst nicht größer als die Jungen, scheint sie beschützen zu wollen. Ihre Pfoten verraten, dass aus ihnen große Hunde werden würden, Jagdhunde vielleicht, die Neswood gut brauchen kann.

Es gibt Maultierhirsche, Rothirsche, Dickhornschafe. Steppenwölfe, Pumas. Wo das Canyonland an bewaldete Berge grenzt, leben Schwarzbären. Weit verstreut auf der Mesa grasen Rinder, Schafe, die aus Tradition Neswood gehören. Man sieht sie selten, und wenn Neswood eines braucht, reitet er los, sie zu suchen. Das Lasso aber hängt stets am Sattel, für Gelegenheiten, die nicht voraussehbar sind. Mustangs ziehen auch umher, und auf sie treffen wir oft. Herden von fünfzehn, zwanzig Tieren. Wenn sie uns entdecken, stehen sie wie versteinert, blicken zu uns herüber. Der Hengst bezieht Stellung zwischen uns und seiner Herde, kommt uns manchmal sogar wie zum Angriff entgegen, bevor er zur Seite ausbricht, die wilde Flucht anführt. Ein oder zwei Mustangs fängt sich der Indianer im Jahr, reitet sie zu, behält sie eine Zeit, verkauft sie danach. Das bringt ihm zwei- oder dreitausend Dollar – ein bisschen Geld braucht auch Neswood. Und was auf seinem Platz grast, macht niemand ihm streitig. Sein Klan ist es, der schon immer dieses Gebiet beanspruchte, wer dies nicht respektierte, zöge die indianische Weltordnung in Frage. Es ist sein Land und wiederum nicht sein Land, verkaufen könnte er es nicht. Aber was allen Navajo zusammen de jure gehört, gehört immer auch den Klanen in praxi: Weiderechte, Jagdrechte, Siedlungsrechte.

Wir reiten weit fort an diesem Tag, und die Hunde folgen uns. Sie sind Selbstversorger, und wann immer sich ein Karnickel zu weit vor wagt, ist die Meute hinter ihm her, zerreißt es oft noch in der Luft. Wild auf der Jagd, sind sie ansonsten umgänglich. Nie würden sie Menschen ankläffen, gar beißen. Doch betteln können auch sie. Nur der Kojote ist sich dafür zu schade, legt sich abseits, wenn wir essen, wartet mit gelangweiltem Blick. Er ist der Erste, der von mir was bekommt. Nachts gräbt er sich vor meinem Zelteingang seine Kuhle und bewacht meinen Schlaf.

Jetzt aber ist er weit voraus, und auch die anderen um uns her suchen das Gelände ab. Neswood reitet Schritt, hält öfter an und erklärt mir die Natur. Er hat die Ruhe weg, will mir scheinen. Doch dann höre auch ich es fiepen, kläglich, zum Gotterbarmen. Die drei Welpen, die im Gänsemarsch uns folgten, flüchten sich, sowie sie sehen, dass unsere Pferde stehen, unter den nächsten Strauch in den Schatten. Der Indianer verzieht keine Miene, wartet aber, indem er mich auf eine Fährte aufmerksam macht. Als ob er ihre Schwäche überspielen müsste, bis ihr Hecheln ruhiger wird. Er reitet dann weiter, ohne sich umzublicken. Irgendwann sind die drei am Ende, und Neswood gibt auf. Er springt aus dem Sattel, packt sie kurzerhand in die Satteltaschen, und das gefällt ihnen. Die Schnauzenspitze hervorgestreckt, genießen sie es, gewiegt zu werden.

Starker Tobak

Als die Hitze am ärgsten ist, rasten wir im Schatten eines Nordhangs. Vor uns der vielleicht markanteste Teil des Monument Valley: *Marlboro Country*. Zwar gibt es keine Cowboys hier im Indianerland, doch die berühmten roten Felsen. Neswood zeigt auf sie, nennt der Reihe nach ihre Namen: „Der Häuptling, Bär und Hase, die drei Schwestern. Und diese da drüben sind Merrick und Mitchell."

„Merrick, Mitchell?"

„Suchten Silber hier, wie andere auch. Doch sie drangen tiefer in unser Land. Zwischen den beiden Felsen wurden sie getötet. – Wenige Weiße kamen hierher, nachdem meine Leute von Fort Sumner zurückgekehrt waren. Butch Cassidy ritt mit seiner Bande hier durch, doch er respektierte die Navajo.

Ich frage, ob er *Mackenna's Gold* gesehen hat. Er weiß es nicht, will die Story hören. „An old indian chief is riding here", ich zeige ins Tal, beginne, den Film zu erzählen. Als ich bei dem *White Man*, der mit zwei oder drei *Apache Warriors* nach Gold sucht, angekommen bin, fällts ihm wie Schuppen von den Augen. Klar hat er den Film gesehen! Der ist hier gedreht worden, und viele seiner Leute sind als Statisten geritten, vor allem am Schluss! Besser aber sei „Der mit dem Wolf tanzt“ oder „Windwalker“ und am allerbesten „Little Big Man“, das sei er: *Little Big Man*. Ein Pferd und drei Squaws. Er lacht auf, und ich erinnere mich an die Szene. Ich frage, ob es mit dreien keine Schwierigkeiten gäbe und wie er das hinbekomme. Er zeigt auf ferne Plateaus: „Eine dort, eine da, eine hier. Dazwischen jeweils ein Canyon!“ Er ist begeistert von seiner Erklärung, will wissen, wie es bei mir ist.

In *Europe*, sage ich ihm, sei alles enger beisammen und schwieriger deshalb. Ihm ist anzusehen, dass er es zu verstehen versucht. Sich vorstellen kann, wie es unsereinem geht auf einem so winzigen Platz. „Igláá' hé!“

Die Welpen haben sich erholt und hopsen Eidechsen nach, die in Sekundenschnelle wieder verschwinden. Mein Kojote nutzt die Zeit, hält ein Nickerchen. Die Mustangs haben aufgehört, an Kiefernzweigen zu knabbern und dösen im Schatten. Neswood zieht ein Päckchen Red Man, reicht es mir. Der Kautabak ist langfasrig, schmeckt fruchtig. Besser als das krümelige Zeug der Cree in Kanada, der Wyoming-Cowboys. Doch man muss vorsichtig sein damit, das spüre ich zu spät. Ein bonbongroßes Stück hat mehr Nikotin in sich als jede Schachtel Marlboro. Mein Magen ist leer und mir schwindelt. Schweiß bricht mir aus, doch Neswood gehts gut. Genüsslich schiebt er seine Portion im Mund hin und her. Viele Filme seien hier gedreht worden, die meisten mit John Wayne.

Er spuckt braune Brühe in den Sand, wie der Held. Dabei hätte es eben jenen treffen sollen. Vor die Stiefel. „Very stupid movies!“ Er schüttelt den Kopf. Lässt eine Pause entstehen. Er ist noch nicht zu Ende mit dem

Thema. Aber ich muss mich entschuldigen. Was keine Havanna bewirkte und er nicht vermuten kann, holt mich jetzt fort aus dem schönen Gedankenaustausch, und viel Zeit bleibt mir nicht. Dabei glaubte ich immer, mir sei kein Tobak zu stark!

Im Kern des Blizzards

Gegen Abend bewölkt sich der Himmel, Windhosen ziehen als Staubsäulen über die Mesa. Innerhalb einer Stunde fällt die Temperatur, dass wir selbst in unseren Reitmänteln, die wir hinter den Sattel gebunden mitführen, frieren. Aber Neswood ist es mehr gewöhnt als ich. Mir klappern die Zähne. Ungewöhnlich für diese Jahreszeit sei es schon, erklärt er mir, dass es noch so kalt werde. Aber der Winter sei mild gewesen, manchmal heiß sogar. Ich beneide die kleinen Hunde in den Satteltaschen. Von ihren Nasen ist jetzt nichts mehr zu sehen. Die Pferde werden unruhig, der scharfe Wind weht ihnen Sand und später harten Regen in Augen und Nüstern. Sie wollen umkehren, mit dem Wind ziehen und nicht gegen ihn. Aber wir treiben sie vorwärts, müssen Neswoods Platz erreichen, bevor des Blizzards Kern heran ist. Das Gelände vor uns ist fast eben, kein Baum, kein Fels, um Schutz zu suchen. Die Hunde halten sich an unserer Seite, haben es aufgegeben, nach Beute zu stöbern. Ein Wetter, bei dem Nager im Bau bleiben. Hirsche und Mustangs haben längst Schutz gesucht in den nahen Bergen, durch die erstes Donnerkrachen heranrollt. Dann zucken Blitze über der leeren Hochprärie. In Böen peitscht uns Regen entgegen. Die Hüte unterm Kinn festgezurrt, versuchen wir vornübergeneigt die Gesichter unter der Krempe zu halten. Wenn die Pferde nur die Richtung hielten! Schwerer wird es, sie gegen den Sturm voranzubringen. Losgerissene Büsche springen, fliegen vorbei. Die Mustangs scheuen. Grelles Licht flackert über den Himmel, erhellt die Gegend für Sekunden. Der Orkan legt noch einmal zu, drischt statt mit Wasser mit Hagel auf uns ein. Der Indianer versucht anzugaloppieren, schreit mir etwas zu. Die Mustangs tänzeln wild, verweigern, buckeln, den Kopf zur Seite weggedreht, raus aus der Richtung, aus der der Schmerz kommt. Wir galoppieren eine wilde, unbeabsichtigt enge Runde – ein kleines Rodeo! Dann schlägt Neswood mit dem Trenseriemen zu, und ich folge seinem Beispiel. Die Pferde preschen los, schlagen Haken, dass wir nur mit Mühe im Sattel bleiben. Im Trab schließlich kommen wir besser voran. Mit beiden Händen halte ich jetzt den Zügel, gefasst auf die nächste Explosion, das Erschrecken des Tieres. „Wie weit noch?“ rufe ich zu ihm hinüber, doch er versteht nicht. Er zeigt nach vorn: weiter! Viele Menschen, wird er mir später erklären, kämen hier durch Blitze ums Leben. Man könne nur versuchen, vom Plateau wegzukommen, eine Schlucht zu erreichen, einen Überhang.

Als Neswoods Wohncontainer endlich am Horizont auszumachen ist, legt sich das Unwetter langsam. Feine Schneeflocken wirbeln im abflauenden Sturm. Ein heller Streif am westlichen Himmel läßt eine bitterkalte Nacht erwarten.

Wir reiten bis an die Koppel, und Neswood holt die Welpen aus den Seitentaschen. Sie fiepen, wollen von der Welt nichts mehr sehen. Wir satteln ab, bringen die Sättel in Neswoods alten Trailer. Die Mustangs machen sich über Heu her, das wir ihnen in die Koppel werfen. Dann gehen wir jeder in seine Behausung. Später treffen wir uns am Feuer, und Oscar, der angefacht hat, grinst breit, fragt, wie es mir gefallen hat heute.

„Shoná“, sage ich trocken, „wehee!“

Die beiden lachen auf, denn ich habe es fehlerfrei herausgebracht: „Gut, okay!“

Nun soll ich noch fluchen lernen. Ich stelle mich dabei sehr gelehrig an. Während ich ihre Worte für

„Pferd" oder „Großvater" bis heute nicht verständlich herausbringe, kann ich offenbar so gut wettern, dass jeder Navajo glaubt, seinen alten Vater zu hören, als den die Tarantel stach! „Dóĺábitján!"

Nihimá nahasdzáán

Wasser kommt im weiten Umkreis nicht vor, Trinkwasser bringt Neswoods Bruder ein Mal die Woche im Fässchen. Einen Liter bekomme ich täglich. Oscar stellt mir die Flasche abends neben die Feuerstelle. Sie reicht für den Durst und die notwendigste Pflege geradeso. – Natürlich nur, wenn man Übung im einhändigen Waschen ohne Schüssel hat. Ansonsten muss der psychologische Effekt genügen.

Da es kälter geworden ist, bleibt mir nur, alles was ich habe, übereinanderzuziehen: T-Shirt, Hemd, Jacke. Ich friere dennoch, bin froh, meine klammen Sachen am morgendlichen Feuer wärmen zu können. Nur mit den Stiefeln wird es nichts, sie bleiben nass. Aber der Tag fängt gut an, der Himmel ist blau.

„Heute werden wir an einen Ort reiten, den vor dir noch kein weißer Mann gesehen hat", sagt Neswood. „Ein alter Trail. Meine Leute benutzten ihn früher in Kriegszeiten. Wenn sie überfallen wurden, verschwanden sie so. Ein verborgener Einstieg in den Gooseneck Canyon."

Wir holen unsere Pferde, satteln sie, reiten los. Wieder wählt Neswood den Weg an seinem toten Mustang vorbei. Kojoten flüchten, als wir näher kommen. Doch dieses Mal hält er nicht an, wir traben vorbei, legen, weil der Gestank noch heftiger geworden ist, einen Galopp ein. Unsere Tiere sind ausgeruht, befreit jagen sie mit uns dahin, bis es zu einem Rennen wird. Neswood hängt sich über den Pferdehals, ich lasse den langen Lederriemen der Trense kreisen: Hey! Hey! Die Pferde gehen regelrecht durch, donnern über die Ebene, fliegen in gewaltigen Sprüngen über plötzlich sich auftuende Gräben, vor denen abzubremsen nicht mehr möglich wäre. Die Raserei, in die wir die Mustangs getrieben haben, greift auf uns über. Wer immer auch der Feind wäre, unser Angriff könnte nicht mehr abgebrochen werden. Hokay-he!

Als wir vor einer schroffen Felswand das Rennen beenden müssen, habe ich einen sehr guten zweiten Platz belegt, während der Herausforderer nur Vorletzter wurde. Neswood kann lachen über mein Bonmot, das hier noch kein alter Witz ist. Wir lassen die Pferde verschnaufen, beginnen dann mit dem Aufstieg. Oben angekommen, stehen wir nach wenigen Metern an einem Abgrund, der mich schwindeln lässt: vierhundert, vierhundertfünfzig Meter tief unten ein schmaler gewundener Fluss. „San Juan River“, sagt Neswood, „Gänsehalscanyon“. Wir steigen ab. An der gegenüberliegenden Wand sind klar die Schichten zu erkennen, durch die sich der Fluss in Millionen von Jahren gefräst hat. Wir stehen lange so, und mir hat es die Sprache verschlagen. Neswood scheint zufrieden zu sein mit der Wirkung, die das gewaltige Panorama auf mich hat, lässt sich nieder und zieht seinen Tabaksbeutel hervor. Ich setze mich zu ihm, zünde mir eine Zigarre an. Wie man das Große Geheimnis nenne in seiner Sprache, frage ich ihn.

„Diyin“, sagt er und wiederholt es noch einmal langsam, dass ich es nachsprechen kann: „Diyin“. Schwach betont auf der ersten Silbe, das „yin“ fast nur ein Zischen.

„Und das ist“, er zeigt in die Runde, legt seine Hand auf den Boden, „nihimá nahasdzáán – mother earth – nihimá nahasdzáán“. Ich versuche es dreimal, dann ist er einverstanden mit meiner Aussprache.

„Mother“, seine Hand klopft sanft auf die Erde, zeigt dann über den Himmel, „father – nihizhé' é. Nihizhé' é!“ Er lehnt sich zurück, was heißen soll: genug für heute, genug der Andacht. Die unzweideutige Geste seiner Hände zeigt das Öffnen einer Bierdose. Okay, wehee. Ich hole sie aus der Satteltasche.

Mal unmittelbar am Abgrund, mal entfernt von ihm, reiten wir den Canyon entlang. Es ist heiß geworden, meine Stiefel sind getrocknet. Wir könnten mit freiem Oberkörper reiten, wäre die Sonne nicht so sengend. Das mittägliche Bier ist in die Beine gegangen und Schläfrigkeit überkommt mich. War ich mir am Morgen noch ein Krieger im Krieg, bin ich jetzt in der Hitze am *end of the trail*. Im Schritt machen wir Meile um Meile, und unsere Schatten begleiten uns unterm Pferd. Kaum noch vorstellbar, dass ich nachts fast erfroren wäre. Über uns ein Geier lässt mich an Mackenna's Gold denken. Der alte *Indian Chief* hatte keine Reservedosen Coor's in der Satteltasche, die er im nächsten Schatten aufzischen lassen konnte... Ich stelle mir das vor, ohne Pils, ohne Wasser, ohne Proviant und vor allem ohne Tobak – die Hölle!

Ich stecke mir eine Brazil an, nehme einen Lungenzug, was in solchen Situationen manchmal hilft. Doch auf einmal ist Neswood verschwunden! Ich werde schlagartig wach. Wenn ich es richtig gesehen habe, ritt er eben über die Kante in den Abgrund!

Ich bedeute meinem Mustang, einen Schritt zuzulegen. Ohne Angst offenbar tritt das Pferd ans Ende der Welt. Jetzt sehe ich den Freund, er befindet sich schon fünf Pferdelängen voran unter mir. Wo seines Pferdes Hufe Halt finden, ist nicht zu erkennen! Er steht, will mir scheinen, neben der Wand. Ich verfluche es, eine Dose Bier getrunken zu haben, obwohl ich nüchterner nicht werden kann! Da hinunter, das ist klar, folge ich ihm nicht! Ich liebe das Leben, das weiß ich jetzt bestimmt!

„Neswood!" entfährt es mir. Es ist mir ernst.

„Come on, this way!" ruft der Kaputte. Winkt mir, zu folgen. Er hat keinerlei Verantwortungsgefühl. Nimmt es billigend in Kauf, dass ich wie Whiskey ende! Alles hat mich hier genährt, jetzt soll ich alles nähren!

Er folgt einer unsichtbaren Serpentine, sein Pferd

zögert, sucht unsicher den Platz für den nächsten Tritt. Sie sind mir nun zugekehrt. Nur viel tiefer schon als eben noch. „Come on!"

Die Lieben zu Hause sehe ich, wie sie die Nachricht ereilt. Viele sind's nicht mehr, aber es trifft sie umso heftiger! Tu es nicht, ruft sie, *selbst wenn aus dir nichts mehr wird!*

„Neswood!" rufe ich. „Hokay-he!" Ich breite die Arme aus zum großen Diyin, damit der Indianer nicht erkennen möge, was für ein feiger Hund ich bin, und schließe meine Augen.

Der Mustang geht ruhig das Unvermeidliche an, zögert vor größeren Absätzen, tritt nervös mit der Vorderhand ins Leere und entscheidet sich dann. Wie ein Mufflon klettert er im erdlosen Steilhang, nimmt versteckte Passagen im Sprung, dass mir wie Aufschreien ist, findet Tritt, wo ich nur glatte Felswand sehe: ein Sonnentanz!

Wenn ich es nicht mehr aushalte, schließe ich die Augen. Was kann hier ein Reiter tun? Ich lasse den Zügel durchhängen, vertraue auf den Selbsterhaltungstrieb des fantasielosen Tieres, das sich nicht vorzustellen vermag, was gleich wahr werden kann. Und genau das ist Neswoods zweite Lektion: Vertraue dem Tier. Das Tier ist wie du. Der Stein, das Tier und du sind *nihimá nahasdzáán*.

Eine ideale Behausung

Als wir die Hälfte auf dem Weg nach unten hinter uns haben, erreichen wir einen Seitenarm des Canyons. Noch eine schier unüberwindliche Stelle, um die Ecke herum, und das Gefälle geht in einen Sims über, der sich allmählich zu einem schmalen Plateau verbreitert. Flechten halten sich hier, verstreute Salbeibüsche, verkrüppelte Kiefern und knorrige Wacholder. Eine nicht zu überwindende Wand geht oben in steil aufragende

Gipfel über, vorn, wo die Hochfläche endet, fällt der Fels fast senkrecht ab, hundertfünfzig, zweihundert Meter. Die Ebene, klein wie ein Fußballfeld, ist nicht anders zu erreichen als über den verborgenen Trail, den nur eine Handvoll Navajo von Neswoods Klan kennt: uneinnehmbar. Hat man sie erst erreicht, ist man für jeden möglichen Verfolger vom Erdboden verschwunden. Aber das ist nicht alles, was der Platz zu bieten hat. Er hat Wasser! Ein Rinnsal nur, das in fünf Minuten gerade mal einen Zahnputzbecher füllt, aber Wasser! In einer Nische, die man kennen muss, um sie zu finden, rieselt es aus dem Stein.

Neswood ist abgestiegen und löst den Gurt seines Sattels. Ich schaue ihn ratlos an, er lacht. „This is a good place to sleep", sagt er.

Überrascht von der Mitteilung und der Aussicht, hier ohne Schlafsack zu erfrieren, bleibe ich oben. Die Sonne ist über die Canyonkante hinweggezogen, und ein blasser Mond zeichnet sich ab. Die Möglichkeit, hier zu übernachten, hatte ich nicht ins Auge gefasst. Andererseits, möchte ich wirklich bei hereinbrechender Dunkelheit mich hier meinem Pferd anvertrauen, es im dünner werdenden Licht hinaufklettern lassen?

Der Indianer hat sein Pferd freigelassen und schleppt Sattel und Satteldecken zur Felswand. Das Pferd zupft an einzelnen Grasnarben, weiß, dass es jetzt Feierabend hat. Ich wende, folge ihm im Sattel. Er biegt um eine Felsnase, verschwindet in einer Höhle, die ich erst jetzt entdecke. „Come on", ruft er heraus. Ich springe ab, lasse den Zügel auf den Boden fallen und folge ihm. Der Eingang wäre hoch genug, um hinein zu reiten. Der Raum groß genug, zwanzig Menschen um die Feuerstelle herum einen Schlafplatz zu bieten. Schwaches Licht fällt durch eine Spalte über dem Eingang. Man muss kein Höhlenmensch sein, um zu erkennen, dass es sich um eine ideale Behausung handelt.

Neswood lässt seinen Sattel fallen, breitet die Filzdecke davor, legt die Wolldecke darüber: sein Schlafplatz. Ich gehe mein Pferd absatteln und folge seinem Beispiel. Ich richte mich gleich neben ihm ein, aber doch so, dass zwischen uns noch Oscar Platz hätte. Den Reitmantel lege ich als Decke zurecht. Neswood bringt knorriges Holz herein, alte Wacholderwurzeln, vertrocknetes Gras. Auch ich gehe nun Holz sammeln, wundere mich, wie viel ich finde. Unseren Pferden geht es gut, sie wälzen sich, grasen. Meine Stute kommt heran, reibt sich den Hals an mir, als ob ich ein Hengst wäre. Sie heißt „Sister", und eine Schwester ist sie mir auch. Ich brauche nur an den Ritt von vorhin zu denken. Wo wäre ich ohne sie? Ich haue ihr ein paar an den Hals, damit sie mir glaubt, wie ich sie liebe. Und was macht sie? Sie steckt die Nüstern unter meine Jacke, stupst mich an, dass es mich glücklich macht. Wendet sich ab, hebt den Schwanz... und furzt.

Hoskininni und ich

An der Kante des Abgrunds rauche ich eine Zigarre. Ich sitze gut in einer mir angepassten Kuhle, doch die Kälte des Steins macht mich frösteln. Ich überlasse die beiden Falken, die gegenüber horsten, sich selbst, und wandere noch ein bisschen hin und her. Dieser Ort, ein Nest im Canyon, beruhigt mich. Ein Gefühl von Geborgenheit stellt sich ein. Lichtjahre entfernt vom nächsten Zahnarzt bin ich hier zwischen Felsen zu Hause. A good place – ein wirklich guter Ort.

In der Luft ist Rauch zu schmecken. Später lockt mich der Duft von Gebratenem in die Höhle. Neswood hält Spieße über die Flammen, daran jeweils zwei gehörige Batzen. Er reicht mir den einen Bratstecken, fährt fort, seine Portion zu drehen. Der Rauch zieht nach oben weg wie aus einem Tipi, ein angenehm würziger Duft. Es ist stiller als in einer Grabkammer, nur das alte

Holz fiept ab und zu im Feuer, und manchmal knackt es auch. Ich kenne den Schatten an der Wand, ein Bild, alt wie die Höhle. Aber kenne ich ihn, den Freund? Kennt er mich? Bin *ich* von weit her gekommen?

Der Indianer blickt ins Feuer, dreht sein Fleisch am Rande der Flammen, nahe der Glut. „Hammel", erklärt er mir, „von meinem Bruder. Gut." Er drückt mir seinen Spieß in die Hand, holt aus der Satteltasche eine Dose mit Salz, stellt sie zwischen uns. Der Braten braucht noch Zeit. Erst, wenn das Fleisch „singt", ist es gut. Man muss geduldig vorgehen.

„Als die Armee alle hier zusammentrieb und nach Bosque Recondo verschleppte, war eine kleine Gruppe ihnen entgangen. Angeführt von Häuptling Hoskininni, hatte sie sich hier versteckt. Sie sind nie gefangen worden, haben sich nie ergeben. Unauffindbar für die Soldaten, hielten sie durch, bis die anderen aus New Mexico zurückkehren konnten. Sie halfen den Heimkehrern, sich wieder hier im Monument Valley einzurichten."

„Und von was lebten sie hier?"

„Von Pamillawurzeln und dem, was die Jagd brachte. Ihre Schafe hatte Kit Carson gestohlen, wenige waren ihm entgangen." Er nimmt den Spieß heran, zieht den Fleischduft durch die Nase. Bläschen zerspringen auf der dampfenden Fettschicht, und das Fleisch zischt leise, singt. Auch für mich das Zeichen, mein Messer zu ziehen und das erste Stück abzuschneiden. Es ist gar, zart und schön fettig. Ein steinzeitlicher Weihnachtsbraten! Wir lassen uns Zeit, genießen jeden Bissen, schaffen kaum die ganze Portion. Vorgeschichtliche Jäger fallen mir ein, die nach erfolgreicher Jagd angeblich fünf, sechs Kilo rohes Fleisch auf einmal essen konnten, um dann wieder Wochen bei Sauerampfer und Wurzelwerk Kohldampf zu schieben. Die Sioux, die, wenn es genug Büffel gab, Fressorgien abhielten, bis der letzte kapitulierte.

Ehrgeizig schieben auch wir uns das letzte Stück in den Mund, kauen lange daran. Doch dann gibt es den Verdauungsschluck Old Crow. Die Müdigkeit lässt nicht auf sich warten, und, den Sattel als Kopfkissen, richten wir uns ein. Hoskininni und ich. An einem Ort, den außer ein paar Indianern und mir kein Mensch kennt.

In-mut-too-yah-lat-lat

Wir liegen in einer Wolke aus würzigem Rauch – schwelender Wacholder – und Pferdedunst, der aus Filz und Decken strömt. Ich weiß nicht, wie lange ich geschlafen habe, aber es ist noch finster draußen. Hoskininni atmet ruhig und regelmäßig. Drehte ich mich auf die andere Seite, ich könnnte den Traum wiederfinden, weiterschlafen. Doch es ist frisch geworden, und die Glut droht zu erlöschen. Ich überwinde mich, stehe auf, lege Holz nach. Ziehe mir den Mantel drüber, schleiche zum Ausgang. Der Mond steht hell und gestochen scharf überm Canyon, so dass Steinchen am Boden, die Sträucher des Plateaus und selbst die Felsnasen an der Wand gegenüber klar zu erkennen sind. Die Pferde liegen beieinander und schauen zu mir herüber. Der Hauch ihres Atems ist zu sehen. Ich spaziere zur Kante vor. Das Knirschen meiner Stiefel im Sand ist ein erschreckend lautes Geräusch. Unten der Fluss: eine silberschuppige Schlange. Ich höre nichts von dem Wasser, aber kann es riechen. Die Luft schmeckt nach kühlem feuchten Stein.

Ich knöpfe den Mantel zu, schlage den Kragen hoch. Am Platz vom Abend lasse ich mich nieder, zünde mir eine an. Nehme einen wärmenden Schluck. Die Nächte in den nördlichen Plains fallen mir ein, Sternenhimmel wie dieser hier. Zurückgeschlagen die Plane vom Tipi, sitzen wir lange so, befreit, als ob wir es ein für alle Mal hinter uns hätten. Doc Holliday und ich.

Unser Buch über den langen Marsch der Nez Percé,

das wir begonnen hatten zu schreiben – ein Fragment. „Toohoolhoolzote", höre ich den Freund wiederholen. Sein Lieblingswort: *Too-hool-hool-zote.* Der Name des alten Medizinmanns der Nez Percé. Des Unbeugsamen, den General Howard aus der Konferenz heraus ins Gefängnis werfen ließ. Der Falke, der erst wieder frei kam, nachdem Chief Joseph in die Zwangsumsiedlung des Stammes eingewilligt hatte. „Wir waren wie Rehe, sie wie Grizzlys. Wir hatten ein kleines Land, das Ihre war groß. Wir waren bereit, alles so zu lassen, wie der Große Geist es gemacht hatte. Nicht sie. Sie änderten Flüsse und Berge, wenn sie ihnen nicht gefielen." – Dreißig Tage hatte der General den Nez Percé gegeben, um vom Wallowa Valley in die Lapwai Reservation zu kommen, dreißig Tage und keinen mehr. Im Snake River, der Schmelzwasser führte, ertranken etliche Rinder des Stammes, andere wurden von Weißen gestohlen. Toohoolhoolzote, White Bird und Josephs Bruder Ollokot verlangten den Abzug zu stoppen, Rat zu halten. Sie traten für Krieg ein, doch Joseph blieb bei der Kapitulation, noch als sie ihn Feigling nannten. In der Nacht schlichen junge Krieger davon. Die Zeit, in der kein weißer Mann von einem Nez Percé getötet worden war, war abgelaufen. Als die Krieger in den Rocky Canyon zurückkehrten, hatten sie elf Siedler umgebracht. Rache für das gestohlene Vieh, die Vertreibung. Joseph blieb nichts übrig, als mit allen seinen Leuten, aller verbliebenen Habe, den Durchbruch zu versuchen ins Büffelland, nach Montana, und weiter ins Land der Großen Mutter – Kanada. Der legendäre lange Marsch der Nez Percé hatte begonnen. Über dreitausend Kilometer narrte der *indianische Napoleon*, der mit vierhundertfünfzig Frauen und Kindern zog, vier ganze Armeen, die ihm nachsetzten. Seine zweihundertfünfzig Krieger verwickelten die Streitkräfte aus Kavallerie, Infanterie und Artillerie in fünf Schlachten und verloren keine davon. Wenige Kilometer von der kanadischen Grenze entfernt erst wurde er von den Generälen Miles und Howard, die sich bis dahin schon blamiert und bis zur Lächerlichkeit hatten vorführen lassen, mit Schnellfeuerkanonen umstellt. Zwei Drittel seiner Krieger waren gefallen, zweihundert Frauen und Kinder hatten den Marsch nicht überstanden. Der Rest vorm Verhungern, Erfrieren. Die Nez Percé, die nie Gefangene gemartert, Frauen und Kinder getötet oder Tote geschändet hatten, die von allen, die sie kannten, als intelligent, edelmütig und tapfer beschrieben wurden, waren am Ende. Statt das armselige Häuflein nach Kanada ziehen zu lassen, wo es willkommen war, hatte man es mit über zweitausend regulären Soldaten, ohne Rücksicht auf Kosten und Aufwand, zu Tode gehetzt. Später freilich benannten die Amerikaner einen Highway, der entlang der Fluchtroute von Cody/Wyoming nach Norden verläuft, nach Chief Joseph, dessen indianischer Name *In-mut-too-yah-lat-lat* lautete – Donner, der über die Berge rollt.

„Toolhoolhoolzote".

Die Sterne sind hell, und das gesamte Firmament, aus dessen Tiefen immer mehr von ihnen heraufttreten, ist durchzogen von leuchtenden Milchstraßen. Ein Komet bewegt sich dem Horizont zu, hinterlässt eine blasse Spur. Aus weiter Ferne ein lang anhaltendes Heulen. Dann ist wieder Stille. Eine Stille, die durch keinen Flügelschlag, kein Lüftchen und kein noch so leises Rascheln unterbrochen wird.

Ich stehe auf. Atme tief. Wie immer Gott sein mag, ich danke ihm für diese Nacht! Ohne Eile mache ich mich auf den Weg zur Höhle. Feuerschein leuchtet heraus. Leise trete ich durch den Eingang. Das nachgelegte Holz lodert. Doch wo ist Neswood? In der Höhle, mit einem Blick zu überschauen, liegt nur noch unser Zeug. Ich wende mich um, ihn draußen zu suchen.

Trete ins Freie. Die Pferde liegen an ihrem Platz. Der Mond steht hell am Himmel. Bin ich verrückt?

„What are you looking for?“

Ich fahre herum. Neswood, neben dem Eingang an die Wand gelehnt, blickt auf.

„Mein Feuerzeug natürlich, wie immer“, sage ich zerknirscht.

Er lächelt mich an, scheint zufrieden. Blinzelt zum Mond hoch, dann zu mir. Reißt sich los: „Komm ans Feuer“.

Satt von fünfzig Gramm

„Du hast viele schwere Gedanken“, sagt Neswood. „Was sind das für Bücher, die du schreibst?“

Ich erkläre es ihm, und er nickt. „Gibt es die auch in Englisch?“

„Nein“, sage ich. Die Frage, ob er sie auf Englisch lesen könnte, stelle ich nicht. Hatte er mir doch gesagt, dass er in der Schule war. Nicht lange zwar, aber er ging mal hin. Schulpflicht ist neu in der Reservation, und richtige Schulen gibt es auch noch nicht lange. Viele ältere Navajo sprächen überhaupt nicht englisch, viele Kinder kaum Diné. Das aber lernten sie jetzt im Unterricht. Englisch und die Sprache ihres Volkes. – Es sei ihm schon passiert, dass er zwischen zwei Navajo dolmetschen mußte: zwischen einem Mütterchen, das im Supermarkt etwas haben wollte und der jungen Verkäuferin, die nur englisch sprach...

Wir haben noch einmal Holz nachgelegt und es uns wieder am Feuer bequem gemacht. Uns zugedeckt mit den Mänteln. Das Spiel von Licht und Schatten an der Höhlendecke lässt Gestalten von Menschen und Tieren erscheinen, Gesichter, Profile mit aufgerissenen Mündern, Häuptlinge, tanzende Krieger. Irgendwann schlafe ich wieder ein.

Am Morgen weckt mich Duft von Kaffee. Ich setze mich auf, sehe, dass Neswood eine Blechkanne ans

Feuer gerückt hat. „Good mornig“, sage ich, frage, ob er gut geschlafen hat.

Mehrere Erdrutsche seien abgegangen durch meine Art zu schlafen, meint er, dazwischen habe er Alpträume gehabt. Er wirft mir eine Blechtasse zu. Ihm zu sagen, dass ich mich hervorragend erholt fühle, verkneife ich mir. Auch von diesem berauschenden Traum voller schöner Indianerinnen sage ich nichts.

Wir trinken Kaffee, wärmen uns auf. Zu essen gibt es nichts. Indianer essen nicht oft, meistens nur abends. Aus meiner Satteltasche ziehe ich die beiden Päckchen getrocknetes Büffelfleisch, die ich als Reserve mitzuführen mir im Westen angewöhnt habe: *Der kleine Snack für zwischendurch.* Ich reiche ihm eins, und er nimmts. Sagt „wehee“.

Getrocknetes Büffelfleisch, wenn man es kaut, quillt auf. Aus einem kleinen Stück wird nach und nach ein großer Bissen. Es ist nahrhaft und hat alles, was der Körper braucht. An der Sonne getrocknet, dann zerkleinert und mit Fett und Beeren vermischt, ergibt es eine haltbare, schmackhafte Nahrung: *Pemmikan.* In Ledersäckchen mitgeführt, brachte es die Indianer durch den Winter, war Proviant auf Jagd- und Kriegszügen. Kochendes Wasser machte es im Handumdrehen zur köstlichen Fleischbrühe. Neswood kaut es bedächtig, und auch ich lasse mir Zeit. Am Ende sind wir satt von jeweils fünfzig Gramm.

Draußen ist schönes Wetter. Die Pferde grasen, ein paar Vögel jagen durch den Canyon, und über die spärliche Vegetation des Plateaus gaukeln Schmetterlinge. Aus dem Fels über dem Höhleneingang steigt eine dünne Rauchfahne, die kaum auszumachen ist. Neswood zieht das Holz aus dem Feuer, damit es verlischt. Wann immer er hierher zurückkehren würde, er fände dann Brennmaterial vor, gut getrocknet, leicht zu entflammen. Wir schleppen die Decken und Sättel vor die Höhle, rollen unsere Mäntel zusammen. Die Pferde, als ob sie wüssten, dass Ausreißen sich an diesem Platz nicht lohnt, kommen von sich aus zu uns, damit wir sie satteln können. Dann, wir sitzen oben, fällt mir der Aufstieg ein, und wenn ich ehrlich zu mir selber bin, bliebe ich lieber hier, für den Rest meiner Tage...

Ein bisschen Licht ist immer

Vielleicht weil der Blick beim Aufstieg eher nach oben gerichtet ist, mutet der Rückweg zunächst weniger schrecklich an. Doch die Pferde haben Steigungen zu überwinden, die ich mir nur mit Hilfe meiner Hände zutrauen würde. Es kommt vor, dass mein Mustang auf einer glatten, steilen Felsplatte plötzlich stehenbleibt, nicht weiß, wie er den nächsten schmalen Sims, der in Höhe seiner Brust verläuft, nehmen soll. Für einen Sprung von dieser abschüssigen Fläche scheint der Niveauunterschied zu groß. Um zu klettern bietet der senkrecht aufsteigende Stein keinen Halt. Es geht nicht vorwärts und nicht zurück. Es ist Zeit, nach unten zu blicken...

„Kick!" ruft Neswood von oben. „Kick!"

Ich nehme allen Mut zusammen, trete dem unsicher gewordenen Pferd in die Seiten. Es springt tatsächlich, springt so steil, dass nur mein angstvoller Griff, mit dem ich mich in der Mähne festgekrallt habe, eine Rolle rückwärts verhindert. Dabei war ich mit dem Körper nach vorn gegangen wie zum Satz über einen Turnier-Oxer. Aber was ist ein Oxer, den man im versammelten Galopp anreiten kann, gegen diese Felstreppe von anderthalb Metern aus einer solchen Position! Wieder einmal davongekommen, tätschle ich dankbar den Hals vor mir. Mir fallen die Soldaten ein, die auf Hoskininni und seine Krieger Jagd gemacht hatten. Keiner von ihnen hätte wohl, selbst wenn ihnen dieses Plateau und dieser Trail bekannt gewesen wären, versucht, hier hinunter zu reiten. Nicht für Sold, nicht für Ehre und Ruhm. Man muss verzweifelt sein, um das zu riskieren. Oder eben ein Indianer sein. Oder einem Indianer ausgeliefert sein, der sich derart rührend um einen kümmert.

Endlich oben angekommen, fühle ich mich wie der Erde entstiegen, atme auf. Die Sonne steht hoch am Himmel, und es ist heiß. Eine leichte Brise, die über den Canyon kommt. Wir reiten weiter im Schritt, damit die Pferde verschnaufen können, sich abkühlen. Ich frage Neswood nach seinen Worten für Frieden, für Krieg. Er überlegt. „The expression for peace, for war", wiederhole ich.

„Es gibt kein Wort für Frieden", sagt er schließlich, „und kein Wort wie Krieg. Für Krieg sagen wir: dort drüben schlagen sie sich mit Fäusten. – Oder wir sagen: sie stechen mit Messern aufeinander ein. – Oder: sie beschießen sich mit Gewehren. – Oder: Sie greifen uns an, wollen Blut von uns." Er blickt zu mir herüber, ob ich es verstanden habe. „Und Frieden heißt: sie haben aufgehört zu schießen. – Oder: hier ist es ruhig und wir haben es gut an diesem Platz. Verstehst du?"

Ich nicke. Doch habe ich es auch richtig verstanden? Heißt das, dass Indianer weder Frieden noch Krieg als Gegensätze kennen?

Sie streiten, sie schlagen sich, sie schlagen sich tot. – Kalter Krieg, heißer Krieg, totaler Krieg?

Wir kapitulierten, nahmen Kapitulationen an.

Sie begruben das Beil. Sie rauchten die Pfeife. – Wir nennen so etwas Frieden.

Sie zogen weiter, und dafür gibt es kein Wort?

„Neswood", sage ich, „was heißt Licht und was Finsternis?"

Er blickt auf. „Welche Art Finsternis?"

„Nachts", sage ich, „wenn kein Licht ist."

„Ein bisschen Licht ist immer", sagt er.

„Und wenn kein Mond scheint, kein Stern zu sehen ist?"

„Chahalheel", sagt Neswood.

Parallel zum Canyon reiten wir an häuserblockgroßen rund geschliffenen Felsen entlang, die, wie übereinander geschichtet, uns vom Abgrund trennen. Die Hochebene liegt hügelig unserer Route zur Seite, dünn mit buschigen Gramagräsern, Wermutsträuchern und Wacholdern besetzt. Ein Kaninchen, das im Zickzack forthoppelt, ein Rennkuckuck, der wie ein Torpedo dahinschießt.

Anasazi - unsere alten Leute

Neswood hält sein Pferd an, zeigt in die Felsen: „Siehst du?"

Ich schaue mir die Steingiganten an, kann im ersten Moment nichts Auffälliges finden. Dann, unter einem mächtigen Koloss in der Form eines gebrochenen Brotes, entdecke ich eine Art steinernes Schwalbennest, vorn ein Loch, das wohl ein Eingang ist.

„Anasazi", sagt Neswood.

Der kleine Bau, rot wie der Fels, unter dem er kaum auszumachen ist, gleicht in seiner Kontur einem Iglu, nur, dass die obere Rundung übergeht in den Stein, der sie wie ein Vordach überwölbt.

„Sehr alt", sagt Neswood. Ich steige ab. Die Mauern, deren flache Steine mit Lehm verschmiert sind, mögen achthundert Jahre alt sein – eine Felswohnung. Ich klettere hinauf. Der Raum könnte, räumte man den Steinschutt vom Boden, der im Laufe der Zeiten von der Decke gerieselt sein muss, ohne weiteres bezogen werden. Versteckt und hoch gelegen, bot er neben einer guten Sicht auf die Ebene Schutz vor wilden Tieren und feindlichen Kriegern, die diese Landstriche seinerzeit durchstreift haben müssen. Die Anasazi, friedliche Ackerbauern, die in den fruchtbaren Flusstälern Mais, Kürbisse, Bohnen und Baumwolle angebaut hatten, zogen sich schließlich hier herauf zurück, in die Canyons, aufs Plateau. Sie entwickelten ausgeklügelte Bewässerungsanlagen, die selbst in dieser trockenen Steinwüste den Anbau ihrer Kulturpflanzen ermöglichten. Sie waren vortreffliche Baumeister, die mehrstöckige Pueblobauten errichteten, Töpfer und Textilhersteller. Sie verfügten über astronomische Kenntnisse. Dann, Ende des dreizehnten Jahrhunderts, verschwanden sie auf rätselhafte Weise. Keiner weiß warum noch wohin. Obwohl ich einiges über sie las, frage ich Neswood, wer sie waren.

„Unsere alten Leute, sagen wir", sagt Neswood. „Sie gehören zu unseren Vorfahren."

Ich kenne die Überlieferung der Navajo aus der Literatur, weiß, dass viele Forscher sie für zutreffend halten. Fielen doch die Navajo zusammen mit den Apache, mit denen sie als kriegerische Nomaden aus dem Nordwesten des Kontinents kamen, in eben jenem Jahrhundert, in dem die Anasazi verschwanden, in diese Region ein. Vielleicht wurden die Anasazi von ihnen vertrieben. Aber die Wahrscheinlichkeit, dass diese friedlichen Indianer in den Navajo aufgingen, ist hoch. Übernahmen doch die Eindringlinge das matrilineare Familiensystem der Anasazi, zum Teil auch deren religiöse Vorstellungen. Den Maisanbau, der ihnen bis dahin unbekannt war, lernten sie hier kennen.

Auch andere Theorien halten sich. Dürreperioden hätten sie, die vom Ackerbau lebten, vertrieben. *Unsere alten Leute*, sagt Neswood.

Als ich wieder herabgestiegen bin, zeigt er mir noch eine Felszeichnung, an der ich vorbeigeklettert war, ohne sie zu bemerken. Ich erkenne ein Strichmännchen und mehrere Ansammlungen von Punkten. Es könnte eine Karte sein, nur von Angehörigen des Stammes zu lesen, dem ihr Urheber angehörte. Oder Sternhaufen? Eine Art Namensschild womöglich von einem, der hier mit seiner Familie lebte, vor acht-, neunhundert Jahren. Weit oben, allein auf diesem *Platz*, wie Neswood es nennen würde. Vielleicht war er Medizinmann, der als Einsiedler lebte, vielleicht ein Jungvermählter, der fernab der Täler ein neues Terrain erschlossen hatte. Oder ein früher Hiskininni, der sich versteckt hielt vor den Okkupanten, ein Guerillero, der von hier aus zustieß, der Falke der Anasazi. Ein Vorfahre Neswoods, der von einem anderen Vorfahren Neswoods irgendwann erschlagen wurde, bevor sein Weib das Weib seines Mörders wurde. Abel der Nomade wäre dann in diesem Falle jener gewesen, der Kain den Ackerbauern tötete. Kain, dessen Opfer dem Gott der Bibel nicht gefiel, weil der Gott der Bibel ein Gott hebräischer Nomaden war? Wie dann hier, wo die Sieger die Religion der Besiegten übernahmen?

Endlich eine Dusche

Am Nachmittag, wir haben die Hochebene überquert und reiten wieder durch steiniges unwegsames Gelände, streift uns ein Gestank von Verwestem. Und je näher wir der hügeligen Felsformation, auf die wir zuhalten, kommen, desto unerträglicher wird er. Dann steigen Geier vor uns auf, mühsam, will mir scheinen, mit schweren Flügelschlägen. Zwischen den gewaltigen Steinen stoßen wir auf ein Wasserloch, eine der seltenen natürlichen Wildtränken. Im Wasser liegt der Kadaver eines Rindes, Neswoods Tier, denn auch dieses Gebiet gehört zu seinem Platz. Es war kleiner als eine europäische Kuh. Den Kopf weit zurückgebeugt, ist es von unten her zerfleischt. Grünes Zeug aus dem Gedärm schwebt im trüben Wasser.

„Ein Puma", sagt Neswood, „mountain lion." Er konstatiert es, ohne dass ich irgendeine Wertung bemerke. Es gibt ein Rind weniger jetzt, und ein Puma hat sich sattgefressen. Wehee. Wir reiten weiter.

Als die Sonne den Horizont schon fast berührt, kommt Neswoods Wohncontainer in Sicht. „Wenn du willst", sagt er, „kannst du bei mir duschen."

Und ob ich will! Das Wort Dusche übt eine solche

Suggestion auf mich aus, dass mir die Frage nach dem Wasser gar nicht in den Sinn kommt. Wir satteln ab, schnallen die Chinks runter, und ich beeile mich, mein Waschzeug aus dem Zelt zu holen. Minuten später bin ich auf dem Weg. Die Hunde kommen mir entgegengetobt, begrüßen mich, wedeln mit den Schwänzen. Vor Neswoods Quartier treffe ich auf seine Tochter. Sie ist ein hübsches Mädchen, um die zwölf Jahre alt, mit langem, nach hinten geflochtenen Haar. Sie hockt unter dem einzigen Baum weit und breit, um dessen Stamm herum sie einen vielleicht vierzig Zentimeter hohen Zaun errichtet hat, und pflanzt Setzlinge. Sie hat Gräben gezogen, kleine Bewässerungsgräben, in denen braune Brühe steht. „Yá' át' ééh", sage ich.

Sie lächelt ein wenig verlegen, blickt kurz auf zu mir. „Yá' át' ééh".

Drinnen, obwohl niemand im Haus ist, läuft der Fernseher. Ihm gegenüber das Sofa ist fast so breit wie der Container selbst. An den Wänden hängen Decken, dazwischen Traumfänger. Außer einem Schlafraum, der dahinter liegt, gibt es eine schmale Küche und ein kleines Zimmer, das wohl dem Mädchen gehört. Aber wo ist das Bad? Die Toilette, das berühmte Holzhäuschen von einem Quadratmeter Grundfläche, steht einen Steinwurf entfernt in Richtung meines Zeltes an einem erhöhten Platz. Ich kenne es bereits. Man kann auf dem Abort sitzen und die Tür offen lassen. Sie geht nach Westen, so dass man weder vom Container noch von meinem Zelt aus gesehen werden kann. Man hat einen wunderbaren Blick auf die Bergkette am Horizont, und falls ein Unwetter heranzieht, sieht man es von da aus als Erster. Außerdem signalisiert die offene Tür, dass die Hütte besetzt ist.

Ich folge Neswood um den Container herum an die Hinterseite. Vier Holzpfosten, in Leibeshöhe verplankt, markieren den Duschplatz. Eine Bohle überragt die anderen, an ihrem oberen Ende ist ein Nagel eingeschlagen. An ihm hängt Neswood nun einen Gummibeutel mit Wasser drin auf. Es mögen vier, fünf Liter sein, und wenn man den Hahn an dem dünnen Schlauch öffnet, der unten hervorsteht, gehts los. Neswoods Gesten erklären es mir.

Ich ziehe mein Hemd aus, und die Tochter entfernt sich züchtig. Dann entledige ich mich des Restes. Ich seife mich ein von Kopf bis Fuß, was sich als Fehler erweisen wird. Auf dem Rost aus starken Leisten stehend, drehe ich die Dusche auf, sozusagen. Ein feines Rinnsal benetzt mein Haar. Mir wird klar, dass, bliebe ich kerzengerade stehen, das Wasser verdunsten würde, ehe es die unteren Körperpartien erreichte. Mit ein bisschen Yogatechnik jedoch schaffe ich es, mich auch dort zu befeuchten. Mir fällt ein, wie ich seinerzeit als Jungdichter vom Kubanischen Jugendverband in Ermangelung eines Hotelzimmers in eine Kaserne bei Havanna gepfercht wurde. Seit Tagen ohne Waschgelegenheit, hatte ich mich genauso eingeseift, als die Dusche versiegte. Mit dem Handtuch entfernte ich den Schaum, so gut es ging, um dann draußen auszugleiten und in den Modder zu schlagen, den ein Wasserrohrbruch verursacht hatte... Vorsichtig trete ich von Brett zu Brett nach draußen zu meinen Sachen und ziehe mich an.

Obwohl ich weiß, dass Neswoods Frau Rangerin bei der Indianerpolizei ist, habe ich doch zwei Dosen Coor's aus dem Zelt mitgebracht, die ich jetzt halb aus dem Beutel hervorziehe. „And your wife?" frage ich vorsichtshalber.

„Erstens", sagt Neswood, „bin ich der Chef. Und zweitens ist sie nicht da."

Ein Freund kommt zu Besuch

Nachdem wir ausgetrunken haben, kommt Oscar. Wie immer, wenn er auftaucht, lacht er mich zur Begrüßung breit an, ein Mensch ohne Bedenken. Sein Job ist es, bestellte Lebensmittel zu den entlegenen Wohnplätzen auszuliefern. Doch viel Zeit raubt ihm das nicht. Er bekommt ein paar Dollar, und das reicht. Oscar ist Künstler, der Mann, der alle tätowiert. Er selbst trägt an beiden Armen Verzierungen. Symbole aus der Navajo-Mythologie, einen Adlerkopf.

Auf der Ladefläche seines alten Pickup liegen kurzgesägte Baumstämme. Wir fahren rüber zur Feuerstelle, laden ab, entfachen ein Häufchen aus trockenem Gras und Ästchen. Legen Knüppel nach, alte Wurzeln, dünnere Stammstücke. Neswood hebt einen schweren Rost auf die Steine, die um den Feuerplatz herum aufgestellt sind. Ein Zeichen, dass es Steaks gibt, wie beinahe jeden Tag. Die Plastikbox aber, die Oscar von der Ladefläche herbeibringt, enthält mehr. „Mexican Hat!" sagt er und wiegt die Box bedeutungsvoll an seinem Arm.

Mexican Hat ist das erste Nest in Utah hinter der Reservationsgrenze. Es gibt einen Liquor Store dort und in dem Liquor Store Bier. Er muss geahnt haben, dass sich mein kleiner Vorrat dem Ende zuneigt! Klar, dass die Freunde guter Laune sind. Es ist heiß, die Frau ist nicht da, und es gibt kühles Bier! Und als ob das weithin zu riechen wäre, kommt prompt Besuch. Er sitzt auf einem hellbraunen Mustang mit weißer Blesse, redet mit Neswood, lacht und reitet zur Koppel. „Ky ist das", wird mir erklärt, „ein Freund."

Als Ky ohne Pferd zurückkommt, fliegen Diné-Sätze zwischen den Indianern hin und her, die von Gelächter begleitet werden. Ky nimmt bei uns Platz, reibt sich die Hände, als ob er in der Hitze friere, reicht mir dann die Rechte. „Yá' át' ééh!" sage ich. Er stutzt, bricht in Heiterkeit aus. „Yá' át' ééh", er schüttelt meine Hand, „yá' át' ééh!" Wahrscheinlich bin ich das erste Bleichgesicht, das ihm jemals in seiner Sprache kam. Als ich dann auch noch einen ordentlichen Indianerfluch ausstoße, weil eines von den Steaks in die Flammen fällt, klopft er sich auf die Schenkel, dann mir auf die Schulter, dass ich fast zusammensinke. Einen halben Kopf kleiner als ich, ist er ein kräftiger vierschrötiger Kerl mit einem Gesicht wie Chief Joseph, dem ich willkommen bin hier in der Ödnis.

Oscar wirft jedem ein Bier zu. Wir lassen es zischen, trinken erst mal was. Ky streckt die Beine von sich, macht es sich bequem. „He!" sagt er zu mir herüber, und ich wende mich ihm wieder zu.

„Zwei Weiße gehen in die Berge", er hebt den Zeigefinger, was bedeuteten soll, dass er jetzt einen Witz für mich erzählt. „Und weil der Winter kommt, schlagen sie Holz. Nach einer Woche fragen sie sich, ob es wohl reichen wird, was sie geschlagen haben und entscheiden sich, vorsichtshalber den Haufen zu vergrößern. Nach einer weiteren Woche kommen ihnen abermals Bedenken. Kann ja sein, der Winter wird streng. Sie schuften weiter, setzen Holzstoß neben Holzstoß. Bis ihnen der alte Häuptling einfällt, der oben auf dem Berg seine Hütte hat. Lass uns zu ihm gehen, sagen sie sich, der alte Naturbursche wird wissen, ob der Winter streng wird. Sie gehen auf den Berg. Du, Alter, sagen sie, du bist doch Naturmensch, sage uns, wie wird der Winter? - Der Alte überlegt. - Winter, sagt er nachdenklich, wird sehr hart. Denn weißer Mann im Tal machen viel, viel Holz..."

Zufrieden mit der Wirkung lehnt sich Ky zurück. Ein Mensch, der überaus gern lacht. Neswood und Oscar steuern auch einen Witz bei. Dann wäre ich dran. Ich überlege hin und her. Alles, was mir einfällt, hat mit der *Stasi* zu tun, dem *Politbüro*, den *Wessis*. Ein paar jüdische Witze, die ich ausbringen könnte, würde

„Später erst werde ich verstehen, *wie* fern der Heimat die beiden Navajo hier waren...

... tief im Apacheland. Fremd im südlichen Arizona wie ich."

„Wie gefällt dir John Wayne?“ – „Saublöde Filme, sage ich, für noch blödere Amerikaner.“

„Und wenn diese eben mich gebissen hätte, will ich wissen. – Kann sein, du überlebst es.“ Oscar lächelt...

„Sie essen gern Knoblauch, wie sich zeigt. Zwiebeln und scharfe mexikanische Saucen…“

„Wir fahren an hunderttausend Klapperschlangen vorbei, einsamen Gerippen, verirrten Kühen, rolligen Pumas.“

„Neswood treibt aber seine scheuende Stute weiter, reitet um den Kadaver herum, hält.

Der tote Mustang liegt zwischen uns. Mein bestes Pferd, sagt Neswood."

„Was kann hier ein Reiter tun? Und das ist Neswoods zweite Lektion: Vertraue dem Tier.

Das Tier ist wie du. Der Stein, das Tier und du sind *shama nahasdzáán*."

Goosenecks Canyon

„Man muß verzweifelt sein, um das zu riskieren. Oder eben ein Indianer sein. Oder einem Indianer ausgeliefert sein…"

Monument Valley

Oberhalb des Canyon eine versteckte Anasazi-Felswohnung – „Sie gehören, sagt Neswood, zu unseren Vorfahren."

Von links nach rechts: Oscar, der Autor, Ky, Neswood

Oscar und Neswood mit dem Autor vorm kleinen Poww-Woww

Oscar – „Ich wünschte, er wäre mein Schwiegersohn."

Bei Gewitter zu meiden: der Ort mit dem besten Blick ins Navajoland

Gut drauf. „Es könnte einfach sein, so, wie es immer war.“

Oscar mit Walkman – Kriegstanz, Gebet um Regen?

Ky's Frau mit „Little Yeti“

Ky

Duschen bei Neswood

Die Touristen kommen

Schulfest in der Reservation

Schönheitsprinzessin verteilt Bonbons

ebenfalls keiner verstehen. Mir ist zumute wie in Russland, wo sie uns aufgefordert hatten, ein Lied zu singen. Zu tausend Melodien, die jeder aus unserer Künstlerabordnung hätte summen können, kein Text! Jedenfalls keiner, der über die erste Strophe und den Refrain hinausgegangen wäre. Ich schweige also.

Später, wir haben die Steaks verdrückt, stimmt Neswood seinen Gesang an, und die anderen fallen ein. Hey-ya-ya-yeh! Sie singen mit Konzentration. Oscar springt auf. Er hat eine Idee. Geht zum Auto, kommt mit einem leeren Plastikkanister zurück. Nimmt sein Stirntuch ab, wickelt es um die Spitze eines Knüppels, beginnt den Takt zu schlagen. Es ist finster um uns, und nur der Schein der Flammen beleuchtet die Runde. Funken stieben nach oben weg. Neswood ist pinkeln gewesen, kommt tanzend zurück. Kurze Steppschritte, die Arme ausgebreitet wie die Flügel eines Vogels. Vor, zurück, um die eigene Achse. Hey-ya-ya-yeh-yeh... Ky fordert mich auf, es ihm gleich zu tun – auch er tanzt jetzt ums Feuer. Nur Oscar muss trommeln. Ich stampfe im Rhythmus, so gut ich kann. Neswood hält mich tanzend am Arm fest, zeigt auf seine Beine, dass ich es lerne. Hey-ya-ya-yeh... Ich erinnere mich, wie ich dereinst in Jerewan mit dem Kollegen Wagner aus Thüringen tanzen mußte, die Armenier klatschend im Kreis um uns herum. Hey-ya-ya-yeh...

Irgendwann ist Pause. Es gibt Bier. Neswood kaut Red Man, Oscar, Ky und ich rauchen. Unser kleines Poww-Woww ist für alle ein Fest und für mich ein Höhepunkt. Ein gelungener Herrenabend, wie ich ihn harmonischer mit Doc Holliday nicht erlebt habe. Keiner ist besoffen, keiner betritt berauscht den Kriegspfad. Sie trinken wie unsereins, und wenn Durst und Feuer gelöscht sind, ist es wehee: Chahalheel...

Der Tag, an dem Helmuts Trailritt beginnen soll, ist schneller heran als mir lieb ist. Wie schon an den Tagen zuvor waren Neswood und ich bis zum Abend geritten. Als wir zurückkehrten, war es um die Ruhe unseres Platzes geschehen.

An der Koppel stehen zwei Jeeps mit Pferdetrailern. Zwischen Neswoods Pferden tummeln sich jetzt vier aus Helmuts Herde. Etwas abseits von ihnen und an einen der Transporter angebunden sind noch zwei. Im Gelände verstreut drei neue Bergzelte. Wir springen ab, begrüßen Kate, die mit Sattelzeug hantiert. Dann kommt Helmut. „Na wie siehts aus? Knochen noch heil?" Sein Gesicht, bestimmt von einer blau geäderten Nase und leuchtenden hellblauen Augen, lacht.

„Wie viele?" fragt Neswood.

„Zwei junge Damen", Helmut zieht die Brauen in die Stirn, „aus Switzerland." Neswood schnalzt mit der Zunge, zwinkert mir zu. „Ein Deutscher mit eigenem Pferd", zählt Helmut weiter, „ein ehemaliger Deutscher aus Arizona mit eigenem Pferd."

An Oscar vorbei, der gerade versucht, die Leinen des dritten Bergzeltes zu spannen, trotte ich zu meiner Behausung. Aus einem der Zelte, an dem ich vorbei komme, schiebt sich eine Gestalt rückwärts aus dem Eingang, so dass ich zunächst nur einen Hintern auf extrem langen Beinen sehe, Jeans, alte Reitstiefel. Er ist jetzt heraus, richtet sich auf, gewahrt mich. „Hi! I'm Theo!" Er reicht mir die Hand. Er ist um die fünfzig, sein struppiges braunes Haar, von grauen Strähnen durchzogen, sperrt nach allen Seiten weg. Die Ohren überdurchschnittlich abstehend, die Nase ein Fleisch gewordener Faschingszinken.

„Ich bin Rainer", sage ich.

„Ach", meint er, „Sachse. Ich komme von Bremen."

„Wir sehen uns am Feuer", sage ich und würde am liebsten meine Sachen packen.

Es ist wieder kühler geworden und Wolken ziehen auf. Ein paar erste Tropfen fallen. Im Zelt verstaue ich die Chinks und ziehe mir den Mantel drüber. Aus Richtung der Neuen höre ich das Gekicher der jungen Frauen.

An der Feuerstelle treffe ich die vier Eindringlinge, die ihre Hände an Kaffeetöpfen wärmen. Es stellt sich heraus, dass alle mich zum Personal rechneten, mich für einen ihrer Scouts hielten.

Anna und Elsi, die mir zu Hause nicht aufgefallen wären, mir hier und jetzt aber ausgesprochen laut und kribblig vorkommen, sind Mitte zwanzig und studieren noch. Die eine Volkswirtschaft, die andere Architektur. Unter hochgeschlagenen Kragen sagen sie: „Es hat kalt!" Und: „Ist das normal hier?" Ihnen ist anzusehen, dass sie sich alles anders vorgestellt hatten. Otto, ehemals Deutschland und jetzt Arizona, versucht sie zu beruhigen. Lange werde es nicht so ein Sauwetter haben. Er ist älter als Theo, wirkt außerordentlich gepflegt. Die Heimat habe er 1991 verlassen. Nachdem die Bodenpreise sich in Berlin verzigfacht hatten, habe er alles verkauft, um sich in Amerika als Hobbyrancher einen Traum zu erfüllen. Er reite mit, um Helmut ein wenig zu unterstützen, zwinkert er uns zu. Helmut hört es nicht. Er hat die Frontseite des Küchenwagens aufgeklappt und beginnt drinnen mit Pfannen und Töpfen zu hantieren.

Theo erzählt, dass er mindestens einmal im Jahr in entlegene Winkel der Welt aufbricht, früher aber Banker gewesen sei. Ich versuche mir vorzustellen, dieser Typ, gegen den jeder Mountain Man wie durch Karl Lagerfeld gestylt wirken muss, säße im Vorstand einer Großbank. Er berichtet von Reisen durch Papua Neuguinea, einer Jeeptour durch die Sahara, von Ritten über die Pampas Patagoniens. Jetzt aber sei Nordamerika an der Reihe. Von Otto, den er noch von früher kenne, habe er sich bei dieser Gelegenheit eine Stute gekauft, Missouri-Foxtrotter, ein wirklich schönes Tier.

Elsi, die ein bisschen wie Klaus Kinsky schaut, tippt mich an: „Ob es hier Klapperschlangen hat?"

„Und ob es hat", sage ich, „aber jetzt schlafen sie." Die Befürchtung, dass meine Reise sich einem natürlichen Ende nähert, verfestigt sich.

Aus dem Küchenwagen ist der Schlag eines Kochlöffels gegen einen Blechdeckel zu vernehmen. „Essen fassen!"

Wir nehmen Teller und Besteck von dem heruntergeklappten Seitenteil, das, durch Stricke in waagerechter Position gehalten, jetzt als Stellfläche dient. Der Reihe nach sollen wir von hinten durch den Wagen treten. Jeder kann sich sich aus Pfannen, Töpfen und Schüsseln nehmen, was er will. Es gibt Spaghetti, gebratene Geflügelteile, Reis, Gemüse, Salate. Gemessen an meiner gesunden indianischen Ernährung ein echter Rückfall. Mit vollem Teller verlasse auch ich den Wagen durch die vordere Tür.

Um zwei aneinander gestellte Campingtischchen nehmen wir Platz. Doch das Abendessen steht unter keinem guten Stern: starker Regen setzt ein. Die Touristen flüchten mit ihrer Mahlzeit zu Helmut in die Küche, wo es eng wird. Verfroren blicken sie heraus, als ob das der Anfang vom Ende wäre. Ich bleibe bei Neswood und Oscar, und mit tiefer gezogenen Hüten halten wir stand, nehmens in Kauf, dass die Reisbällchen auf unseren Tellern sich in Reiseintopf verwandeln. Ein Blizzard ist das noch lange nicht!

Ich will meinen Mustang behalten

Nachdem wir gegessen haben, verabschieden sich die Indianer von mir und wandern zu ihrem Container. Allein bleibe ich noch am Feuer hocken. Der Hut ist sowieso durchnässt, am Mantel perlt alles ab. Wenn man richtig sitzt, bleibt man darunter trocken.

„Wie sieht es aus, willst du den Trailritt mitmachen?“ fragt Helmut, der jetzt zu mir ans Feuer kommt. „Du kriegst natürlich Rabatt von mir, wenn du willst.“

„Und wenn ich nicht will?“

„Bis jetzt bist du hier Neswoods Gast. Aber Neswood reitet mit uns. Ich habe ihn sozusagen unter Vertrag. Dafür, dass wir über sein Land ziehen und er als Guide hilft, bekommt er ja auch Geld, nicht wenig für einen Indianer.“

„Wenn ich nicht mitreite, bin ich ab morgen Selbstversorger?“

„Kate könnte dich nach Cortez fahren.“

„Warum sagt Neswood mir nichts?“

„Er geht davon aus, dass du mitreitest.“

„Und dass er mitreiten muss, wusste er?“

„Das wusste er. Ob er es aber macht... Du weißt nie, was die als Nächstes tun, warum sie was tun und warum nicht. Du hast mit ihnen eine Abmachung, aber auf einmal halten sie sich nicht dran. Auch wenn du sie bezahlst, kannst du nicht sagen, mach dieses, mach jenes, bau mal die Zelte auf. Du kannst selber anfangen, die Zelte aufzubauen und sie dann fragen, ob sie dir helfen. Das klappt eher.“ Er wiegt den Kopf hin und her, als ob er schwer daran zu tragen hätte.

„Reitet ihr zügig?“

„So zügig es das Gelände erlaubt, es wird dir schon gefallen.“

„Und Oscar?“

Er lacht. „Ich glaub schon, dass er auch mitkommt.“

„Na gut“, sage ich, „wenn ich meinen Mustang behalte...“

„Jut, det klär ich mit Neswood, abgemacht.“ Helmut geht, und irgendwie bin ich doch erleichtert. Besser so, sage ich mir, als mit Kate nach Cortez und von Cortez nach Hause. Dafür ist immer noch Zeit.

Alles ist zu laut

Ich wache auf vom Lärm des kleinen Lagers, das mich nun umgibt, und krieche aus meinem Schlafsack. Noch immer ziehen schwere Wolken über die Mesa. Der rote sandige Boden hat sich einmal mehr in zähen Schlamm verwandelt. Und es ist kalt. Statt meine Blase in der Prärie zu erleichtern, mache ich mich auf den Weg zu Neswoods Häuschen. Doch das Häuschen ist besetzt. Eine Schweizerin wartet bereits. Ich beeile mich auf dem Weg zurück, vorbei an meinem Zelt, runter zu Whiskey, von dem nur noch Haut und Knochen übrig sind. Dort, in seiner Nähe, finde ich endlich eine geschützte Senke...

An Helmuts Küchenwagen haben sich, bis auf meine Freunde, alle versammelt. Es gibt Speck mit Eiern, Toast mit Marmelade, Müsliriegel. Davon stecke ich mir vier Stück ein – für den Mustang. Helmut und Kate beratschlagen mit den Schweizerinnen, welche Tiere für sie geeignet wären. Beide hätten zu Hause eigene Pferde, ritten jede Woche.

Kate erklärt, dass ihre Pferde extrem sensibel und vorwärtsgehend seien, man sie nicht so hart reiten dürfe, wie das die Indianer tun, die zu Tieren ein ganz anderes Verhältnis hätten. Was sie damit meint, zeigt ihre abschätzige Geste. Mein erster Eindruck von ihr bestätigt sich: Sie lebt tatsächlich vegetarisch, liebt es Tiere zu streicheln, Gutes zu wollen...

Die Indianer stünden für eine jahrhundertealte Reiterkultur, wende ich ein und: „Ich habe keine besseren Reiter bisher beobachtet!"

Sie winkt ab. „Ich habe dazu meine eigene Meinung. So hart, wie die ihre Pferde rannehmen, das würde ich bei unseren Tieren nicht dulden!"

Ich denke an Whiskey und an Neswoods Trauer um ihn, an seine kleinen Hunde. Ich bin froh, nicht auf eines von Helmuts und Kates Pferde umsteigen zu müssen, um mir dann Rezensionen meines Reitstils gefallen zu lassen.

Während Kate mit den beiden zur Koppel geht, wäscht Helmut das Geschirr ab. Theo und Otto haben ein anderes Thema. Es geht um die Stute, die Theo von Otto gekauft hat. Was für ein hervorragendes Pferd! Welch prächtige Fohlen von ihr zu erwarten seien, wenn Ottos Hengst sie deckte.

Ich gehe zum Zelt, schnalle die Chinks um, nehme Mantel und Handschuhe. An der Koppel treffe ich meine zwei. Oscars freundliches Gesicht versöhnt mich mit dem Morgen: „Yá' át' ééh." Neswood hält mir die Hand hin, und ich schlage drein. Dann das ganze umgekehrt. Gleich am Gatter säubern und satteln wir unsere Mustangs. Die Schweizerinnen, denen Kate die Pferde am Trailer festgemacht hat, sind lange mit Striegeln beschäftigt – Vorbereitung zur Parade?

Die Herren mit eigenen Pferden haben ihren eigenen Trailer, an dem ihre Foxtrotter angebunden tänzeln. Rassige Tiere, der Hengst eine Augenweide! Otto, in moosgrünem Flanell, trägt polierte braune Reitstiefel, einen hellen Stetson, helle Handschuhe. Trotz des zu kurz geschnittenen graumelierten Haares erinnert seine Erscheinung an Custer, wie man ihn von alten Fotos kennt. Nachdem er mit seinem Hengst fertig ist, kümmert sich Otto um die Damen, hilft ihnen satteln, zeigt, was man beim Westernstil anders macht.

Theo reitet derweil um die Trailer, die Koppel, lässt seine Stute rückwärts gehen, seitwärts, vor und wieder zurück. Neben Otto Armstrong Custer wirkt der ehemalige Banker wie Armin der Cherusker. Die mörderische Nase, der verwilderte Bart, das unterm Hut heraussperrende Haar. Die Ohren, leicht nach vorn gewölbt, verleihen seinem Antlitz einen Ausdruck unentwegter Aufmerksamkeit. Er trägt verschossene Outdoorklamotten, Stiefel, die von weiten Reisen künden.

„Also", sagt Helmut, „ihr reitet heute hier in der Gegend, damit sich die Damen an ihre Pferde gewöhnen können. Morgen früh bauen wir ab und verlegen das Camp an den Snake River Canyon. Das heißt, Kate fährt mit Zelten, Gepäck und Küchenwagen dorthin. Wir reiten. Ein Tagesritt. Heute könnt ihr euch noch Zeit lassen.“ Helmut hebt die Hand - das Zeichen, dass wir aufbrechen sollen. Neswood reitet vorn, dann kommt Theo, dann Kate mit den Schweizerinnen, am Schluss Otto auf seinem munteren Hengst. Ich halte mich abseits, galoppiere später zu Neswood, um von nun an an seiner Seite zu bleiben. Doch der Indianer ist schweigsam wie am ersten Tag. Wahrscheinlich gehts ihm wie mir: alles ist mit einem Mal zu laut. Die Invasion stört die Harmonie von nihimá nahasdzáán.

Ein Pferd fehlt

Im gemächlichen Tempo ziehen wir durch felsiges Land. Ab und zu fällt ein Schauer. Anna und Elsi, die sich mit Kate zu einem Grüppchen vereinigt haben, sprechen über die Pferde, auf denen sie sitzen. Kate erzählt etwas über die Eigenschaften der Tiere, ihre Angewohnheiten, ihre Vergangenheit, als ob es sich um gebeutelte Sozialhilfeempfänger handelte. Dabei sitzt sie wie zur Dressurprüfung im Sattel, tätschelt aber ihr Pferd, das bis jetzt noch nichts zu leisten hatte. Otto auf seinem Hengst reitet im imposanten Foxtrott an ihrer Seite, ein Scout, der die Damen flankiert.

Nur Armin der Cherusker aus Bremen ist ausgeschert und begleitet den Zug in einiger Entfernung, galoppiert ein Stück, kommt uns von vorn entgegen, galoppiert zur Seite weg, tummelt sein neues Pferd. Die Stute, ein braun-weiß geschecktes Tier, reagiert auf jede seiner Regungen. Doch sie bringt, so geritten, Unruhe unter die anderen. Fluchtreflexe und Herdentrieb schaffen Bewegung in der Gruppe. Wer sein Pferd nicht beherrscht, hat gute Chancen, von plötzlichen Temperamentsausbrüchen überrascht zu werden. Am meisten hat Otto zu leisten, dessen Hunderttausend-Dollar-Hengst ohnedies nichts für Hobbyreiter ist. Schaum vorm Maul, ist das Tier voller Energie und wirkt ständig wie vorm Durchgehen. Doch Otto sitzt es aus wie ein Cowboy, lässt den Hengst nicht in den Galopp – ein echter Gentleman!

Neswood und sein Mustang sind durch die auftretenden Turbulenzen nicht zu stören. Der Rappe trabt voran, als ob er Scheuklappen trüge. Ich bleibe neben ihm, immer darauf gefasst, auch mein Pferd könnte plötzlich verrückt spielen. Aber die Erfahrung zahlt sich aus, und als Theo ohne Vorwarnung im gestreckten Galopp von hinten an uns vorbeidonnert, folgen wir beide ihm nicht. Die Schweizerinnen jedoch jagen unfreiwillig hinterher, gefolgt von Kate, die wohl um die Fesseln ihrer Pferde bangt. Das jetzt ebene Gelände ist steinig und von kleinen Gräben durchzogen.

Zusammen mit „Hard Backsides" Custer reiten wir ihnen in Reihe nebeneinander auf zurückgehaltenen Pferden nach, eine Kavallerie, der die Attacke noch nicht befohlen wurde. Otto, dessen Hengst kaum noch zu beherrschen ist, zeigt mir, wie er sich durchzusetzen vermag. Ich beweise ihm, dass auch ich es kann. Sister geht hoch, galoppiert auf der Stelle, beruhigt sich wieder. Neswood, über unsere Reitkünste erhaben, schafft es, dass sein Pferd gar nicht erst reagiert.

In der Ferne sehen wir Theo hinter einer Bodenwelle entschwinden, weit vor den anderen. Dann prescht das Grüppchen der Damen am gleichen Punkt übern Horizont. Zehn Minuten später haben wir die anderen erreicht. Elsi sitzt gegen den Stamm einer Krüppelkiefer gelehnt. Sie hat die Hände vors Gesicht geschlagen und schluchzt. Die beiden anderen Frauen hocken neben ihr, versuchen sie zu beruhigen. Der Cherusker steht hilflos dabei. Ein Pferd fehlt.

Otto springt aus dem Sattel, drückt mir die Zügel

des Hengstes in die Hand, um sich an die Untersuchung der Wunden zu machen. Elsi stöhnt auf. Sie hat Abschürfungen und Prellungen. Custer reicht ihr seinen Flachmann, doch sie will nichts haben. Kate redet auf Neswood ein, dass er doch das Pferd zurück und zur Vernunft bringen soll.

Wenige Minuten später ist der Indianer wieder da. Das Pferd, das Elsi abgeworfen hatte, schnaubt wild. Neswood zäumt es ab, legt ihm seine Trense an, wechselt den Sattel, schwingt sich hoch. Der Wallach bockt, doch Neswood gibt ihm die Hacken, galoppiert fort, verschwindet zwischen den Hügeln. Als er im Trab zurückkommt, ist das Pferd fromm wie ein Lamm. Es hat Blut im Maul. Kate kann nur mit Mühe an sich halten.

Abseits der Gruppe setzen wir beide uns in den Schatten eines alten Wacholders. Wir hören, wie Kate sich noch immer aufregt. „Das letzte Mal, dass der ein Pferd von uns reitet!" Die anderen pflichten ihr bei. Nur Custer sagt nichts dazu.

„Was reden sie?" fragt Neswood, der den deutschen Gefühlsausbruch nicht versteht.

„Sie sagen, du reitest zu hart."

„Wirklich? – Dólábitján!" Er lacht auf, lässt sich nach hinten fallen, zieht den Hut übers Gesicht. Es ist Mittag, Zeit, ein Nickerchen zu halten.

Glück gehabt!

Am Abend, im Lager, wird der Unfall ausgewertet. Oscar, der sich zum Essen eingefunden hat, gibt mir ein Zeichen in Richtung Neswoods Container. Ich habe verstanden, warte aber noch, bis er weg ist. Dann folge ich ihm, nehme den Weg am Abort vorbei. Die zwei sitzen in der Abendsonne, werfen mir ein Bierchen zu, lachen. Drüben im Camp um Helmuts Küchenwagen gibt es natürlich nichts dergleichen, schließlich gilt strenges Alkoholverbot. Oscar zeigt auf die untergehende Sonne, sagt: „'I' íí' á". Lässt es mich wiederholen, sprichts nochmal vor, lässts mich wiederholen. Er ist dazu übergegangen, mir ab und zu und ohne dass ich danach fragen muss, neue Wörter beizubringen. Dann der Mond, der sich blass abzeichnet: „'Ooljéé'! – 'ool-jéé'..." Er zeigt, wie man die Zunge bewegen muss, um „'ool-jéé'" richtig herauszubekommen. Eine Weile später, Neswood und ich haben uns über die wilden Mustangs unterhalten, von denen es in der Gegend mehr gibt, als ich je vermutet hätte, zeigt Oscar wieder auf die Sonne, will wissen, ob ich's noch weiß. Er ist ehrgeizig als Lehrer. „'I' íí' á", ich habe es noch drauf. Er lächelt zufrieden. Wir sitzen noch lange so, genießen den Abend. Die drei Welpen spielen, und der zahme Kojote, mein treuer Begleiter, genießt es, mal von mir gekrault zu werden.

Am nächsten Morgen müssen wir die Zelte abbauen und zusammen mit dem Gepäck zu Helmuts Geländewagen bringen. Für mich ist es wie ein Abschied von einer lieb gewordenen Wohnung, denn ich habe mich an meinen, Neswoods, Platz gewöhnt, an die zwei knorrigen Wacholder, die Hügel, die Felsformationen in der Ferne.

Kate fährt den Jeep mit dem Küchenwagen. Wir reiten in zwei Gruppen. Die eine, geführt von Helmut, wird langsamer reiten, schon wegen Elsi, die andere mit Neswood schneller.

Es wird ein flotter Ritt, denn außer mir reiten natürlich der wilde Theo und Lieutenant Colonel Custer mit Neswood. Und Oscar! Ohne jede Formation folgen wir weit verstreut der Richtung, die die Indianer vorgeben, nutzen offene Ebenen, um spontane Rennen zu veranstalten. Otto kann zeigen, was da unter ihm an Kraft versammelt ist. Der Hengst geht ab wie Schmidts Katze, von niemandem einzuholen. Neswoods begehrliche Blicke und sein anerkennendes Nicken lassen Otto noch ein Stück wachsen im Sattel: Was für ein Pferd! Ich stelle mir vor, wir wären hundertfünfzig Jahre zurück in der Zeit. Über Neswoods und Oscars Schulter hingen Bogen und Köcher. Der halbe Stamm der Navajo folgte Ottos Fährte! Noch einmal könnte er schlafen, doch am nächsten Morgen schon, wenn er erwachte, wäre er Infanterist, und die Indianer wären fort... Denn wenn es eine Ruhmestat gab, war es der Pferdediebstahl. Von den Cree im Norden bis zu den Comanche im Süden der beliebteste Sport. Und wer ein solches Tier raubte, wurde berühmt noch am gleichen Tag!

Oscar muss ähnliche Tagträume gehabt haben, denn als wir rasten, legt er sich in den Felsen auf die Lauer, spannt einen imaginären Bogen, zielt auf das sich langsam nähernde Trio, Helmut an der Spitze. „Summ!" Er lacht, bedeutet mir, die Pferde um die Ecke zu führen. Er will Helmut erschrecken, doch Custers Hengst wiehert begeistert, als er die anderen Tiere wittert, und verrät den Hinterhalt.

Auf einer weit gedehnten Route reiten wir zum Snake River Canyon. Helmut und die Damen nehmen den kürzesten Weg. Als wir eintreffen, sind sie schon da, haben ihr Zelt bereits aufgeschlagen. Otto und Theo suchen sich einen Platz in ihrer Nähe. Der Küchenwagen steht etwas abseits, zwei Steinwürfe entfernt vom Canyon, dessen Wand fünfhundert Meter tief senkrecht abfällt. Anders als der zweihundert Kilometer entfernte Grand Canyon bleibt dieser hier, bis auf uns, von Besuchern verschont. Ein Panorama wie auf einem anderen Stern. Kein Baum, kein Strauch, kein Grashalm. Der Fels, in den sich der Fluss in Jahrmillionen eingefressen hat, zeigt deutlich die erdhistorischen Schichten – Jahresringe des Planeten. Der Fluss in der Tiefe, von hier oben ein glitzerndes Schnürchen.

Zusammen mit Neswood und Oscar, die ihr Zelt ein gutes Stück forttragen, suche auch ich mir einen Platz. Wir siedeln uns in zweihundert Metern Entfernung an der Westseite der Canyonkrümmung an, gegenüber dem Camp. Da in den Fels kein Hering einzuschlagen ist, beschweren wir die Leinen mit Steinbrocken. Dann beginne ich meine Sachen auszupacken. Ich kauere im Eingang, rolle den Schlafsack aus, als mein Blick zufällig etwas am Rande erfasst, was nicht hingehört: Zentimeter nur neben meinem Knie habe ich einen Skorpion entdeckt. Den Stachel schon erhoben, ist das zigarettenlange, erschreckte Tier bereit, zuzuschlagen. Instinktiv und schneller, als ich es beim Üben je vermocht hätte, reiße ich mein Messer aus dem Gürtel, kappe durch einen gezielten Hieb das Hinterteil mit dem gebogenen Giftdorn. Dann erst schaudert mich. Mit der Klinge wippe ich das Spinnentier über die Einstiegskante nach draußen, stoße noch einmal zu. Oscar, der in meiner Nachbarschaft am Zelt hantierte, kommt heran, wirft einen Blick auf den leblosen Skorpion. „Gestochen?“

Ich schüttle den Kopf.

„Glück gehabt!“ Er tippt mit der Fußspitze nach dem Kadaver. „Giftiger als Klapperschlange und Tarantel zusammen...“

Jetzt brauche ich einen Schluck. „Igláá' hé!“ sagt Oscar erleichtert und greift zu, nachdem ich getrunken habe.

Die Post geht ab!

An diesem Abend gelingt es mir nicht, mich mit den beiden Freunden abzusetzen. Auf der Hälfte zwischen unseren Zelten und denen der anderen hat Helmut Feuer gemacht. Auf Holzklappstühlen sitzen wir drum herum. Es ist mild und windstill, erste Sterne erscheinen am klaren Himmel. Theo stopft sich seine Pfeife. Vanilleduft breitet sich aus. Es geht zunächst um den Euro, der kommen soll, ein Thema, zu dem vor allem er etwas richtigzustellen hat. Dann kommt der Krieg in Jugoslawien dran, von dem ich, wie von allem anderen, seit Wochen nichts mehr gehört habe. Doch jetzt ist es damit vorbei. Debatten zur ökologischen Steuerreform holen mich ein, zur Entwicklung in Russland, in Amerika, der Welt überhaupt. Die Indianer, die auch nichts von alldem zu interessieren scheint, sitzen schweigend, starren ins Feuer wie ich. Irgendwann kommt Helmut natürlich auf die Idee, dass es sich beim Feuer gut singen ließe. Doch die Schweizerinnen genieren sich, Otto kann nicht, sagt er, und ich will nicht. Schließlich steht Theo auf. Er werde ein Lied darbieten, das er selbst geschrieben habe. Er holt Luft, dass der Bauch sich spannt wie bei einem Buffo. Er hebt die Tabakspfeife, setzt ein. Legt Tremolo in seine Tenorstimme. Jetzt schwingt die Pfeife im Takt.

„Hinaus in die Welt zieh ich gerne
nach Bombay und Schanghai
es lockt mich fort in die Ferne
die Sehnsucht geht nimmer vorbei…"

Neswood und Oscar merken auf. Der mannhaft vorgetragene Gesang verfehlt seine Wirkung nicht.

„Was singt er?" flüstert Neswood zu mir rüber.

„Von großen Streifzügen", flüstere ich zurück.

Er nickt ernst, und beide folgen weiter erhobenen Hauptes dem Vortrag. Des Cheruskers tapferes Sterbelied macht Eindruck auf die Indianer. Sie werden ihn losschneiden vom Pfahl, sein Leben verschonen…

„Den Kongo hinauf bis Kongolo
durch Dschungel, Savanne und Sumpf
es schreit in der Nacht der Gagolo
aus den Wäldern trommelt es dumpf…"

Die Schweizerinnen stochern im Feuer, und Otto legt etwas nach. Sie wissen, sie werden langsam sterben, und ich werde nichts für sie tun können…

„In Rio bin ich gelandet
den Rio Grande fuhr ich hinauf
bei Campo Grande bin ich gestrandet
im Pantanal ging ich fast drauf…“

Theo fügt Strophe an Strophe, doch der Abend ist gerettet: für die Indianer wird es ein kleines Poww-Woww. Die Post geht ab. Die Indianerpost dieses Mal, denn auch sie sind Kerle genug. Oscar trommelt, Neswood singt, und ich soll tanzen! Wie ich's gelernt hab!

Der Wilde aus Bremen zieht mich in den Kreis, so dass mir nichts anderes übrig bleibt, als für die Touristen um Regen zu tanzen. So weit ist es gekommen – igitt!

Es könnte so einfach sein…

Das Ziel des Trailrittes liegt an der Mündung des Piute Creek in den Lake Powell. Zunächst jedoch folgen wir dem San Juan River, der die nördliche Grenze des Navajolandes und der heutigen Reservation markiert. Innerhalb der vier heiligen Berge und vier Flüsse, erklärt mir Neswood, hätten der Überlieferung nach die Navajo zu leben. Nicht östlich des Rio Grande und nicht westlich des San Juan. Und nur einmal in der erinnerlichen Zeit habe der Stamm dieses Land verlassen, verlassen müssen, 1864, als General Carleton ihn nach New Mexico trieb. Jeder vierte Navajo überlebte es nicht. Er zeigt mir noch einmal die Richtung, in der die vier Berge liegen. Der Navajo, ein Dreitausender südwestlich von uns, ist gut zu sehen.

Durch die Painted Mountains reiten wir weiter in westlicher Richtung und kampieren in der Wüste. Kupfer und oxidierende Mineralien färben die Landschaft. Rotbunte und blaugraue, violette Schichten ziehen sich durchs Gestein. Breite grüne Bänder laufen von manchem Berg herab, als ob Farbe über ihn geflossen wäre. Klipprosenbüsche mit ihren kleinen weißen

Blüten wachsen in den trockenen Talgründen. Baby-Gebüsch heiße dieser Strauch bei ihnen, sagt Neswood. Mit seiner zerschnitzelten Rinde würden die Winkelbrettwiegen ausgepolstert. Frauen umhüllten darin ihre auf dem Rücken getragenen Kleinkinder. Ich erzähle ihm vom Babymoos der Shoshone, das wir überall in den Wäldern finden konnten. Es war weich wie Watte. Durch unseren Scout erfuhren wir von seiner sterilisierenden, heilenden Wirkung. Die Shoshone benutzten es als Windelpackung für ihre Babys, legten es aber auch auf frische Wunden, nachdem diese mit den trockenen Sporen des Bovists eingepudert worden waren. Die Wunden schlossen sich so, ohne sich zu entzünden. Auch betäubten die Sporen bei offenen Verletzungen den Schmerz, erzeugten lokale Anästhesien, unter denen Medizinmänner sogar Amputationen vornehmen konnten. Neswood nickt. Auch hier gäbe es für so gut wie alle Leiden Pflanzenmedizin. Medizinmänner und Medizinfrauen, so auch seine Mutter, kurierten nach wie vor damit. Selbst gegen Vergiftungen durch jene Grasspinne, an der sein Mustang Whiskey gestorben war und an der natürlich auch Tiere der Weißen außerhalb der Reservation eingingen, wüssten sie Mittel. Pharmafirmen hätten immer wieder versucht, hinter dieses Geheimnis zu kommen – ohne Erfolg. Er lächelt, findets gut, dass nicht alles, was Indianern gehörte, zu plündern war.

Wir reiten an verlassenen Kupferminen vorbei, Zeugnissen hemmungsloser Ausbeutung. Viele Vorkommen seien abgebaut worden, nachdem der Stamm weißen Betreibern die Lizenz dazu verkauft hatte - ein Vorgang, der keine ungeteilte Zustimmung gefunden habe bei seinen Leuten. Die Wind River Shoshone fallen mir ein, deren Stammesrat der Förderung ihres Erdöls zugestimmt hatte. Ganze 125 Dollar pro Kopf erhielten sie im Monat – ein Almosen der Ölmultis, Kolonialpolitik mitten in den USA.

Am Lake Powell bauen wir noch zweimal die Zelte auf und ab, sitzen tags an die zehn Stunden im Sattel: Neswood und Oscar, Otto und Theo und ich. Helmut mit den Damen reitet auf kürzestem Weg, wie sie es wünschen. Abends, wenn wir eintreffen, brennt das Feuer bereits, die Schweizerinnen haben gebadet und den Klapptisch gedeckt.

Es könnte einfach sein: Früh ziehen wir aus zur großen Jagd, so, wie es immer war. Die Schweizerinnen lernen Fleisch zu trocknen, Häute zu gerben, Leggins zu nähen… Dann überfallen uns die Kiowa, früh, in der Nacht. Sie holen sich Kate – zum Beispiel. Helmut und Elsi kommen sich daraufhin näher. Die zweite Schweizerin geht unangefochten an Otto. Neswood, Oscar und ich überfallen nun unsererseits die Kiowa, rauben die drei schönsten Weiber des Stammes! Theo der Cherusker stiehlt im Alleingang das schönste Pferd. Die Kiowa toben, aber es nützt ihnen nix. Als sie zurückkommen, sind wir schon weg, vom Boden verschluckt wie Hoskininni. Tschickidih!

Wenn du zurückkehren willst

Für das letzte Lager hat Kate Jeep und Küchenwagen an einem breiten Uferstreifen geparkt. Noch einmal reiten wir in die Berge, gehen abends schwimmen. Das Wasser ist trüb, hier im überfluteten Canyon, wo der San Juan in den Stausee mündet, der vor allem vom Colorado gespeist wird. *Es hat große Fische*, und Theo angelt welche. Helmut brät sie abends in der Pfanne.

Mir ist nicht nach Fisch und nicht nach Gesellschaft. Ich habe von Doc Holliday geträumt und immer wieder über den Tag an diesen Traum denken müssen. Der Freund steht vorm Zelt, sein Tod war nichts als ein böser Alp. *Ich und mich erschießen?* Er lacht, die Adlerfeder an seinem Hut wippt. Wir fallen uns in die Arme. *Wir sterben zusammen, das weißt du doch!*

Ich verdrücke mich, sattle mein Pferd. „Du kommst aber wieder!“ ruft Helmut mir nach.

Im Mondschein reite ich am Ufer entlang. Die Stute, nachdem ich sie erst einmal vom Lager, der Herde, fortgetrieben habe, folgt meiner Führung prompt. Sie ist allein mit mir, ich allein mit ihr. Ich tätschle sie am Hals – sie bewegt sich sicher im unwegsamen Hang wie am hellen Tag. Sie sieht besser als ich, und ich lasse den Zügel hängen. Leicht nur treibe ich sie mit den Hacken voran, weg vom Camp, hoch in die Berge.

Oben, auf dem Plateau, steige ich ab, unter einer alten Kiefer lasse ich mich nieder, vor mir die weite Wüste, aus der hier und da ein Felsfinger zum Himmel zeigt. Wolkenbänke liegen am Himmel, schwarze Schiffe in einer großen Flaute. Nichts ist zu hören außer dem Atem des Pferdes. Meinem eigenen Atem.

Ich muß eingeschlafen sein, als das Pferd mich anstupst. Ich schrecke hoch: vor mir die Silhouette eines Reiters.

„Viele schwere Gedanken“, sagt der Reiter, die Arme auf den Sattelknauf gestützt, als ob er lange schon warte. „Ich habe uns was mitgebracht!“ Er steigt ab, zieht zwei Dosen aus den Taschen des Mantels, lässt sich neben mir nieder. Fernen Städten gleich, leuchten Sternhaufen neben den Wolken hervor. Wir sitzen, trinken schweigend unser Bier. Es wird kalt. Wir erheben uns, steigen auf. Im Schritt reiten wir zurück.

Das Camp schläft, als wir eintreffen. Schimmernde Maulwurfhügel die Zelte am See. Wir satteln die Mustangs ab, und Oscar erscheint. Aus der Dunkelheit tritt er an uns heran, greift nach meinem Sattel.

„Wenn du hierher zurückkehren willst“, sagt Neswood, „komm gleich zu mir. Dann können wir allein reiten.“

„Vielleicht im nächsten Jahr“, sage ich, „oder im übernächsten“.

„Nächstes Jahr“, sagt Oscar.

Lexikon

Indianer Nordamerikas

Personen, Stämme, Fakten

A

Abnaki (abgeleitet von *Waanaki*: Menschen der Morgendämmerung), ursprünglich ein Stamm der >Algonkin-Sprachfamilie im Gebiet des heutigen US-Bundesstaates Maine. Ab dem 17. Jhd. bezeichneten die Kolonialbehörden neben den eigentlichen A. auch die Algonkin-Stämme der >Passamaquoddy, >Penobscot, >Malecite und >Micmac als A. - Die o.g. A.-Stämme waren kulturell eng verwandt, lebten in konisch gebauten Rindenhütten in zum Teil mit Palisaden umgebenen Siedlungen, deren Mittelpunkt eine rechteckige geräumige Ratshütte bildete. Die A. gingen auf Jagd und Fischfang, bauten aber auch Mais an, sammelten Wildfrüchte und stellten >Ahornsirup her. - Ihr erster Kontakt mit Europäern datiert um das Jahr 1000, als Normannen an ihren Küsten anlandeten. Mit Beginn des 17. Jhd. unterhielten sie Handelsbeziehungen zu den französischen Kolonisten, auf deren Seite sie auch gegen die Engländer kämpften. Um den Angriffen der mit den Briten verbündeten >Irokesen-Liga standhalten zu können, schlossen sich die A.-Stämme zu einer Konföderation zusammen. Später traten sie den unter dem >Ottawa->Häuptling >Pontiac verbündeten Stämmen bei, die gegen die Engländer kämpften. Heute sollen über 13 000 A. in den kanadischen Ostküstenprovinzen leben.

Absaroka, Eigenbezeichnung der >Crow.

Agentur (Indianer-A.), seit der ersten Hälfte des 19. Jhd. in >Reservationen oder in Gebieten, in denen Indianer lebten, von der US-Regierung errichtete Stützpunkte, denen ein sogenannter Indianeragent vorstand. Ihm oblag es, geschlossene Verträge zu überwachen, Lebensmittel und Hilfsgüter an die Indianer zu verteilen und den Schmuggel von Alkohol zu unterbinden. Ursprünglich sollten die Indianeragenten Vertrauensleute und Ansprechpartner für die Indianer sein. Nicht selten jedoch benutzten sie ihre Stellung, um sich im Verbund mit korrupten Händlern an den den Indianern zugedachten Mitteln zu bereichern.

Ahornsirup, aus dem Blutungssaft des Zuckerahorns (Acer saccharum) vor allem von den Waldlandindianern durch Kochen hergestellter nahrhafter Sirup.

Alabama, zur Sprachfamilie >Muskogean gehörender sesshafter Stamm von Feldbauern, der ursprünglich Gebiete bewohnte, die später zu dem nach ihm benannten US-Bundesstaat gehörten. Wie andere Stämme auch, wurden die A. von der vorrückenden weißen Besiedlungsgrenze nach Westen gedrückt. In der ersten Hälfte des 19. Jhd. traten sie der Konföderation der >Creek bei, mit der sie 1836 ins >Indianerterritorium Oklahoma zwangsumgesiedelt wurden. Heute leben in Texas, Louisiana und Oklahoma nur noch wenige Indianer, die sich zum Stamm der A. zählen.

Algonkin, 1) weit verbreitete indian. Sprachfamilie in Nordamerika, der viele ethnische Gruppen zugehören. Bedeutendste Vertreter sind die Stämme
- >Deleware, >Abnaki, >Wampanoag, >Mohikan, >Powhatan an der Atlantikküste,
- >Cree, >Ojibwa, >Ottawa, >Montagnais in der östlichen Subarktis,
- >Sauk und Fox, >Shawnee, >Miami, >Potawatomi im Mittelwesten,
- >Arapaho, >Gros Ventre, >Blackfoot, >Cheyenne, Plains-Cree, Plains-Ojibwa auf den nördliche Plains.

2) kleiner Stamm am Ottawa River, Kanada, der der Sprachfamilie den Namen gab. Er lebte von Jagd, Fischfang und in bescheidenem Maß vom Maisanbau. Heute leben noch etwa 2 000 Angehörige dieses Volkes.
3) Bezeichnung auch für die o.g. Völkergruppe.

American Horse

American Horse, indianischer Name *Wasicun tasunka,* >Häuptling der >Oglala >Lakota >Sioux, * um 1830, + 29.9.1876. A. H. gehörte zu >Sitting Bulls Anhängerschaft. Er nahm an der Schlacht am >Little Bighorn teil und fiel kurz darauf bei Slim Buttes in Süddakota. Abb.

American Indian Movement (AIM), auch: Red Power, Protestbewegung nordamerikanischer Indianer, die sich gegen Unterdrückung, Bevormundung und Überfremdung durch die weißen Amerikaner richtet. Bei ihrer Gründung 1968 ursprünglich als Patrouillendienst zum Schutz von den in Städten lebenden Indianern gedacht, verbreitete sich die Bewegung schnell über die USA. Vor allem von den gebildeten Stadtindianern getragen, setzt sich AIM für die Bewahrung und Erneuerung traditioneller indianischer Werte, für mehr politische Rechte und für Selbstbestimmung der Stämme ein. Auch die Rückgabe von Indianerland, die Überprüfung und Einhaltung der mit den Indianern geschlossenen Verträge sind Hauptforderungen der Bewegung. Mit spektakulären Aktionen wie der Besetzung der Gefängnisinsel Alcatraz 1969-71, dem Marsch auf Washington D.C. und der Besetzung des Bureau of Indian Affairs 1972, der Besetzung von >Wounded Knee 1973 und eines Teils der >Black Hills 1981 bemüht sich AIM, die Öffentlichkeit auf die Probleme der Indianer aufmerksam zu machen. Radikalisierungstendenzen, widersprüchliche Aktionen und Drogenprobleme einzelner Mitglieder schwächten allerdings in den 80er Jahren die Bewegung. Der jährlich im Dezember auf der >Pine Ridge >Reservation veranstaltete >Big-Foot-Gedächtnisritt gehört zu den AIM-Aktivitäten, die zur Tradition wurden. Abb.

Aktivisten des American Indian Movement besetzen das Büro für Indianerangelegenheiten

Anasazi, vorgeschichtliche, noch wenig erforschte Indianerkultur des südlichen Coloradoplateaus - seit etwa 200 v. Chr. bis zur Ankunft der Spanier im 16. Jhd. Ab dem 11. Jhd. bewohnten die A. große Siedlungen aus zum Teil mehrstöckigen, übereinander gelegenen Häusern mit Hunderten von Räumen. Aber auch Felswohnungen in den Steilhängen der Canyons und unter Felsvorsprüngen wurden von ihnen gebaut. Als Ackerbauern verstanden sich die A. auf kunstvolle Bewässerungsanlagen. Sie waren hervorragende Textil- und Keramikhersteller, Korbflechter und Wandmaler. Sie besaßen für ihre Zeit erstaunliche astronomische Kenntnisse. Über ihr Verschwinden gibt es verschiedene Theorien. Anhaltende Dürre habe sie zur Aufgabe ihrer Gebiete bewogen, ist eine. Einwandernde kriegerische Nomadenstämme der >Navajo und >Apache hätten sie vertrieben und/oder teilweise integriert, eine andere. Fest steht, dass ihre Kultur fortlebt in den Zivilisationen der >Pueblo-Indianer (z.B. >Hopi) und der Navajo.

Apache (abgeleitet von dem Zuniwort *Apatschu*: Feind), Eigenbezeichnung *Inde* (Volk). Sammel-Bezeichnung für eine Gruppe von Stämmen der >Athapasken-Sprachfamilie (u.a. Mescalero, Jicarilla, Chiricahua, Lipan, Coyotero, Mimbreno, Tonto, Cibecue, Kiowa-Apache, Gilenos), die im 13. Jhd. zusammen mit den >Navajo aus dem Nordwesten in den Südwesten Nordamerikas eingewandert waren. Sie übernahmen von den sesshaften >Pueblo-Indianern soziale Ordnungen (>matrilineare >Klane), religiöse Vorstellungen und teilweise den Anbau von Mais. Als nomadisierende, räuberische Jäger durchstreiften sie vor allem die Steppen und Wüsten der heutigen Staaten Texas, New Mexico, Arizona. Sie setzten der Invasion der Spanier und später dem Vordringen der Mexikaner, Texaner, US-Amerikaner den erbittertsten Widerstand entgegen. Ihre Kriegszüge führten sie weit über ihre Stammesgebiete hinaus, u.a. bis tief nach Mexiko hinein. Der für sie typische Kampf aus dem Hinterhalt, bei dem es immer auch darum ging, eigene Verluste gering zu halten, sowie ihre sprichwörtliche Grausamkeit beim Martern ihrer Gefangenen machten sie zu gefürchteten Gegnern. Oft töteten sie nach den Männern auch Frauen und Kinder. Die Cowboys, die Reiterstämmen wie den Sioux oder Comanche mit Respekt begegneten, verachteten und töteten die A. deshalb, wann immer sich Gelegenheit dafür bot. Die A. brachten bedeutende >Häuptlinge hervor (>Mangas Coloradas, >Chochise, Vitorio, Nana, >Geronimo), die gegen das Vordringen der Weißen den härtesten und effektivsten Widerstand im Südwesten leisteten. 1886 kapitulierten die letzten 34 A. unter Geronimo. Heute leben in Reservationen in Arizona und New Mexico ca. 50 000 von ihnen. Abb.

Krieger der Apache, einer in erbeuteten Socken, einer in traditionellen hohen Mokassins

Arapaho (Eigenbezeichnung *Inuna-ina*: Wir Menschen), der >Algonkin-Sprachfamilie zugehörender Indianerstamm. Ursprünglich im Mittelwesten beheimatet, betrieben die A. Ackerbau, wurden Mitte des 18. Jhd. von >Comanche und Weißen über den Missouri verdrängt. Als nomadisierende Büffeljäger mit den >Sioux und >Cheyenne gegen ihre traditionellen Feinde wie

Halfen der US-Armee gegen Geronimos Partisanen: Apache-Scouts

Powder Face, ein Häuptling der Arapaho

die >Pawnee und >Ute sowie gegen die US-Armee und die weißen Einwanderer verbündet, durchstreiften sie vor allem Gebiete des heutigen Montana, Wyoming, Colorado, Süddakota und den Westen Nebraskas. Um 1830 spalteten sich die A. in eine nördliche und eine südliche Gruppe. 1876 kämpften sie an der Seite ihrer Verbündeten in der Schlacht am >Little Bighorn. Heute leben die nördlichen A. zusammen mit den >Shoshone auf der Wind River >Reservation in Wyoming, die südlichen A. mit den südlichen Cheyenne in einer Reservation in Oklahoma (>Indianerterritorium). 1990 zählten die A. 6350 Menschen. Abb.

Assiniboin-Krieger Kill Spotted Horse (um 1898)

Arikara, auch Arikaree oder Ree genannt, Eigenbezeichnung *Tanisch* (Menschen). >Präriestamm (Sprachfamilie der >Caddo), der sich von den >Pawnee abgespalten hatte, in gewissem Umfang Ackerbau betrieb, in festen Erdhäusern lebte und nur zur Büffeljagd in >Tipis. Mitte des 19. Jhd. kam es vermehrt zu Zusammenstößen mit den vordringenden Weißen. Dadurch, vor allem aber durch verheerende Pockenepidemien, wurden sie stark dezimiert und schlossen sich 1860 mit den >Mandan und >Hidatsa zusammen. 1880 wurde für sie bei Fort Berthold eine >Reservation eingerichtet. 1950 Umsiedlung in Folge von Ölfunden in diesem Gebiet.

Assiniboin (Steinkocher), >Plainsstamm der >Sioux-Sprachfamilie, der sich 1640 von den >Yanktonai (>Sioux) trennte und nach Norden wanderte, um vom Pelzhandel mit der >Hudson's Bay Company zu profitieren. Verbündet mit den Plains->Cree waren die A. in ständige kriegerische Auseinandersetzungen mit den >Blackfoot und den Sioux verwickelt. Als reine Büffelnomaden zogen sie in Gebieten des heutigen Saskatchewan, Montana und Norddakota umher. Die A. bemühten sich um ein freundliches Verhältnis zu den Weißen. In den dreißiger Jahren des 19. Jhd. fielen viele A. Pockenepidemien zum Opfer. Heute lebt die eine Hälfte des Stammes in Alberta/Kanada, die andere in Montana/USA in >Reservationen (Fort Belknap Indian Reservation; Fort Peck Indian Reservation). Insgesamt wurden in den neunziger Jahren über 5000 A. gezählt. In Kanada sind die A. auch als „Stonies" bekannt. Abb.

Athapasken, große indianische Völkergruppe der >Na-Dené-Sprachfamilie, der vor allem Stämme im westlichen Kanada, im zentralen Alaska sowie im Südwesten der heutigen USA angehören. Hervorgegangen aus der Ursprache Na-Dené, die mit der letzten großen Einwanderung aus Asien vor ca. 5000 Jahren nach Amerika kam, bildete sich die Vielzahl der heutigen A.-Sprachen. Vertreter u.a. >Navajo, >Apache.

Atsina (bedeutet: Menschen der weißen Erde), s. unter >Gros Ventres.

B

Banks, Dennis, indianischer Bürgerrechtler, * 1933. Als Mitinitiator von >American Indian Movement (AIM) gehörte B. zu den Organisatoren der Besetzung von >Wounded Knee. 1973 zu 15 Jahren Haft verurteilt, nutzte B. seit den späten 80er Jahren seine Popularität, um auf die gegenwärtigen Probleme der indianischen Völker aufmerksam zu machen. Auch wirkte er an Spiel- und Dokumentarfilmen mit, die die indianische Geschichte zum Gegenstand haben („Warparty", „In the Spirit of Crazy Horse", „Incident at Oglala"). B. gehört zum Stamm der >Ojibwa.

Bannok, kleiner Stamm von Jägern und Sammlern der >uto-aztekischen Sprachfamilie, der in Gebieten der heutigen Staaten Wyoming, Idaho und Montana lebte. Großwild und Camas-Wurzeln bildeten die Hauptnahrungsquelle der B. Seit Ende des 18. Jhd. waren die B. beritten, und ab 1824 beteiligten sie sich am Pelzhandel mit der >Hudson's Bay Company. Den Weißen waren die durchaus kriegerischen B. nicht immer freundlich gesonnen. Wer durch ihr Gebiet zog oder in ihm jagte, musste mit ihren Überfällen rechnen. - Nach dem Massaker, das General >Connor am 29.1.1863 am Bear River an ihnen verübte und das 278 B. das Leben kostete, gaben sie ihren Widerstand auf und zogen 1869 in die Fort Hall >Reservation. Im Krieg der US-Armee gegen die >Nez Percé ließen sich B. als >Scouts anwerben. - Als 1878 die Regierung der USA die B.-Reservation auf Grund eines bürokratischen Fehlers, den sie aber nach seiner Entdeckung nicht zu korrigieren bereit war, zur Besiedlung freigab, erhoben sich die B. ein letztes Mal. Nach einem viertel Jahr, in dem sie zehn Regimentern der Armee Scharmützel lieferten, mussten sie sich geschlagen geben. - Heute sollen noch 2500 B. zusammen mit den >Shoshone, mit denen sie verwandt sind, in der Wind River Reservation in Wyoming leben.

Bear Butte, >Lakota-Bezeichnung *Mato paha* (Bärenberg), 9,6 km nordöstlich von Sturgis/Süddakota gelegener Berg aus vulkanischem Lakkolith in der Form eines schlafenden Bären, der mehreren Stämmen der >Plains heilig ist. Auf der Suche nach spirituellen Traumvisionen wird der Berg besonders von >Sioux und >Cheyenne bis heute aufgesucht.

Bella Coola, Stamm der >Salish-Sprachfamilie, der an der Südostküste des heutigen British Columbia sesshaft war und fast ausschließlich vom Fischfang lebte. Die B.C. bauten Häuser aus Zedernholz, mit einem durchschnittlichen Grundriss von 130 bis 160 m^2, die sie frontal mit bemalten Fassaden verplankten. Die Tierornamente, in der Regel eine Art Wappen, bezeichneten oft die Zugehörigkeit zu einem >Klan, die Klangeschichte, die Rechte, die eine Familie besaß: das Recht auf bestimmte Tänze, bestimmte Lieder. Auch das Recht, eine bestimmte Geschichte zu erzählen, wurde sorgsam gehütet. Totempfähle, die häufig vor den Häusern aufgerichtet waren, hatten die gleiche Funktion. Jede Figur, die an dem Pfahl dargestellt wurde, bezog sich auf den Besitzer, seinen Klan, und stellte Ereignisse der Individual- und Sippengeschichte dar, aus der die verschiedenen Rechte hervorgingen. Heute sollen lediglich noch 600 B.C. in British Columbia leben.

Big Foot, indian. Name *Sitanka*, >Häuptling der >Minnecoujou >Lakota >Sioux (Cheyenne River Sioux), * um 1825, + 29.12.1890. B.F., der an der Schlacht am >Little Bighorn teilnahm, wurde vor allem wegen seines diplomatischen Geschicks geschätzt. Zeitlebens blieb er den alten Traditionen seines Volkes treu und genoss als weiser Führer unter den Sioux hohes Ansehen. Als >Geistertänzer suchte er, alt und krank, religiöse Zuflucht, nachdem das Schicksal seines Volkes ihm besiegelt schien. Für die Beamten waren er und seine zerlumpten Lagergenossen

Blackfoot-Frau hängt Fleisch zum Trocknen auf

Black Hawk

„Verrückte". Zusammen mit mehr als 300 Mitgliedern seiner Gruppe starb er 1890 beim Massaker am >Wounded Knee.

Black Bear, einer der führenden >Häuptlinge der nördlichen >Arapaho in der Mitte des 19. Jhd. Im Sommer 1865 kampierte er mit seiner Gruppe am Tongue River, wo sein Dorf von General Patrick E. >Connor mit insgesamt 330 Mann, 80 davon >Pawnee->Scouts, am Morgen des 29. August 1865 überfallen wurde. Mindestens 50 Arapaho fielen, darunter Frauen und Kinder. B. B. schloss sich mit den Überlebenden den verbündeten >Sioux unter >Red Cloud an.

Blackfoot, Eigenbezeichnung *Siksika* (Schwarzfuß), in den USA „Blackfeet": den >Algonkin zugehöriger Stammesverband aus Siksika (nördliche B.), Kainah (Blood) und Piegan. Als nomadisierende Büffeljäger beherrschten die B. weite Teile der nordwestlichen >Plains des heutigen Alberta und Montana und lagen praktisch mit allen sie umgebenden Völkerschaften im Krieg. Ihre ausgedehnten Raubzüge führten sie u.a. bis an die mexikanische Grenze. Den in ihr Gebiet eindringenden Engländern, Franzosen und US-Amerikanern setzten sie entschiedenen Widerstand entgegen. Mitte des 19. Jhd. reduzierte eine Pockenepidemie den Stamm auf ein Drittel. 1864 unterzeichnete dieser Rest mit dem Gouverneur von Montana einen Friedensvertrag, der allerdings nicht lange hielt. 1870 überfiel Colonel E. M. Baker die Piegan, massakrierte ein ganzes Dorf bis auf 9 Überlebende. 173 Indianer fielen ihm zum Opfer. Danach flüchteten die meisten Blackfoot nach Kanada. Die verbliebenen wurden in Montana in der Piegan >Reservation interniert. Heute leben die neun- bis zehntausend B. in Kanada (Alberta) und dem US-Bundesstaat Montana in Reservationen vor allem von Landwirtschaft. Abb.

Black Hawk, >Häuptling der >Sauk und Fox, * 1767, + 3.10.1838. B.H. leistete mit großen Teilen des Doppelstammes Widerstand gegen die Vertreibung durch die USA, wurde nach militärischen Erfolgen 1834 besiegt und anschließend in Fort Monroe eingekerkert. Nach kurzer Haft entlassen, zeigte man ihm, um ihn zu korrumpieren, die Städte der Weißen und setzte später an seiner statt den jüngeren und opportunistischen >Keokuk zum Oberhäuptling der Sauk und Fox ein. Abb.

Black Hills, >Lakota-Bezeichnungen *paha sapa* (schwarze Hügel) oder *he sapa* (die Hügel) oder *mako sica* (geheimnisvolles Land). Bewaldetes Gebirge in Süddakota, an der Grenze zu Wyoming. Für die >Sioux sind die B.H. heilige Berge und Mittelpunkt der Welt. Ihrer Überlieferung nach befindet sich in ihnen die „Höhle des Windes", aus der >*Wakan tanka* die Büffel in die Prärie trieb. Auch soll der legendäre Donnervogel den Hearney Peak besucht haben. - Im >Laramie-Vertrag von 1868 wurden die B.H. für „ewig" den Sioux zuerkannt, die an ihrem Anspruch bis heute festhalten. Reiche Goldfunde veranlassten 1874 die US-Administration, den Vertrag zu brechen. General >Custers illegale Expedition in die B.H. kennzeichnet den Auftakt zum Finale der Kriege gegen die >Plainsstämme, die sich gegen die Aggression verzweifelt zur Wehr setzten.

Black Kettle, indianischer Name *Moxtaveto*, >Häuptling der Süd->Cheyenne, * um 1803, + 27.11.1868. B.K. gehörte zu den wenigen friedfertigen Cheyenne-Häuptlingen. Seine vertrauensselige Haltung gegenüber den Weißen wurde seiner Stammesgruppe zum Verhängnis. 1864 zerstörte Colonel J.M. >Chivington B.K.s Dorf am >Sand Creek - 28 Krieger fielen, 105 Frauen und Kinder wurden umgebracht. B.K. konnte entkommen. Er starb vier Jahre später unter der US-Flagge, die er auf seinem >Tipi aufgepflanzt hatte, zusammen mit über 100 anderen friedlichen Cheyenne seines Lagers am Washita River, das von >Custer im Morgengrauen überfallen wurde.

Blood, auch Kainah, Stamm der Konföderation der >Blackfoot.

Boone, Daniel, amerikan. Jäger und >Trapper, *1734, +1820. Lebte erst in North Carolina, gründete 1774 die Siedlung Boonesborough im späteren Bundesstaat Kentucky. Als Kämpfer gegen die Indianer und als Jäger und Siedler bereits zu Lebzeiten berühmt, diente er als Vorbild für James Fenimore >Coopers Romanfigur Natty Pumppo in den Lederstrumpf-Erzählungen.

Bozeman Trail, Überlandverbindung durch die den Indianern vertraglich zuerkannten Gebiete der nördlichen Plains von Wyoming zu den Goldfeldern von Montana. Benannt wurde der B.T. nach dem >Scout, der ihn erschlossen hatte. Die >Sioux bekämpften den Ausbau dieser Verbindungsstraße und die Errichtung von Forts, die die US-Armee zu ihrer Sicherung errichtete. Angeführt von >Häuptling >Red Cloud erreichten die Sioux, dass der Trail 1868 geschlossen wurde und man die Forts aufgab.

Brant, Joseph, indianischer Name *Thay-en-da-ne-gea*, >Sachem der >Mohawk (>Irokesen-Liga), * 1742, + 24.11.1807. B. erlernte in jungen Jahren auf einer Missionsschule Englisch in Wort und Schrift, wurde dank seiner probritischen Haltung im Laufe seines Lebens zweimal nach England eingeladen, wo er bei Hofe empfangen wurde. Während des nordamerikanischen Unabhängigkeitskrieges kämpfte B. aufseiten der Krone und verbreitete mit seinen Mohawk Angst und Schrecken entlang der Grenze und im Besonderen unter den deutschen Siedlern von German Flats im Mohawktal, das von ihm verwüstet wurde. Dennoch ist überliefert, dass B. Frauen und Kinder verschont und Gefangene vor der üblichen Marterung unter Einsatz seiner ganzen Autorität als >Häuptling bewahrt habe. Von amerikanischen Heeren wurde B.s Streitmacht zurückgeworfen. Nach dem Friedensvertrag zwischen Engländern und den Amerikanern bat B. den britischen Gouverneur von Kanada um Land für seinen Stamm, was dieser den Mohawk am Großen Fluss, der in den Eriesee mündet, zuwies. Im Gegensatz zum >Seneca-Sachem >Red Jacket, der nach der Unabhängigkeitserklärung sich auf die Seite der Amerikaner schlug und so die Irokesen-Liga spaltete, hielt B. mit der Mehrzahl der Iroquois den Engländern auch fernerhin die Treue. Vom englischen König zum Obersten ernannt, bezog B. ein Gehalt der Krone. Er ließ sich am Westufer des Ontariosees ein herrschaftliches Haus bauen, wo er, umgeben von einer 30-köpfigen schwarzen Dienerschaft, Hof hielt und Gäste aus Adel und Offizierskorps empfing.

Brébeuf, Jean de, Missionar der Jesuiten, * 25.3.1593, + Anfang 1649. Der hünenhafte Pater missionierte ab 1625 die >Huron, lernte deren Sprache und schrieb eine Abhandlung über seine Zeit unter ihnen. Er starb nach nur dreistündiger Marter auf

Buffalo Bill Cody mit Häuptlingen der Crow

einem Scheiterhaufen der >Irokesen-Liga.

Bridger, James, berühmter >Trapper, >Mountain Man, >Scout und Pelzhändler, * 17.3.1804, + 17.7.1881. B. lebte von 1822-39 fernab der Zivilisation in den Rocky Mountains, baute 1843 mit einem Partner Fort B. in Wyoming, was lange Zeit der einzige Handelsposten in der Gegend blieb. B. war im Laufe seines Lebens mit 3 Indianerinnen liiert. Ein Wildnisgebiet in West-Wyoming wurde später nach ihm benannt.

Brulé, eigentlich >Sicangu, Stamm der >Teton >Lakota >Sioux.

„Buffalo Bill" Cody, eigentlich William F.(Frederick) Cody, amerikanischer Pionier und Offizier, *26.2.1846 in Scott County/Iowa, + 10.1.1917 in Denver/Colorado. B.B. wurde berühmt wegen seiner Fähigkeiten als Kundschafter der Armee in über 15 Militäraktionen gegen die Indianer und als Fleischlieferant für die Eisenbahngesellschaft. So soll er in nur 8 Monaten mehr als 4000 Büffel geschossen haben. Zu Beginn der 80er Jahre des 19. Jhd. gründete er seine „Wild-West-Show", in der zeitweilig auch >Sitting Bull auftrat. Ende des Jhd. reiste er mit ihr durch Europa. Die von ihm mitgegründete Stadt Cody im Nordwesten von Wyoming ist nach ihm benannt. Abb.

C

Caddo 1) einst mächtiger Stamm von sesshaften Ackerbauern aus den fruchtbaren Gebieten von Louisiana und Mississippi. In der ersten Hälfte des 18. Jhd. wurden die C. durch das Vorrücken weißer Siedler nach Texas vertrieben und später ins >Indianerterritorium Oklahoma. In der Caddo->Reservation, in der zu Beginn des 20. Jhd. nur noch wenige hundert C. überlebt hatten, wurden in den 90er Jahren wieder 1200 Stammesmitglieder gezählt, die vorwiegend als Farmer leben.
2) vor allem auf den >Prärien verbreitete Sprachfamilie, benannt nach 1), zu der u.a. die >Pawnee, >Arikara, >Wichita gehören.

Cahuilla, kleiner Stamm der >uto-aztekischen Sprachfamilie. Primitive Jäger und Sammler, die 1880 auf ihrem Wüstenland eine >Reservation eingerichtet bekamen (Agua Caliente Reservation). Später parzellierte man das Land und gab es den einzelnen Familien. Heute leben darauf etwa 600 C.

Captain Jack, indianischer Name *Kintpuash,* >Häuptling der >Modoc, * um 1837, hingerichtet 3.10.1873. Abb.

Carleton, James H., General der US-Armee, führte mit dreitausend kalifornischen Freiwilligen, unterstützt von >Papago- und >Pima->Scouts in den späten sechziger Jahren des 19. Jhd. einen Vernichtungsfeldzug gegen die >Apache. Mittel wie Geiselnahme, auch von Frauen und Kindern, arglistige Täuschung (z.B. Hinterhalte unter Parlamentärflaggen) gehörten zu seinem Repertoire. Sein erklärtes Kriegsziel war die Ausrottung des Stammes. Nach zehn Jahren, in denen sich die Apache seiner Soldateska erfolgreich erwehrt hatten, wurde er durch General >Crook ersetzt, der Verhandlungen mit den Indianern führen sollte. Auch gegen die >Navajo führte C. einen unbarmherzigen Feldzug, verwüstete deren Siedlungen und Pflanzungen und deportierte den Stamm nach Bosque Redondo in New Mexico.

Carson, Christopher (Kit), >Mountain Man, >Scout, Colonel der US-Armee, * 24.12.1809, + 23.5.1868. In jungen Jahren war C. Pelztierjäger und beteiligte sich an der Abschlachtung der Büffel. Berühmt wurde er als Revolverheld und Scout. Er war beteiligt am Krieg gegen die Jicarilla->Apachen, denen er einen Friedensschluss aufzwang. Unter General >Carleton leitete er als Colonel die Niederwerfung und Deportation der >Navajo. C. kämpfte aber auch gegen die >Kiowa, >Comanche, >Ute und war Indianeragent (>Agentur) in Taos (1854-61). Verheiratet mit einer >Arapaho, galt C. trotz seiner militärischen Aktionen nicht als Indianerhasser. Nur widerstrebend soll er z.B. die Befehle General Carletons während des Navajo-Feldzuges ausgeführt haben. Seine Biografie wurde zum Stoff zahlreicher Western.

Cayuga, Eigenbezeichnung *Kwennigowen* (Söhne des finsteren Waldes), Stamm der >Irokesen-Liga.

Cayuse, zur >Sahaptin-Sprachfamilie gehörender sesshafter Stamm, der im Nordosten der heutigen US-Bundesstaaten Washington und Oregon von Jagd, Fischfang und dem Sammeln von Wildpflanzen lebte. Die C. bewohnten Hütten, die in Form und Bauart >Tipis glichen. Statt einer Lederplane dienten ihnen Binsenmatten oder Rinde als Ummantelung des Gerüstes. Berühmt waren die C., wie die nahe verwandten >Nez Percé, als Pferdezüchter. Im Gegensatz zu den Nez Percé, wehrten sich die C. jedoch frühzeitig gegen die Annexion ihres Landes, überfielen Siedler und erschlugen Ende der 40er Jahre des 19. Jhd. einige Missionare. Als Vergeltung konfiszierte man ihr Land und wies sie 1855 in die Umatilla->Reservation ein. Die Kriege und eine Epidemie schwarzer Blattern dezimierten sie derart, dass sie Anfang des 20. Jhd. ausstarben.

Cherokee, Eigenbezeichnung *Ani yunwiya* (Wahre Menschen), Stamm aus dem Südosten Nordamerikas, dessen Sprache, das Cherokee, zur Sprachfamilie der >Iroquois gehört. Die Ch. waren sesshafte Ackerbauern, die aber auch von Jagd und Fischfang lebten. Bereits in vorkolumbianischer Zeit wohnten die Ch. in festen Blockhäusern.

Captain Jack

Sequoya, der Erfinder des Cherokee-Alphabets

Ihre zahlreichen Siedlungen verteilten sich über die südlichen Appalachen, wo de Soto (>Chickasaw) mit seiner Mannschaft auf der Suche nach dem sagenhaften Goldland 1540 als erster Weißer ihre unverbindliche Bekanntschaft machte. Anfang des 17. Jhd., nachdem Karl I. von England u.a. auch ihre Gebiete beansprucht und an Sir Robert Heath verliehen hatte, trafen erste britische Kolonisten an der Küste ein. Bei ihrem Vorstoß nach Westen wurden sie von den Ch. freundlich empfangen. Der Kontakt mit Händlern und Siedlern, der zu zahlreichen Mischehen führte, half den Ch., durch bewusste Anpassung an die Lebensweise der Weißen ihre eigene hochstehende Kultur synkretistisch weiterzuentwickeln. Die Ch. unterstützten die Kolonisatoren gegen feindliche Indianerstämme wie die >Tuscarora. - 1735 fiel die Hälfte der Ch. einer Pockenepidemie zum Opfer. In den darauf folgenden Jahren ließen sich viele Schotten nach der gescheiterten Jakobitenerhebung (1746) in Carolina bei den Ch. nieder, wo sie sich nach und nach mit ihnen verschwägerten. - 1755 kam es zum Krieg mit den >Creek, der damit endete, dass die Abika-Creek das Gebiet um den Tennessee-Fluss räumen mussten. - 1760 provozierte der Gouverneur von Südcarolina die Ch. derart, dass diese mit den Briten brachen. In der anschließenden militärischen Eskalation gelang es den Engländern jedoch nach einer Niederlage bei Fort Loudon, die überwiegende Zahl der Ch.-Siedlungen zur Kapitulation zu zwingen. Im Unabhängigkeitskrieg der englischen Kolonien gegen das Mutterland (1775-83) standen die Ch. demzufolge wieder zur Krone. Danach arrangierten sie sich mit den neuen Herren, begrüßten die Einrichtung von Missionsstationen und Schulen und traten zum Christentum über. Nach wie vor vermischten sich die Ch. in hohem Maße mit den sie umgebenden Weißen. Viele ihrer bedeutenden Persönlichkeiten waren >Mestizen oder, sieht man von einem geringen Prozentsatz indianischen Blutes ab, Weiße. John Ross z.B., der an der republikanischen Verfassung des Stammes mitgearbeitet hatte und 1828 zum Oberhäuptling (>Häuptling) gewählt wurde, war Sohn eines Schotten und einer Frau, die lediglich zu einem Viertel von Indianern abstammte. Auch Sikwaya, der ein Alphabet des Cherokee entwickelt und 1821 vollendet hatte, war Sohn eines deutschen Kolonisten und einer Ch. Dank seiner Erfindung wurden drei Jahre später Teile der Bibel in diese Indianersprache übersetzt und in der neuen Schrift herausgegeben. Der „Cherokee Phoenix", die erste indianische Zeitung, erschien bald darauf. - Trotz ihrer Bemühungen, von den Amerikanern als „zivilisiertes Volk" anerkannt zu werden, wurden die Ch. nach den Creek, >Chickasaw, >Choctaw und >Seminolen im Winter 1838/39 von General Scott ins >Indianerterritorium vertrieben. Auf dieser als „Marsch der Tränen" bekannt gewordenen Deportation starben nach Schätzungen zwei- bis viertausend von 16 000 Ch. - 1905 versuchten die Ch. zusammen mit den o.g. Stämmen in einer Konföderation, die sie „>Fünf zivilisierte Nationen" nannten, auf dem Territorium von Oklahoma einen souveränen indianischen Staat zu gründen. Die Antwort der USA war die am 16.11.1907 von Präsident Theodor Roosevelt unterzeichnete Proklamation, die Oklahoma zum 46. Bundesstaat erklärte. - Heute sollen, verteilt über verschiedene Südstaaten, etwa 40000 Cherokee leben. Die Hälfte davon bezeichnet sich als Vollblut. Bei diesen Ch., die vor allem in den ländlichen Gebieten Oklahomas von kleinbäuerlichen Wirtschaften leben, haben sich Reste der alten Sprache und Kultur erhalten. Die anderen, offiziell „Mischlinge" genannt, finden sich zum großen Teil in Städten, wo sie sich stark assimiliert haben. Abb.

Cheyenne, Eigenbezeichnung *Dsitsistas* (Menschenwesen), Stamm der Algonkin-Sprachfamilie, der bis Ende des 17. Jhd. in Minnesota sesshaft war und Ackerbau trieb. In den Besitz von Pferden gelangt, wanderten die Ch. in die >Plains ab, wo sie zu typischen Reiternomaden wurden, die von der Büffeljagd lebten. Wie die >Sioux und >Comanche zählten die Ch. zu den bedeutendsten Plainsstämmen. 1832 spalteten sie sich in Nord-Ch. und Süd-Ch. Die Nord-Ch., die am Platte River umherzogen, waren mit den Sioux und >Arapaho verbündet, die Süd-Ch., die im Arkansas River-Gebiet jagten, mit den >Kiowa und >Comanche. Entschieden wehrten sich beide Abteilungen gegen die Landnahme durch weiße Siedler und die US-Armee. Mehrere Massaker, die die US-Armee an den Ch. verübte (Sand Creek 1864, Washita River 1868), machten sie zu unversöhnlichen Feinden der Weißen. Unter >Häuptlingen und Kriegshäuptlingen wie >Roman Nose, >Dull Knife und >Little Wolf wehrten sich die Ch. gegen die Okkupation ihres Landes mit blutigen Überfällen auf Soldaten, Siedler, Eisenbahner. 1876 beteiligten sie sich an der Seite ihrer Verbündeten an der Schlacht am >Little Bighorn und trugen maßgeblich zur Niederlage der 7. Kavallerie bei. Kurz darauf mussten sie kapitulieren und wurden ins >Indianerterritorium Oklahoma zwangsumgesiedelt, wo die Süd-Ch. seit 1867 auf einer >Reservation interniert waren. Unter ihrem Häuptling Dull Knife erhoben sie sich 1878 ein letztes Mal und brachen nach Kansas durch. Den ihnen nachsetzenden US-Truppen brachten sie mehrere schwere Niederlagen bei, ehe sie sich ergeben mussten. Heute leben noch etwa 5200 Süd-Ch. zusammen mit den Süd-Arapaho in Oklahoma als Farmer, nachdem ihr Reservatsland 1901 parzelliert worden war. Die Nord-Ch., heute um die 3500, leben in Montana auf der Tongue River Reservation vor allem von Viehzucht. Abb.

Chickasaw, sesshafter Stamm von Feldbauern (Mais, auch Bohnen, Kürbisse u.a.) der >Muskogean-Sprachfamilie aus dem Südosten Nordamerikas. Die ersten Weißen, Spanier unter Hernando de Soto, die 1539 auf der Suche nach Gold von Florida aus ins Landesinnere vorgestoßen waren, erlebten die Ch. als wehrhaften kriegerischen Stamm. Ihre Geschichte seitdem ist eng verknüpft mit der anderer Muskogean-Stämme wie der >Choctaw oder >Creek. 1830 wurden sie mit diesen verwandten Völkern auf der Grundlage der sogenannten Indian Removal Bill, die nichts anderes als ein Indianer-Aussiedlungsgesetz war, ins >Indianerterritorium Oklahoma deportiert (>Fünf Zivilisierte Nationen). Heute leben dort noch etwa 20 000 Ch. vor allem als Kleinfarmer.

Chief Joseph, indian. Name *In-mut-too-yah-lat-lat* (Donner, der über die Berge rollt), >Häuptling der >Nez Percé, * 1840, + 21.9.1904 in der Colville >Reservation, Washington. Ch.J. erbte die Häuptlingswürde 1871 von seinem Vater Old Chief Joseph und galt wie sein Vater als intelligenter und sehr friedfertiger Führer, der den näherrückenden Weißen außerordentlich freundlich begegnete. Selbst als seine Stammesgruppe wegen Goldfunden aus dem ihr zuerkannten Wallowa Valley in die Lapwai Reservation umgesiedelt werden sollte, stimmte er, um Krieg zu vermeiden, zu. 1877 entlud sich die Verbitterung einiger junger Krieger über die wiederholte Vertreibung, über Übergriffe und Viehdiebstähle weißer Siedler. Sie töteten elf Weiße, und Unterhäuptlinge verlangten, den Abzug zu stoppen. In einer Beratung wurde be-

Wolf Robe von den Süd-Cheyenne

Chief Joseph

Methodistenprediger Chivington

schlossen, den Durchbruch nach Kanada zu versuchen. Ch.J. fügte sich und stellte sich an die Spitze des Aufstandes. Die Fluchtroute führte über die Rocky Mountains nach Wyoming, an >Cody vorbei nach Norden. Nach einigen Quellen über 2500 km, nach anderen über 3000 km zogen die Nez Percé (etwa 250 Krieger mit 450 Frauen und Kindern) in einem legendären Marsch, verfolgt von vier US-Armeen, Richtung Kanada. Mehrfach eingekreist, brachten die Nez Percé den mit modernen Waffen ausgerüsteten US-Truppen schwerste Niederlagen bei. Das stretegische Genie Ch.J. wurde seither oft mit Napoleon verglichen. Etlichen Historikern gilt er als der fähigste Indianerführer aller Zeiten überhaupt. So ist seine Guerilla-Strategie bis heute Lehrstoff der Militärakademie von West Point. Zeitgenössischen Beobachtern fiel auf, dass diese Indianer „zivilisierter" Krieg führten, als man es von anderen und von der Armee kannte. Sie töteten weder Frauen und Kinder noch Verwundete. Sie skalpierten niemanden und verstümmelten keine Leichen. Ihre Nahrungsvorräte ergänzten sie während des Marsches, indem sie, ein einzigartiger Fall, das Notwendigste weißen Händlern abkauften, bei denen sie vorbeikamen. Nach elf Wochen, wenige Kilometer von der kanadischen Grenze entfernt, wurden die Flüchtenden schließlich von einer erdrückenden Übermacht gestellt, und Ch.J., der, um mit seinen Kriegern zu fliehen, Frauen und Kinder hätte zurücklassen müssen, kapitulierte. Man verbrachte ihn mit dem Rest des Stammes ins weit von seiner Heimat entfernte >Indianerterritorium Oklahoma. Nicht zuletzt des öffentlichen Druckes wegen - die Nez Percé besaßen inzwischen die Sympathie weiter Bevölkerungskreise im Osten - ließ man sie 1883 auf Reservationen in Idaho und Washington zurückkehren. Heute leben noch etwa 4000 von ihnen dort. Ch.J. starb laut Attest des Reservationsarztes an „gebrochenem Herzen". Abb.

Chinook, zur >Penuti-Sprachfamilie gehörender Stamm, der an der Mündung des Columbia River sesshaft war und vor allem von Fischfang lebte. Aber die Ch. handelten auch mit Sklaven, Kanus und Trockenfisch. Um sich mit ihren Handelspartnern zu verständigen, entwickelten die Ch. den sogenannten Chinook-Jargon, der aus Elementen mehrerer Indianersprachen sowie Begriffen aus dem Englischen und Französischen bestand. In den 60er Jahren des 18. Jhd. wurden die Ch. (etwa 16 000 Menschen) durch Epidemien auf ein Fünftel reduziert. Heute gelten sie als ausgestorben.

Chippewa, in den USA und Kanada Bezeichnung für >Ojibwa.

Chiricahua, östlicher Stamm der >Apache.

Chivington, John M., Methodistenprediger, * 27.1.1821, + 4.10.1894. Ch., der wahrscheinlich berüchtigtste Indianerhasser, ist als Colonel und Chef der Colorado-Miliz u.a. verantwortlich für das Massaker am >Sand Creek von 1864, bei dem 133 >Cheyenne geschlachtet und noch ihre Leichen grässlich verstümmelt wurden. Als Ch.s Soldateska nach dem „Sieg vom Sand Creek" in einer Parade durch Denver zog, hatte sie abgeschnittene Frauenbrüste über die Sattelknäufe gezogen, >Skalpe und abgeschnittene Genitalien am Hut. Großflächige abgeschälte Hautlappen wurden mitgeführt. - In Reaktion auf diese Greultaten gingen die Indianer, deren

Auffassung von Gerechtigkeit in engem Zusammenhang mit dem Recht und der Pflicht zur Vergeltung steht, in ähnlicher Weise mit ihren Opfern um. Besonders die überlebenden Cheyenne, die sich zum großen Teil den befreundeten >Lakota unter >Red Cloud anschlossen, brannten darauf, Rache zu üben. Als am 21.12.1866 Captain Fetterman mit 82 Mann vor Fort Kearny, in einen Hinterhalt gelockt, den Cheyenne und >Sioux zum Opfer fiel, legten die Krieger die Gehirne der Soldaten auf die Felsen und verstümmelten die Körper. Die amerikanische Geschichtsschreibung spricht deshalb vom „Fetterman-Massaker", obwohl die Indianer bei diesem Gefecht fast 100 Männer verloren. Abb.

Choctaw, eng mit den >Chickasaw verwandter >Muskogean-Stamm. Die Ch. waren wie alle Muskogean sprechenden Ethnien sesshafte Ackerbauern, die darüber hinaus auch von Fischfang und Jagd lebten. Ihre Wohnsitze lagen im Südosten des heutigen Staates Mississippi. Mit den Chickasaw, >Creek, >Seminole und den zur >irokesischen Sprachfamilie gehörenden >Cherokee wurden sie ab 1830 nach Oklahoma (>Indianerterritorium) zwangsumgesiedelt, wo sie zusammen die Konföderation der >Fünf Zivilisierten Nationen gründeten. Heute wird die Zahl der in Oklahoma und Louisiana lebenden Abkömmlinge der Ch. mit über 80 000 angegeben.

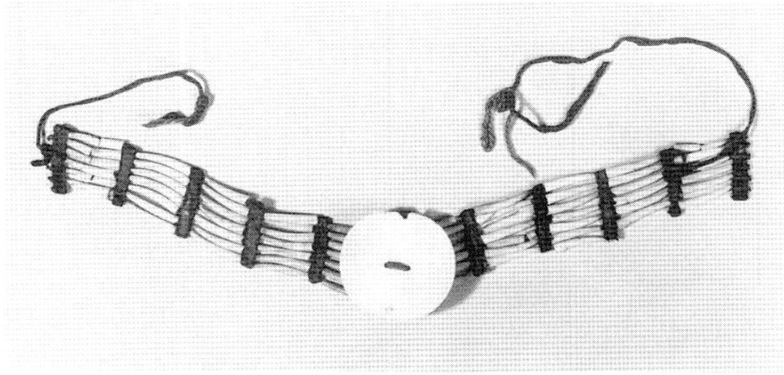

Choker der Winnebago (um 1860)

Choker, aus auf Sehnen gereihten Knochenröhren bestehender Hals- oder Brustschmuck vieler nordamerikanischer Indianerstämme. Oft ist der Ch. mit Perlen oder Muschelscheiben verziert. Bevor Knochen für den Ch. verarbeitet wurden, gebrauchte man die Mittelsäulen von Meeresschneckengehäusen. Abb.

Chuck, >Algonkinwort für Nahrung. Bis heute hat sich der Begriff auch unter Weißen im Westen der USA erhalten. Demgemäß wird der Planwagen, der den Cowboys als Küchenwagen diente, bis in die Gegenwart als Chuckwagon bezeichnet.

Chumash, auch Santa-Barbara-Indianer genannt, in Südkalifornien sesshafter Stamm der >Hoka-Sprachfamilie, der von Küsten- und Hochseefischerei lebte. Berühmt waren sowohl ihre bis zu 30 Personen fassenden Boote als auch ihre Elfenbeinschnitzereien. Bis auf etwa 300 Ch., die in der Santa Ynez >Reservation bei Santa Barbara leben, gilt der ehemals volkreiche Stamm als ausgestorben.

Clark, William, amerikanischer Offizier und Forschungsreisender, * 1.8.1770, + 1.9.1838. Nachdem C. gegen die Indianer des Ohio-Tales gekämpft hatte, leitete er zusammen mit Meriwether >Lewis die transkontinentale Expedition (1805-06), die man nach Lewis und C. benannte. C. fertigte Karten der bereisten Gebiete an. Nach dieser Forschungsreise wurde er Brigadegeneral der Miliz und 1813 Gouverneur von Missouri. Ab 1821 war er in der Verwaltung mit Indianerfragen betraut.

Cochise, >Häuptling der Chiricahua->Apache, * unbekannt, + 8.6.1874. C. erbte in den dreißiger Jahren des 19. Jhd. die Häuptlingswürde von seinem Vater. Den Amerikanern trat er zunächst freundlich entgegen, da er in ihnen Verbündete gegen die Mexikaner sah, mit denen die Apache permanent im Krieg lagen. Als in den fünfziger Jahren des 19. Jhd. in Arizona Gold und Silber entdeckt wurde und diese Funde Einwanderungswellen auslösten, spitzte sich die Lage zu. Zur offenen Konfrontation mit den Amerikanern kam es 1861, als ein Leutnant Bascom C. zu einem Gespräch unter der weißen Parlamentärfahne aufforderte, um ihn aber gefangenzunehmen. Der Anschlag misslang, und C. konnte entfliehen. Zusammen mit >Mangas Coloradas, dem Häuptling der Mimbreno-Apache, führte er einen 10-jährigen Guerillakrieg gegen die Amerikaner und beherrschte während des Bürgerkriegs New Mexico und Arizona. 1872 kam es schließlich zum Friedensvertrag, den General >Howard mit den Chiricahua abschloss. C. starb zwei Jahre später. Die Chiricahua brachen immer wieder aus der >Reservation aus und leisteten unter >Geronimo noch bis 1886 Widerstand. C.s Leben wurde zum Gegenstand zahlloser Bücher und stand im Mittelpunkt vieler Westernfilme.

Cocopa, Stamm der >Yuma.

Cody/Wyoming, kleine Stadt am Westrand des Bighorn Basin am Anstieg zur >Absaroka Gebirgskette der Rocky Montains, ca. 6800 Einwohner, gut erhaltener historischer Stadtkern. Eines der ältesten Gebäude ist „The Irma Hotel", das der Stadtgründer >Buffalo Bill Cody 1902 für seine Tochter Irma erbaute. Von Juni bis August werden allabendlich Rodeos veranstaltet. C./W. ist ein idealer Ausgangsort für Exkursionen in den >Yellowstone National Park, die Washakie Wilderness (Shoshone National Forest), das Wind River Country.

Comanche, Selbstbezeichnung *Nemene* (Volk), Stamm nomadisierender Büffeljäger, der im 18. und 19. Jhd. die gesamten südlichen >Plains und Teile New Mexicos beherrschte. Die C. gehören zur >uto-aztekischen Sprachfamilie und lebten bis ins 17. Jhd. als primitive Jäger und Sammler auf dem Gebiet des späteren Wyoming. Nach ihrer Abwanderung in die Plains und dem Erwerb des Pferdes trugen sie wesentlich zur Entwicklung der Büffeljäger-Kultur bei. Legendär waren sie sowohl ihrer Reitkünste als auch ihres Mutes wegen. Ausgesprochen kriegerisch veranlagt, waren die C. nicht nur die Geißel ihrer indianischen Nachbarn. Um sich ihrer zu erwehren, gründeten Mitte des 18. Jhd. weiße Siedler, die unter den mörderischen Einfällen litten, die Texas Rangers. Der Niedergang der C. aber war bestimmt durch die planmäßige Vernichtung der großen Büffelherden und die Ausbreitung von Infektionskrankheiten. 1850 wurden die südlichen C. in einer >Reservation interniert, die nördl. Abteilungen setzten ihren Kampf gegen die US-Armee noch bis zum Jahr 1874 unter ihrem Kriegshäuptling (>Häuptling) >Quanah Parker fort. Danach wurden die C. nach SW-Oklahoma (>Indianerterritorium) in eine Reservation bei Fort Sill umgesiedelt, wo heute noch ca. 6000 von ihnen leben.

Connor, Patrick Edward, General der US-Armee, Indianerschlächter, verantwortlich für die Massaker an den Bannock am Bear River vom 29.1.1863 (278 ermordete Indianer) und an den >Arapaho 1865 (>Black Bear). C.s Einmarsch ins Land am Powder River, das den Indianern vertraglich garantiert war, führte zu >Red Clouds Krieg, in dessen Folge die Amerikaner den >Bozeman Trail und die an ihm errichteten Forts aufgeben mussten.

Cooper, James Fenimore, amerikan. Schriftsteller, *15.9.1789 in Burlington / New Jersey, + 14.9.1851 in Cooperstown / New York. Als Sohn eines Großgrundbesitzers im Norden des Staates New York an der Grenze zum offenen, unerschlossenen Westen aufgewachsen, studierte er von 1803 – 05 an der Yale University, ging dann zur amerikan. Marine (1806 bis 11). Später als Reisender in Europa unterwegs (von 1826 bis 33), u.a. amerikanischer Konsul in Lyon. Schrieb neben Romanen und Erzählungen auch politische Abhandlungen und Satiren, in denen er erst als Verfechter der amerikanischen Demokratie, dann als Kritiker der amerikanischen Politik und Gesellschaft auftrat. Wurde vor allem bekannt durch seine Seefahrergeschichten mit autobiografischem Hintergrund, Indianer- und Waldläuferromane, die im Grenzgebiet zwischen Zivilisation und Wildnis spielen und humanistische Ideale verfolgen. - Lederstrumpf-Erzählungen: 1823 „Die Ansiedler“, 1826 „Der letzte Mohikaner“, 1827 „Die Prärie“, 1840 „Der Pfadfinder“, 1841 „Der Wildtöter“ (>Boone, Daniel). Cooper bemühte sich um eine ausgewogene Darstellung der Indianer, die er weder zu stark idealisierte noch als minderwertige Rasse hinstellte.

Crazy Horse, indian. Name *Tasunke witko* (am ehesten noch mit: „Der ein übermütiges Pferd sah“ zu übersetzen), Kriegshäuptling (>Häuptling) der >Oglala->Sioux, * um 1840, + 5.9.1877. Bereits in jungen Jahren als Krieger ausgezeichnet, entwickelte sich C.H. als unversöhnlicher Feind der Weißen zu einem der wichtigsten Führer und genialen Strategen seines Volkes. Er kämpfte in >Red Clouds Krieg, führte später die Sioux und >Cheyenne sowohl in der Schlacht am Rosebud als auch zusammen mit >Gall in der Schlacht am >Little Bighorn zum Sieg. (Dieser wird oft fälschlicherweise Sitting Bull zugeschrieben.) Knapp ein Jahr nach Little Bighorn, am 7.5.1877, musste auch er sich mit seiner Gruppe von ca. 2000 >Oglala ergeben. Die Büffel waren getötet, und die Sioux litten Hunger. Auszehrung, Erschöpfung und Hoffnungslosigkeit zwangen ihn, der militärisch nicht zu besiegen war, zur Kapitulation. Vier Monate später wurde C.H., der bis heute allen Sioux als Verkörperung ihres Freiheitswillens gilt, auf der >Reservation bei einem angeblichen Fluchtversuch ermordet. Abb.

Cree, Eigenbezeichnung *Ijiniwok* (Erste Menschen), Sammelbezeichnung nördlicher Stämme der >Algonkin-Sprachfamilie, die ursprünglich an der Hudson Bay von Jagd und Fischfang lebten. Nur in Kriegszeiten schlossen sich die in Familienverbänden siedelnden C. unter >Häuptlingen zusammen. Sie lebten in >Wigwams. Ab ca. 1650 gingen sie feste Handelsbeziehungen mit den Weißen ein, bei denen sie Pelze gegen Gewehre, Textilien und Metallgegenstände eintauschten. Pockenepidemien (1784 und 1838) dezimierten ihre Zahl. Westliche Gruppen der C. wanderten in die >Plains ab, wo sie sich eng mit den >Assiniboin zusammenschlossen und sich zu Büffelnomaden entwickelten (Plains-Cree). Heute leben die meisten der ca. 70 000 C. weit verstreut in den Wäldern Kanadas, betreiben traditionell Jagd und Fischfang.

Crazy Horse (Authentizität nicht gesichert)

Creek, Stamm von Feldbauern (Mais, Bohnen, Kürbisse, Tabak) aus der >Muskogean-Sprachfamilie. Die C., ursprünglich im Norden Georgias beheimatet, schlossen sich im 17. Jhd. unter dem Druck der kolonialen Expansion zu einer Konföderation aus 50 Dörfern der oberen und unteren C. zusammen. Die oberen C., auch Muskogee genannt, saßen im Osten Alabamas, die unteren C. im Norden Georgias. In den Auseinandersetzungen zwischen englischen und spanischen Kolonisten kämpften die C. im 18. Jhd. auf britischer Seite. - Von >Tecumseh um 1810 aufgefordert, sich am Kampf der verbündeten

Crook

>Algonkin-Stämme gegen die Amerikaner zu beteiligen, blieb ein überwiegender Teil der C. neutral. Drei Jahre später, nachdem Tecumsehs Streitmacht besiegt war, wurden auch die C., die sich nun gegen die schleichende Besiedlung ihres Gebietes durch Weiße wehrten, von der US-Armee geschlagen und 1836 ins >Indianerterritorium Oklahoma deportiert. Heute leben noch etwa 20 000 C. in Oklahoma verstreut, nachdem ihre >Reservation 1907 aufgelöst wurde. Ihre ethnische Identität ist weitgehend verloren gegangen.

Crook, George, Infanterieoffizier der Nordstaaten im Bürgerkrieg, ab 1873 Brigadegeneral, *23.9.1829, +21.3.1890. Kämpfte 1871 u.a. gegen die >Apache, wurde 1875 Oberbefehlshaber für das Gebiet am Platte River. Nach den Goldfunden in den >Black Hills kam es unter seiner Führung zu militärischen Auseinandersetzungen mit den >Sioux und >Cheyenne. Um sie zu unterwerfen, erfolgte 1876 ein von Department Commander General >Sheridan geplanter Feldzug, an dem C. teilnahm. Die zwischen dem Rosebud und dem Little Bighorn River vermutete Ansammlung von Indianern sollte eingekesselt werden. Während General Terry als Oberkommandierender der Nordabteilung von Osten und Oberst John Gibbon von Westen heranzog, marschierte er von Süden dem Treffpunkt entgegen. Am 17.6. 1876 stieß er auf >Oglala Sioux unter >Crazy Horse sowie Cheyenne. Es kam zur Schlacht am Rosebud, die die Indianer für sich entscheiden konnten. Acht Tage später wurde Custers Truppe, die unter dem Oberkommando von General Terry stand und von diesem ausgeschickt worden war, die Indianer zu finden, am >Little Bighorn vernichtend geschlagen. An der Brechung des indianischen Widerstandes nach 1876 war jedoch C. maßgeblich beteiligt. So kämpfte er u.a. ab 1882 wieder gegen die Chiricahua->Apache, die unter >Geronimo aus ihrer >Reservation ausgebrochen waren. C. brachte bei alldem den Indianern Respekt und Verständnis entgegen und machte sich bei seinen Vorgesetzten wiederholt missliebig, weil er sich für bessere Lebensbedingungen auf den Reservationen einsetzte und auf Vertragstreue seitens der USA achtete. Abb.

Crow (Krähen), Eigenbezeichnung *Absaroka*, Stamm der >Sioux-Sprachfamilie, der sich aus abgespaltenen Gruppen der >Hidatsa und, einigen Quellen zufolge, der

Winterlager der Crow

>Mandan gebildet hatte. Etwa 1740 kamen sie in den Besitz von Pferden und gaben danach schrittweise ihre Sesshaftigkeit auf, um vor allem im Gebiet des heutigen Montana nomadisierend von Büffeljagd zu leben. Zwischen den Ackerbau treibenden Missouristämmen, aus denen sie hervorgegangen waren, und den >Shoshone fungierten sie lange als Zwischenhändler. Bekannt waren sie für ihren Reichtum an Pferden und als geschickte Pferdediebe. Mehrere Epidemien dezimierten die C. im 19. Jhd. - Anhaltende Kriege mit großen Nachbarstämmen wie den >Teton Lakota, >Blackfoot, >Cheyenne und >Arapaho brachten die C. dazu, sich aus politischem Kalkül mit den Weißen zu verbinden. Von diesen gut bewaffnet, stellten die C. der US-Armee die meisten >Scouts im Kampf gegen die Stämme der >Plains zur Verfügung. Im Gegenzug erhielten sie eine vergleichsweise große >Reservation in ihrer Heimat im Süden Montanas. Heute leben in dieser Reservation, in der sich auch das >Custer-Schlachtfeld- National-Monument befindet, etwa 6000 C. vor allem von Viehzucht. Im Osten grenzt ihr Gebiet an das der viel kleineren Northern Cheyenne Indian Reservation. Abb.

Crow Dog, Unterhäuptling (>Häuptling) der >Sicangu >Lakota >Sioux und Chef der >Indianerpolizei der Rosebud >Reservation, * um 1835, + 1910. C.D. wurde als Mörder seines Oberhäuptlings >Spotted Tail bekannt, den er am 5.8.1881 erschoss. Die Motive der Tat konnten nie aufgeklärt werden. >Red Cloud zufolge waren Unstimmigkeiten zwischen Spotted Tail und seinen Leuten die Ursache. C.D. wurde 1883 vom Obersten Gericht der USA begnadigt. Die Gerichtsbarkeit der USA sei nicht zuständig für unter Indianern begangene Verbrechen. Erst 1885 wurde ein Gesetz novelliert, das Kardinalverbrechen unter Indianern der Gerichtsbarkeit des jeweiligen Bundesstaates unterstellte. C.D. wurde 1890 einer der Anführer der >Geistertanz-Bewegung.

Custer, George Armstrong, Kavallerie-Offizier, zuletzt im Rang eines Lieutenant Colonel (Oberstleutnant), * 5.12.1839 in New Rumley/Ohio, + 25.6.1876 am >Little Bighorn. C.s Großeltern väterlicherseits stammten aus Deutschland (Name: Küster), wo sein Großvater in Hessen als Offizier diente. Entgegen vielen amerikanischen Quellen war C. zu keinem Zeitpunkt ordentlicher General. Draufgängertum und Rücksichtslosigkeit auch gegen die eigenen Soldaten hatten ihn im Bürgerkrieg zum Helden der Freiwilligenverbände werden lassen, weshalb er mit 23 Jahren den Ehrenrang „Brigadegeneral" erhielt. Nach dem

Custer mit erlegtem Wapiti (1873)

Bürgerkrieg wurde er Hauptmann (Captain) des 5. Kavallerie-Regiments der regulären Streitkräfte und 1866 Lieutenant Colonel mit eigenem Kommando. Er kämpfte mit wenig Erfolg auf den südlichen >Plains gegen die Indianer, schikanierte seine Soldaten, misshandelte Deserteure. Von einem Militärgericht verurteilt, wurde er für ein Jahr vom Dienst suspendiert. Wieder eingesetzt massakrierte er am 27.11.1868 am Washita River eine der wenigen friedlichen >Cheyenne-Gruppen unter >Black Kettle, der auf seinem Tipi die US-Flagge zum Zeichen seiner Botmäßigkeit aufgepflanzt hatte (über 100 tote Indianer). 1874 leitete C. die Expedition in die >Black Hills, um Goldfunde zu bestätigen, die zum letzten großen Indianerkrieg in den nördlichen Plains führten. Unter Missachtung ihm erteilter Befehle griff C. am 25.6.1876 in arroganter Selbstüberschätzung eine überlegene Streitmacht von >Sioux und Cheyenne am Little Bighorn an, der er

Dull Knife

amerikanischen Angaben zufolge mit 272 Soldaten und Offizieren zum Opfer fiel. C. ging als außerordentlich ehrgeiziger und eitler Offizier, der den Tod Vieler billigend in Kauf nahm und den Untergang des 7. Kavallerie-Regiments verschuldete, in die Geschichte ein. Überraschend finden sich in seiner 1874 erschienenen Autobiographie „My Life on the Plains" Stellen, die von einem gelegentlichen Verständnis für die Indianer zeugen: „Wäre ich ein Indianer, denke ich oft, würde ich es unbedingt vorziehen, mich jenen Angehörigen meines Volkes anzuschließen, die auf den freien, offenen Plains geblieben sind, anstatt mich den engen Grenzen einer Reservation zu unterwerfen, um dort der Empfänger der segensreichen Wohltaten der Zivilisation zu sein, deren Laster ohne Maß oder Einschränkung mit dreingegeben werden." Abb.

D

Dakota, östliche Hauptgruppe der >Sioux, benannt nach ihrem Dialekt.

Delaware, Eigenbezeichnung *Lenni-lenape* (Wahre Menschen), Sammelname für der >Algonkin-Sprachfamilie zugehörende, ursprünglich am gleichnamigen Fluss an der Atlantikküste sesshafte Stämme, die in drei >Klanen organisiert waren - *Unami* (Schildkröte), *Munsi* (Wolf) und *Unalachtigi* (Truthahn). Bei verwandten Völkern waren die D. hoch angesehen und wurden ehrfurchtsvoll „Großväter" genannt. Die D. lebten von Feldbau, Fischfang und Jagd. 1690 von den >Iroquois besiegt, entzogen sie sich ab 1770 ihrer Unterdrückung sowie dem Vorrücken der Weißen durch Abwanderung nach Ohio, wo sie erstmals zu einer ethnischen Einheit verschmolzen. Wenig später wurden sie nach Kansas abgedrängt und dann mehrfach zwangsumgesiedelt, um 1867 in Oklahoma (>Indianerterritorium) in der >Wichita >Reservation untergebracht zu werden, wo heute noch ca. 10 000 D. leben.

Doc Holliday, legendärer Revolverheld des Wilden Westens, ursprünglich Zahnarzt, war als Raufbold, Spieler und Alkoholiker Held zahlreicher Western.

Dull Knife, indianischer Name *Tah-me-la-pash-me*, >Häuptling der Nord->Cheyenne, * um 1810, + um 1883 in der Tongue River Reservation, der sich zunächst für den Frieden mit den Weißen einsetzte. Nach dem Massaker am >Sand Creek, bei dem unter Colonel >Chivington ein Cheyennedorf unter bestialischen Ausschreitungen vernichtet wurde, griff auch er zu den Waffen, um mit den verbündeten >Sioux gegen die Weißen zu kämpfen. 1877 ergab er sich zusammen mit den Häuptlingen >Crazy Horse von den Sioux, >Little Wolf, Standing Elk und Wild Hog von den Nord-Cheyenne der Armee. Mit 972 anderen Cheyenne wurde er ins >Indianerterritorium Oklahoma deportiert, von wo aus er und Little Wolf mit 297 ihrer Leute wieder flohen und nach Norden durchbrachen. Unterwegs trennte sich der Zug. Little Wolf zog mit der Hälfte der Leute Richtung Tongue River. Diejenigen, die ausgezehrt vom Gewaltmarsch nicht mehr weiterkamen, sollten mit D.K. nach >Pine Ridge zu den >Oglala gehen. In der Nähe von Fort Robinson gerieten sie in die Gefangenschaft der Armee, wurden im Fort interniert und brachen unter großen Verlusten auch dort aus. Wenigen Cheyenne gelang mit D.K. die Flucht zu >Red Cloud nach Pine Ridge. Den Resten von Little Wolfs und D.K.s Abteilungen wurde schließlich nach monatelangen bürokratischen Verzögerungen eine >Reservation am Tongue River in ihrer alten Heimat eingerichtet. Die spektakuläre Flucht von D.K. und Little Wolf aus Oklahoma ist im Film „Cheyenne“ von John Ford nachgezeichnet. Abb.

E

Ehe, bei nordamerikanischen Indianern allein schon aus wirtschaftlichen Gründen eine Notwendigkeit. Arbeitsteilung unter den Geschlechtern - z.B. Feldarbeit, Sammeln von Wildfrüchten einerseits, Jagd und Fischfang andererseits - bestimmte das praktische Leben. Brautwerbung und Hochzeitszeremonien waren von Kulturareal zu Kulturareal sehr unterschiedlich. Bei Stämmen wie den >Cheyenne, die für die sittenstrenge Erziehung ihrer Mädchen bekannt waren, konnte sich die Werbung um eine junge Frau über Jahre erstrecken. Bei anderen war die Eheschließung aussschließlich eine Frage des Brautpreises, der bei >Plainsstämmen bis zu über 40 Pferde betragen konnte. Auch gab es das gemeinsame Durchbrennen oder den Raub von Frauen zum Zwecke der Ehe. Bei den Indianern des östlichen Waldlandes wurden Ehen sehr oft von den Eltern arrangiert, wobei die Zustimmung der künftigen Partner nicht immer eine Rolle spielte. Junge Mädchen der >Huron konkurrierten miteinander um die höchste Zahl an Liebhabern, um

Frauen der Apache im Lager bei der Arbeit

ihre Beliebtheit auszustellen. Polygynie (Vielweiberei) findet sich dabei in allen Kulturkreisen, und selbst dort, wo wie bei den >Ojibwa eine Frau Oberhäuptling (>Häuptling) sein konnte, duldete sie widerspruchslos die Nebenfrauen ihres Mannes. Erfolgreiche Jäger konnten sich nicht nur mehrere Frauen leisten - mehrere Frauen steigerten, indem sie Fleisch und Häute verarbeiteten, auch den Jagdertrag. Durch die Nutzung des Pferdes gewann die Polygynie bei den >Prärie- und >Plainsstämmen noch an Bedeutung, da die Verarbeitung der nun zahlreicher erlegten Bisons enorme Arbeitsleistungen erforderte. So sind von den >Blackfoot einzelne Fälle überliefert, wo ein Krieger bis zu dreißig Frauen hatte. Verbreitet war es, dass ein Mann die Schwestern seiner Frau zu zusätzlichen Ehepartnerinnen nahm. Nach dem Tod einer Frau wurde bei vielen Völkern erwartet, dass der Witwer dann ihre Schwester ehelichte und umgekehrt die Witwe den Bruder des Mannes. Die durch die Vielweiberei zahlreicheren Nachkommen sicherten die Versorgung im Alter, halfen aber auch die durch Krieg und Jagd entstehenden Verluste an Menschenleben auszugleichen. - Obwohl sexuelle Unberührtheit der Mädchen allgemein geschätzt wurde, erwartete man von jungen Kriegern, dass sie sich auch diesbezüglich übten. Bei einigen Stämmen gab es den Brauch, Ehefrauen zu rauben oder auch zu verborgen. Andererseits konnte Ehebruch durch die Frau traditionell mit dem Abschneiden der Nase geahndet werden. Ehescheidungen verliefen gemeinhin unproblematisch. Ehebruch,

Faulheit und Wortfertigkeit konnten Grund sein, dass ein Mann seine Frau einfach verließ. Wollte eine Frau gehen, bedurfte es meistens schwerwiegender Gründe. Bei einigen >Pueblo-Stämmen reichte es jedoch, die Sachen des Gatten vor die Tür zu packen.
Homosexuelle Männer, in der Völkerkunde auch Berdachen genannt, kleideten sich wie Frauen und übernahmen Frauenarbeiten. Sie wurden in aller Regel nicht diskriminiert, sondern ihrem Wunsch gemäß als Frauen behandelt. Keineswegs unüblich war es, dass sie von Kriegern, die schon eine oder mehrere Frauen hatten, zusätzlich als Ehefrauen in ihr >Tipi genommen wurden.

Erie, sesshafter Stamm an den Ufern des später nach ihm benannten Sees aus der Sprachfamilie der >Iroquois. Die E., die nicht der Irokesen-Liga angehörten, wurden von dieser gegen Ende des 17. Jhd. bis auf wenige Überlebende, die in den >Seneca aufgingen, ausgerottet.

Erntevölker, Völker, die Wildpflanzen systematisch ernten und daraus Vorräte bilden, ohne diese Pflanzen auszusäen oder zu kultivieren. Die E. stehen entwicklungsgeschichtlich zwischen den Jägern und Sammlern und den Ackerbauern und Viehzüchtern.

F

Federlanzen, mit Federn von oben bis unten geschmückte Lanzen, die in der Regel Insignien von >Kriegerbünden waren und als eine Art Banner benutzt wurden.

Fetterman-Massaker, militärische Auseinandersetzung zwischen US-Soldaten und Kriegern der >Lakota, >Cheyenne, >Arapaho am 21.12.1866, bei der 82 Soldaten und etwa 100 Indianer fielen (>Chivington).

Flatheads (Flachköpfe), Eigenbezeichnung *Salish* (Vergessenes Volk). >Salish sprechender Stamm des nordwestlichen Columbia-Beckens im heutigen Osten Washingtons und Nordwesten Idahos. Die F. lebten ursprünglich wie die meisten Stämme der Plateau-Region hauptsächlich vom Fischfang (Lachs, Stör, Neunauge, Forelle, Amerikanischer Weißfisch). Jagd auf Großwild und Sammelwirtschaft spielten ebenfalls eine Rolle. Die F. wohnten in kegelförmigen, mit Binsen gedeckten Zelten, die etwas kleiner als >Tipis waren. Frühe Reisende beschrieben die Mentalität der F. ähnlich wie die der >Nez Percé: intelligent, gastfreundlich, aufrichtig und extrem sauber. - Ende des 18. Jhd. kam über die >Shoshone das Pferd zu den F., Nez Percé, >Cayuse. Da das Land mit seinen geschützten, fruchtbaren Tälern für Pferde besonders geeignet war, entwickelten sich diese Indianer nicht nur zu den geschicktesten Pferdezüchtern, sondern auch zu den wohlhabendsten. Besaß eine Familie der >Crow, die zu den reichen Stämmen der nördlichen >Plains zählten, sechs bis acht Pferde, konnte es eine F.-Familie leicht auf das Zehnfache bringen. Das Pferd veränderte die Lebensweise der F., die nun saisonal über die Rocky Mountains in die Plains zogen, um an der einträglichen Jagd auf die großen Bisonherden zu partizipieren. Weil deshalb kriegerische Auseinandersetzungen mit den dort nomadisierenden Stämmen vorprogrammiert waren, schlossen sich die F. mit anderen Plateau-Stämmen wie den Nez Percé und Spokane zu solchen Zügen zusammen. Gemeinsam drangen sie in Jagdgründe ein, die von den erbittert verfeindeten Plainsstämmen der Crow und >Blackfoot beansprucht wurden. Dennoch wurde gelegentlich für Tage Waffenstillstand vereinbart, um Handel zu treiben, der durch das Pferd als Transportmittel an Bedeutung gewonnen hatte. Lachsöl, Perlen, Pfeifen aus grünem Speckstein, Adlerschwanzfedern und die berühmten Bögen der Plateau-Region, die, aus den Hörnern der Dickhornschafe hergestellt, denen der Plainsstämme überlegen waren, wechselten gegen Federhauben der >Sioux, weich gegerbte borstenverzierte Roben der Crow oder Mokassins der >Cheyenne den Besitzer. Auch das lederummantelte Tipi übernahmen die F. von diesen Stämmen. - Bereits um 1800 missioniert, ließ sich die Mehrzahl der F. taufen, was sie nicht hinderte, sich der Okkupation ihrer Heimat durch die Weißen 1858 in einem Aufstand zu widersetzen. 1859 mussten sie die Friedensbedingung, in >Reservationen zu siedeln, annehmen. - Zusammen mit Angehörigen der Stämme >Kalispel und Kutenai leben heute etwa 3000 teilweise stark mit Weißen vermischte F. im Westen Montanas in der F.-Reservation.

Fox, s. unter >Sauk und Fox.

Fünf zivilisierte Nationen, Konföderation aus >Cherokee, >Creek, >Chickasaw, >Choctaw, >Seminole, die sich nach der Zwangsumsiedlung dieser Stämme (1830-38) ins >Indianerterritorium Oklahoma für Gleichberechtigung der Indianer und für eine staatliche indianische Souveränität einsetzte.

G

Gall, auch „Pizi", >Häuptling der >Hunkpapa >Lakota >Sioux, * um 1840, + 5.12. 1894. Gilt wie >Cracy Horse als herausragender Stratege und Kriegshäuptling der Sioux in der Schlacht am >Little Bighorn. Zusammen mit >Sitting Bull floh er nach dem Sieg nach Kanada, kehrte aber 1881 zurück und ergab sich der Armee. Rivalität führte zum Zerwürfnis mit Sitting Bull, den er u.a. einen Feigling nannte. Wahr an seinen Darstellungen ist, dass Sitting Bull, dem der Sieg über >Custer von Weißen angedichtet wurde, an der Schlacht überhaupt nicht teilgenommen hatte. G., der den Weißen zeitlebens ein unversöhnlicher Gegner blieb, war zuletzt Richter am Indianergericht der Standing Rock >Reservation. Abb.

Gall

Geistertanz, religiöse Bewegung unter den Indianern der Plainsstämme im ausgehenden 19. Jhd. Inspiriert vom >Paiute-Propheten >Wowoka, zog der G. als indianische Erweckungsbewegung viele der besiegten Stämme in seinen Bann. Die Geistertänzer glaubten, dass durch fortwährendes Tanzen und Singen bis zur Erschöpfung eine totale Katastrophe für die Weißen beschworen werden könne. Die toten Krieger würden auferstehen und die Büffel zurückkehren. - Die Indianerbehörde sah in dieser religiösen Bewegung Anzeichen für einen Aufstand. Diese Befürchtung wurde zum Anlass genommen für die Ermordung >Sitting Bulls und für das Massaker am >Wounded Knee.

Geronimo, indianischer Name *Goyatley* (Der Gähnende), Kriegshäuptling (>Häuptling) und >Medizinmann der Chiricahua->Apache, *1829, + 17.2.1909. 1858 fielen seine Mutter, seine Frau und seine drei Kinder einem Massaker des

Geronimo (2. von l.) während einer Verhandlung mit General Crook (2. von r.) im März 1886

mexikanischen Militärs an den Apache zum Opfer. G. bekämpfte seither alle Weißen, zog jährlich zu Überfällen nach Mexiko. 1876 in die San Carlos >Reservation verwiesen, brach G. mit seinen Gefolgsleuten immer wieder aus, terrorisierte aus den Bergen heraus mexikanische und amerikanische Siedler. 1883 überredete General >Crook G., in die San Carlos Reservation zurückzukehren. Am 17.5.1885 brach G. mit 34 Kriegern und 100 Frauen abermals aus und floh über die mexikanische Grenze in die Berge. 3000 reguläre Soldaten und 500 Apache->Scouts nahmen auf amerikanischer Seite unter Crook die Verfolgung auf, mexikanische Truppen von Süden her. G. gab vor, sich Crook zu ergeben, floh jedoch im letzten Moment. Crook reichte seinen Rücktritt ein. Mit diesmal 5000 Soldaten, 500 Apache-Scouts und starken Miliz-Einheiten nahm General >Miles an Crooks Stelle die Jagd auf. Als G. sich am 4.9.1886 mit 16 Kriegern, 12 Frauen und 6 Kindern ergab, hatte seine Unterwerfung die USA über 1 Million Dollar gekostet. Es war der längste Feldzug in der Geschichte der US-Armee. In Florida saß G. mit seiner Schar 3 Jahre im Gefängnis. Dann wurde er nach Oklahoma (>Indianerterritorium) überstellt, wo er, nachdem er 1905/06 seine Geschichte diktiert hatte („Ein indianischer Krieger erzählt sein Leben"), an Lungenentzündung starb. Abb.

Goyatley, indianischer Name von >Geronimo.

Grande Cache, kleine Siedlung in Alberta/Kanada, 750 km westlich von Edmonton am Smoky River gelegen. Geeigneter Ausgangspunkt für Wildnisexkursionen in die Willmore Wilderness.

Grand Tetons, südlich vom >Yellowstone National Park in Wyoming gelegenes, stark vergletschertes Hochgebirge (bis 4197 m) mit feuchten Tälern, Gletscherseen. National Park seit 1929. Sein Name ist abgeleitet vom französischen grands tétons (große Brüste), wie Fallensteller die Berge nannten. Reiche Tierwelt, u.a. Elche, Wapiti- und Maultierhirsche, Bären, Büffel, Biber, Fischadler.

Gros Ventres du Prairie, indianische Selbstbezeichnung *Bahwegato-weninnewug* (Indianer des Wasserfalls), auch Atsina, im 17. Jhd. von den >Arapaho abgespaltener Unterstamm aus der >Algonkin-Sprachfamilie, Büffel jagende >Plains-Indianer. Die G.V. waren mit den >Arapaho und den >Blackfoot verbündet.

H

Haida, Eigenbezeichnung *Cha-ida* (Volk), zur >Athapasken-Sprachfamilie gehörender sesshafter Stamm an der Nordwestküste Nordamerikas (Queen Charlotte Islands). Die H. lebten vor allem vom Fischfang, aber auch von Jagd und Sammeln von Wildfrüchten. Sie waren geschickte Boots- und Holzhausbauer und berühmt für ihre Schnitzkunst, die in Totempfählen ihren Ausdruck fand. Die H. hielten Gefangene aus Kriegszügen als Sklaven und verkauften sie auch. Das zentrale Fest der H. war das Potlatch. Zu einem Potlatch versuchten sich H.-Familien mit Geschenken gegenseitig zu übertreffen. Auch die Vernichtung von eigenem Besitz als Zurschaustellung von Reichtum war verbreitet und verhalf zu Ansehen. Mitunter wurden aus dem gleichem Anlass Sklaven geopfert, indem ihr Besitzer sie mit dem sogenannten Sklavenhammer demonstrativ erschlug. 1876 wurden ihnen das Potlatch-Fest und die Sklavenhalterei von den Weißen verboten. Zu dieser Zeit war die Zahl der H. infolge eingeschleppter Krankheiten bereits zurückgegangen. In >Reservationen eingewiesen, waren die H. zudem der christlichen Missionierung ausgesetzt, was ihren kulturellen Zerfall förderte. Heute leben noch etwa 2000 H., von denen viele sich um eine Rückkehr zu Elementen der traditionellen Lebensweise bemühen.

Halchidhoma, Stamm der >Yuma.

Hard Backsides (Harter Hintern), Name, den die

>Lakota und >Cheyenne >Custer gaben, nachdem er sie über weite Distanzen verfolgt hatte, ohne vom Pferd zu steigen.

Häuptling, bei den nordamerikanischen Indianern anerkannter Führer einer Jagd- oder Kriegsbande, einer Lokalgruppe, eines >Klans, einer Stammesgruppe oder eines Stammes. Innerhalb der meisten Stämme gab es somit verschiedene Ränge. Bei einigen Völkern war der Häuptlingsstatus erblich geworden, bei den meisten jedoch waren persönliche Tapferkeit, Umsicht und Weitblick wie auch ein großzügiger Charakter Voraussetzungen für die Anerkennung als Führer. Oft steht neben einem H. für Friedenszeiten ein Krieghäuptling oder ein gleichfalls einflussreicher >Medizinmann als Mitanführer. Große Stämme wie der >Irokesenbund oder die >Cheyenne wurden von Häuptlings-Gremien geführt, deren Mitglieder für die einzelnen Stammesgruppen standen. Einen unbedingten Gehorsam dem H. gegenüber gab es jedoch nicht. Die Gefolgschaft war freiwillig und beruhte auf dem persönlichen Einfluss, der Überzeugungskraft des H. sowie auf der offenkundigen Notwendigkeit einer Weisung. Gelegentlich wurde ein H. auch von Weißen eingesetzt - eine Person, die der Armee oder den Siedlern genehm war. Solche ernannten Häuptlinge, die willfährig Verträge unterzeichneten, fanden selten Anhang unter den Indianern.

Havasupai, Stamm der >Yuma.

Hickok, James Butler, genannt Wild Bill, * 27.5.1837, + 2.8.1876. Legendärer Revolverheld des Wilden Westens, der weite Gebiete Nordamerikas durchstreift und zahllose Abenteuer bestanden hatte, weswegen man ihm seinen Beinamen gab. Im nordamerikanischen Bürgerkrieg (1861-65) kämpfte H. in der Armee der Nordstaaten, wurde später Marshal und nahm als >Scout an mehreren Feldzügen gegen die Indianer teil. Er wurde am Spieltisch erschossen.

Hidatsa, Eigenbezeichnung *Minitari* (Sie überqueren das Wasser). Stamm der >Sioux-Sprachfamilie, der, ursprünglich aus dem Minnesota-Gebiet kommend, sich am oberen Missouri sesshaft niederließ. Die H. waren Maisbauern, die auch Büffel jagten. Ähnlich den >Mandan, mit denen sie sich verbanden, wohnten sie in kuppelartigen Erdhäusern. An der Seite der >Sioux, >Cheyenne und >Arapaho nahmen sie am Kampf gegen die US-Armee sowie zivile weiße Eindringlinge teil. Zusammen mit >Arikara und Mandan leben die Reste dieses Stammes in der Fort Berthold Reservation in Norddakota, wo 1940 noch 750 H. gezählt wurden.

Hogan, Diné-Wort für aus Baumstämmen, Felsgestein und Lehm errichtetes Haus der >Navajo (Grundfläche zwischen 20 und 40 m^2) mit Kuppeldach oder im Ganzen halbkugelförmig.

Hoka, indianische Sprachfamilie, der verschiedene Stämme im Gebiet des heutigen Kalifornien angehörten.

Hopi (abgeleitet von *Hopitu*: Die Friedlichen), zur Sprachfamilie der >Uto-Azteken gehörender sesshafter Stamm von Ackerbauern. Die H. leben traditionell in elf, zum Teil mehr als 1000 Jahre alten >Pueblos - kleinen Orten mit städtischen Funktionen, die aus übereinander gebauten, terrassenartig gestaffelten Häusern bestehen. Bereits in vorkolumbianischer Zeit kultivierten sie Mais und Bohnen und hielten sich Hunde und Truthähne als Haustiere. Da ihre abgelegenen, für Farmer und Rancher uninteressanten Gebiete von den Weißen nicht beansprucht wurden, blieben den H. militärische Konflikte mit den Mexikanern und später mit den US-Amerikanern erspart. Fast alle der heute 6000 H. leben in der H.->Reservation, die in der >Navajo-Reservation im Nordosten Arizonas eingerichtet ist.

Hoskininni, >Häuptling der >Navajo.

Hudson's Bay Company, britische Handelsgesellschaft,

Hunkpapa-Krieger Running Antelope (1872)

die zusammen mit der schottischen Northwest Company im 18. und 19. Jhd. den Pelzhandel in Kanada und dem Norden der USA beherrschte, nachdem beide aus dem Konkurrenzkampf zwischen etwa 50 bis 60 Unternehmen als Sieger hervorgegangen waren. 1821 übernahm die H.B.C. die Northwest Company. Nachdem die Indianer in den USA in >Reservationen interniert worden waren und als Pelzlieferanten nicht mehr zur Verfügung standen, zog sich die Gesellschaft nach Kanada zurück.
Im 20. Jhd. konzentrierte sich die H.B.C. auf die Förderung von Erdgas und Erdöl und verlegte in den 80er Jahren den Firmensitz von Großbritannien nach Kanada.

Hunkpapa, Unterstamm der >Teton >Lakota >Sioux, heute in der Standing Rock Indian >Reservation im mittleren Norden Süddakotas untergebracht. Abb.

Huron, auch *Wyandot* (Volk der Halbinsel), Verbund mehrerer kleiner Stämme der >irokesischen Sprachfamilie. Die H. lebten als sesshafte Bauern in großen befestigten Dörfern um den nach ihnen benannten Huronsee, vor allem an der Georgian Bay. Ihre Gesellschaft basierte auf >matrilinearen >Klanen, an deren Spitze erbliche >Häuptlinge standen. Durch die Jesuiten schon um 1615-20 zum Christentum bekehrt, wurden die H. 30 Jahre später von ihren Feinden, den >Iroquios, vernichtend geschlagen. 15 von 22 H.-Dörfern lagen in Schutt und Asche. Über 10 000 H., zwei Drittel des Stammes, wurden erschlagen oder lebendig verbrannt. Überlebende H. wurden zum Teil von den Iroquios adoptiert, zum Teil von >Algonkin-Stämmen aufgenommen.

I

Ihanktonwan (Das Volk vom Ende), Gruppe der >Yankton >Sioux (>Nakota). Heute siedeln die I. zusammen mit den Mdewakanton (>Dakota) in der 50 825 ha großen Crow Creek Indian >Reservation in der Mitte Süddakotas sowie auf 16 187 ha Stammesland im südöstlichen Süddakota.

Illinois (französ. Verballhornung von *Illiniwek*: Mensch). Stamm der >Algonkin-Sprachfamilie, der im Gebiet des heutigen US-Bundesstaates gleichen Namens halbsesshaft von Jagd, Sammelwirtschaft und Maisanbau lebte. Zwischen ihren Feinden, den >Iroquois im Osten und den >Sioux (Dakota) im Nordwesten hatten die I. stark zu leiden. Auch von Weißen eingeschleppte Krankheiten mögen dazu beigetragen haben, dass sich die Zahl der Stammesangehörigen zwischen 1650 und 1800 von geschätzten 10 000 auf 500 reduzierte. Um 1854 schlossen sich die letzten I. mit den Resten anderer Ethnien des Waldlandes zum Stamm der Peoria zusammen, zu dem sich 1985 noch knapp 400 Menschen zählten.

Indianeragentur, s. unter >Agentur.

Indianerpolizei, auf >Reservationen aufgestellte Polizeitruppe aus angeworbenen Angehörigen der jeweiligen Stämme. Ab 1890 fast auf allen Reservationen eingeführt, stellt die I. bis heute die eigentliche Exekutive dar.

Indianerterritorium, umfasste bei seiner Festlegung 1837 die Gebiete der späteren US-Bundesstaaten Oklahoma, Kansas, Nebraska, Nord- und Süddakota - alles Territorien der ehemaligen französischen Kolonie Louisiana, die die USA 1803 für 15 Mio. Dollar von Napoleon erworben hatten (Louisiana Purchase). Dem Kriegministerium unterstellt, diente das I. den

USA, um auf ihm die aus dem Osten vertriebenen Indianerstämme anzusiedeln. Mehrfach wurde das I. verkleinert und 1889-93 teilweise zur Besiedlung durch Weiße freigegeben. 1890 organisierte man es als Territorium Oklahoma. 1907 wurden bei der Aufnahme in die Union die Indianergebiete mit denen der Weißen zum Territorium des 46. Bundesstaates vereint. Heute hat Oklahoma 3,25 Mio. Einwohner, 5,6 % davon sind Indianer.

Iowa (abgeleitet von dem >Lakotawort *ajuwa*: Schläfer), zur Sprachfamilie >Sioux gehörender sesshafter Stamm, der auf dem Gebiet des später nach ihm benannten US-Bundesstaates lebte. Wie andere Bauernstämme der >Prärie (>Pawnee, >Mandan, >Hidatsa usw.) bewohnten auch die I. Erdhäuser, bauten vor allem Mais an und zogen auf Büffeljagd. Mit ihren Nachbarstämmen trieben sie rege Handel, wobei der rote Tonschiefer, aus dem Pfeifenköpfe gefertigt wurden, eine große Rolle spielte - die Fundstätte befand sich auf dem Territorium der I. - 1836 vertrieb man sie nach Kansas in eine >Reservation. Von da deportierte man sie 1880 ins >Indianerterritorium Oklahoma, wo man sie mit den >Sauk und Fox zusammensperrte. 1883 bekam ein Teil des Stammes eigenes Reservationsland, das die Grenze Kansas/Nebraska zur Achse hat. Heute zählen sich weniger als 1000 Personen zum Stamm der I. Abb.

Irokesen, eingedeutschte Bezeichnung für >Iroquois (franz./engl.).

Iron Nation, >Häuptling der >Sicangu >Teton >Sioux, * 1815, + 1894. Bedeutender Diplomat der Sicangu, der zu den Unterzeichnern des >Laramie-Vertrages von 1868 gehörte, in dem den Sioux die „Große Sioux >Reservation" garantiert wurde. Bis heute gilt I.N. den Lakota als ein gerechter und edler Führer.

Iroquois (Irokesen), abgeleitet von dem >Algonkinwort *Irinakhoiw* für die >Seneca (Echte Schlangen). 1) Stämme der irokesischen Sprachfamilie. Die I. lebten in den östlichen Gebieten der großen Seen in Langhäusern. Sie bauten Mais, Kürbisse, Bohnen, Tabak, Sonnenblumen und Hanf an. Sie waren auch Jäger und Fischer. Ihre Dörfer befestigten sie mit hohen Palisaden. 2) Um 1570 schlossen sich nach schweren Kämpfen mit >Algonkinstämmen fünf große I.-Stämme zum „Bund der fünf Nationen" - Eigenbezeichnung *Hodénosaune* (Langhausvolk)- zusammen: >Seneca, Cayuga, Onontaga, Oneida und >Mohawk. Man spricht auch von der Irokesen-Liga. Andere I.-Stämme wie die >Huron, Eri oder Susquehannock, die nicht der Liga angehörten, wur-

No Heart, Krieger der Iowa (1837), soll im Krieg weder das Leben seiner Feinde noch das eigene geachtet haben: daher der Name

den im 17. Jhd. von ihr absorbiert. Der letzte bedeutende I.-Stamm, der außerhalb des Bundes noch existierte, die >Tuscarora, trat ihm 1722 bei. Seitdem bezeichnete man die I.-Liga als „Die sechs Nationen". Das gesellschaftliche System beruhte auf 8 >matrilinearen >Klanen (Wolfs-, Schildkröten-, Bären,- Reiher-, Sumpfschnepfen-, Habicht-, Biber- und Hirschklan), denen die Klan-Mütter vorstanden. Sie wählten den >Sachem, der zum Zeichen seiner Würde ein Rehgeweih trug. Stellte er sich als unfähig heraus, bestimmten wiederum die Klan-Mütter seine Enthebung als Sachem. 50 Sachems, Vertreter aller Mitgliedsstämme, bildeten den Senat der Liga, der die politische Macht ausübte. Bei schwerwiegenden Beschlüssen kam jedoch jeder

der nach innen autonomen Nationen nur eine Stimme zu. Der Senat wählte einen Obersachem, den *Tadodáho*, der gewissermaßen als Präsident fungierte. - Dieser fortgeschrittenen politischen Kultur standen die barbarischen Bräuche der I., die ihre Gefangenen oft tagelang bestialisch marterten, gegenüber. Nicht wenige Jesuiten fanden sich neben Huron-Indianern und Franzosen an den Marterpfählen der I. Fälle wie die der Pater de >Brébeuf, Lallemand und Jongues sind gut dokumentiert und keine Seltenheit. Pater Jongues, dem man mit Glut die Achselhöhlen und den Schritt ausbrannte, die Fingernägel zog und das Fleisch bis auf die Knochen zerfetzte, überlebte wie durch ein Wunder. Es hat den Anschein, als ob er mit seiner stoischen Leidensfähigkeit seine Peiniger beeindrucken konnte. Durch holländische Handelspartner der I. befreit, kehrte der Pater nach Frankreich zurück, wo man ihn als Held feierte. Aber schon nach einem Jahr suchte er, vom Missionierungsdrang beseelt, abermals die I. auf, die ihn dieses Mal nicht davonkommen ließen. Die Mohawk erwarben sich in dieser Hinsicht traurige Berühmtheit, selbst unter den sie umgebenden, nicht prinzipiell anders veranlagten Indianerstämmen. Sie „Die lebendes Fleisch essen" (so etwa die Übertragung ihres Stammesnamens), waren auch Kannibalen, die oft genug ihre Opfer nach der Marterungszeremonie verspeisten. - In den fränzösisch-englischen Kolonialkriegen kämpften die I. auf seiten der Engländer, denen sie auch in der Mehrzahl im Unabhängigkeitkrieg die Treue hielten. 1779 von amerikanischen Truppen geschlagen, sprachen ihnen die jungen USA fünf Jahre später jeglichen Anspruch auf eigenes Land ab. Die meisten I. wanderten nach Kanada aus, wo heute noch etwa 25 000 ihrer Nachfahren nördlich des Ontario-Sees zu finden sind. Viele I. kehrten später in die USA zurück, wo derzeit noch 27 000 teils in >Reservationen, teils in Siedlungen ohne Reservationsstatus und in Städten leben. - Es wird behauptet, Benjamin Franklin habe sich für den Entwurf der Verfassung der Vereinigten Staaten vom System der I.-Liga inspirieren lassen.

Itazipco, auch Sans Arc, Stamm der >Teton >Lakota >Sioux. Heute leben die I. im mittleren Norden des US-Bundesstaates Süddakota in der 566 560 ha großen Cheyenne River Indian >Reservation, die sie mit anderen Teton-Gruppen teilen.

J

Jackson Hole, Tal im Westen Wyomings, früher ein Ort, an dem sich die >Trapper zu ihrem jährlichen Rendezvous versammelten. Ein >Mountain Man namens Jackson soll 1829 dort überwintert und dem Tal seinen Namen hinterlassen haben.

Jumping Cholla, einheimische Bezeichnung für Teddybear Cholla, eine im Südwesten der USA weit verbreitete Kakteenart.

K

Kainah, auch Blood, s.unter >Blackfoot.

Kalipsel, auch Pend d'Oreille genannt, der Sprachfamilie >Salish zugehörender Stamm des nordwestlichen Columbia-Beckens. Die K. lebten von der Jagd auf Großwild, von Fischfang und Sammelwirtschaft. Sie bewohnten Erdhäuser und binsengedeckte Hütten in der Form eines >Tipi, übernahmen, nachdem sie in den Besitz von Pferden gekommen waren, kulturelle Elemente der >Plains-Stämme, in deren Gebiete sie von da an zusammen mit den eng verwandten >Flatheat und den >Nez Percé zur Büffeljagd einfielen. Seit 1830 wurden die K. zum Christentum bekehrt und gegen Ende des 19. Jhd. in eine >Reservation eingewiesen. Heute zählt der Stamm nur noch einige hundert, zum Teil mit Weißen vermischte Nachkommen.

Kansas (bedeutet: Menschen des Südwindes), >siouxsprachiger >Präriestamm, der wie die anderen (auch als „Westliche Bauern" bezeichneten) Missouri- und Mississippivölker teils von Maisanbau, teils von Bison-

jagd lebte. Nahe verwandt sind die K. den >Osage und >Omaha. Nachdem die K. in den Besitz von Pferden gekommen waren, gaben sie mehr und mehr den Feldbau auf und verlegten sich auf die Büffeljagd. Ihre angestammten Erdhäuser tauschten sie dabei gegen >Tipis. Noch bevor die Entwicklung vom sesshaften Bauern- zum nomadisierenden Jägerstamm vollzogen war, wurden die K. 1846 in die >Reservation getrieben. Gegen Ende des 19. Jhd. siedelte man sie nach Oklahoma (>Indianerterritorium) um, wo man den 247 Stammesangehörigen eine neue Reservation einrichtete.
- Der US-Bundesstaat Kansas wurde nach ihnen benannt. Die wenigen K. leben heute in Oklahoma.

Kazike, im Südwesten von Nord- und in Lateinamerika Bezeichnung für den Dorfhäuptling (>Häuptling), der oft auch religiöses Oberhaupt war.

Keokuk (übersetzt: Wachsamer Fuchs), von der Regierung der USA 1834 zum >Häuptling der >Sauk und Fox ernannt, * um 1783, + April 1848. Als korruptes und willfähriges Mündel der USA war er innerhalb des Doppelstammes der Gegenspieler des kämpferischen Häuptlings >Black Hawk, der einen großen Teil der Sauk und Fox gegen die Amerikaner ins Feld führte. K. wurde mit einem Monument über seinem Grab und einer Bronzebüste im Capitol geehrt.

Kickapoo (abgeleitet von *Kiwegapan*: Er hält sich dort auf), Stamm von Maisbauern und Jägern, der im Norden des späteren US-Bundesstaates Illinois in festen Dörfern siedelte.
Die K. gehören zur Sprachfamilie der >Algonkin. Im sogenannten 2. Unabhängigkeitskrieg der USA standen die K. (1812-14) in der Konföderation um >Tecumseh aufseiten der Engländer. Danach zersplitterte der Stamm durch Landverkäufe und damit verbundene Umsiedlungen. 1985 lebten 1001 K. in Oklahoma, 603 in Kansas, 463 in Texas.

Kicking Bird, indianischer Name *T'ene-angopte*, >Häuptling der >Kiowa, * unbekannt, + 4.5.1875.

King Philip, indianischer Name *Metacom*, Sohn von >Massasoit und seit 1662 Oberhäuptling (>Häuptling) der >Wampanoag, * um 1600, + 1676. Nachdem er 1675 erfolgreich Widerstand gegen die Landnahme durch die Kolonisten an der Ostküste geleistet hatte, musste er mit 3000 Kriegern und zahlreichen Frauen und Kindern zu den >Narragansett fliehen. Am 19.12.1675 überfielen die Engländer die Sumpffestung und verbrannten Hunderte von Indianern bei lebendigem Leibe. K. Ph., der mit einer Schar Getreuer entkommen konnte, wurde bald darauf mit Hilfe eines Verräters erschossen. Die Engländer vierteilten seinen Leichnam und nagelten die Teile an vier Bäume. Den Kopf hängte man in Plymouth an einen Galgen, wo er für 20 Jahre verblieb. Seine Frau und sein Kind verkauften die Siedler als Sklaven auf die Bermudas. Mit der Niederlage der Wampanoag brach der indianische Widerstand an der mittleren Atlantikküste zusammen.

Kiowa, Eigenbezeichnung *Nade-ischa-dene* (Gebietendes Volk). Der >uto-aztekischen Sprachfamilie angehörender typischer Stamm berittener Büffelnomaden der südlichen >Plains. Ursprünglich lebten die K. in den Bergen des Nordwestens, von wo sie aber im 18. Jhd. von den >Shoshone verdrängt wurden. Konflikte mit >Sioux und >Cheyenne ließen die K. nach Süden ausweichen, wo sie sich mit den >Comanche verbündeten. 1840 einigten sich die miteinander befreundeten Stämme der Cheyenne und >Arapaho mit den K. und Comanche und schlossen Frieden. Eher ein Nichtangriffspakt als ein Bündnis, sollte die Abmachung den beteiligten Stämmen den Rücken frei halten im Kampf gegen die Invasion weißer Siedler, die Armee. Als Mitte des 19. Jhd. die massenhafte Abschlachtung der Büffel durch professionelle weiße Jäger forciert wurde, über-

Koi-khan-hole, ein Krieger der Kiowa

Kiowa-Häuptling Lone Wolf

fielen die K. Siedlungen und Trecks. 1859 von der US-Armee unterworfen, brachte man sie in eine Reservation ins >Indianerterritorium Oklahoma, von wo sie schon zwei Jahre später ausbrachen, um zusammen mit den Comanche, Arapaho und Cheyenne wieder die südlichen Plains zu beherrschen. Zwei Jahre später fielen sie in Texas ein, wo viele Siedler durch sie ums Leben kamen. Bei Adobe Walls von Kit >Carson geschlagen, kehrten sie 1866 in ihre >Reservation zurück. Unter den >Häuptlingen >Satanta, >Kicking Bird und >Lone Wolf entkamen sie abermals. 1868 beauftragte General >Sheridan Lieutenant Colonel >Custer, mit der 7. Kavallerie die K. zur Kapitulation zu zwingen oder aber sie zu vernichten. Custer löste das Problem, indem er Satanta und Lone Wolf, die als Parlamentäre zu Verhandlungen erschienen waren, arretieren ließ und nach Fort Cobb brachte. Er drohte, seine Geiseln zu hängen, falls sich ihre Leute nicht ergäben. Daraufhin erschienen die meisten beim Fort und willigten ein, in der Reservation zu bleiben. - Im Sommer 1870 luden die K. die Comanche und Cheyenne zu einem >Sonnentanz am Red River, in dessen Folge abermals Banden die Reservation verließen, Büffel jagten und Überfälle auf Siedlungen in Texas und auf Wagenzüge verübten. Erst am 25.2.1875 ergab sich die letzte freie Gruppe von 252 K. unter Lone Wolf bei Fort Sill General >Miles. - Heute sollen an die 10 000 K. leben, ein Drittel von ihnen zusammen mit Comanche in der Anadarko Reservation in Oklahoma bei Fort Sill. Abb.

Klan, eine sich von einem mythischen Ahnen (oft ein übernatürliches Wesen oder ein Ur-Tier) herleitende soziale Gemeinschaft, die aus mehreren Familien besteht, zu der auch angeheiratete Partner (>Ehe) gehören. Wirtschaftliche und kulturelle Gemeinsamkeiten sowie aktive Solidarität unter den Angehörigen charakterisieren die Gruppe. In der Regel sind Eheschließungen innerhalb des K. tabuisiert. An der Spitze des K. steht ein >Häuptling oder ein Ältester, bei einigen Stämmen auch die K.-Mutter.

Kojote bzw. engl. Coyote (lat. Canis latrans), aus dem Aztekischen für Präriewolf. Der K. spielte in der Mythologie vieler Indianerstämme neben Adler und Büffel eine hervorgehobene Rolle.

Kriegerbünde, religiös-zeremonielle oder, weitaus häufiger, militärische Männerbünde, die innerhalb der meisten Plainsstämme eine wichtige Funktion hatten. Ihre Führer wurden aufgrund ihrer überlegenen Fähigkeiten gewählt, niemals wegen ihrer Abstammung von >Häuptlingen etwa. Häufig waren aber >Medizinmänner und Häuptlinge gleichzeitig Anführer von Kriegerbünden (>Sitting Bull, >Little Wolf, Sitting Bear). Bei den >Cheyenne zum Beispiel waren die wichtigsten Kriegshäuptlinge auch Anführer von K. wie den „Hundesoldaten", „Fuchssoldaten", der „Bogensehnengesellschaft" oder der „Übermütigen Hunde". Oft waren K. exklusive

Gruppen, deren Mitglieder hohes gesellschaftliches Ansehen genossen. Geradezu aristokratische Vereinigungen wie die der Kaitsenko (Gesellschaft der zehn Tapfersten) der >Kiowa pflegten ihre eigenen Riten, ihr eigenes Ethos, zu dem es gehören konnte, dass die Betreffenden in der Schlacht lieber starben, als einen Fußbreit zurückzuweichen. Äußerlich durch verschiedene Merkmale (z.B. rote und schwarze Schärpen bei den Kaitsenko) zu erkennen, wetteiferten die einzelnen Angehörigen der K., die auch getrennt in den Kampf zogen, um möglichst spektakuläre Erfolge, die das Ansehen der eigenen Vereinigung mehrten. Einige K., so z.B. die „Hundesoldaten" der Cheyenne, konnten auf die Stammesführung - bei den Cheyenne der Rat der 44 Häuptlinge - großen Einfluss ausüben. - In Friedenszeiten beaufsichtigten die K. auch Jagden auf Büffel, denn ein eigenmächtiger Angriff Einzelner konnte den Erfolg der ganzen Hatz zunichte machen. Auch bei großen Lagern und deren Verlegung spielten K. als „Polizei" eine wichtige Rolle.

L

Lake Powell, mit fast 300 km Länge und einer Fläche von 5000 km^2 ist der L.P. im Süden Utahs der zweitgrößte Stausee der USA. Durch Seitencanyons und zahllose Buchten kommt es zu einer Gesamtuferlänge

Verhandlung zum Laramie-Vertrag: Friedenskommission, Cheyenne, Arapaho (1868)

von 3155 km. Sein Staudamm wurde in den Jahren 1960 bis 64 bei der in Arizona gelegenen kleinen Stadt Page errichtet. Inzwischen hat der gestaute Colorado River den Glen Canyon sowie viele andere Seitencanyons überspült. Ursprünglich zur Stromgewinnung und zu Bewässerungszwecken angelegt, dienen die außerhalb der >Navajo->Reservation gelegenen Zonen des L.P. heute auch Wassersportlern zur Erholung.

Lakota, auch >Teton, westliche Hauptgruppe der >Sioux, benannt nach ihrem Dialekt.

Lame Deer, >Häuptling der >Minnecoujou >Lakota >Sioux, * unbekannt, + Mai 1877. Als letzte Gruppe freier Indianer in den nördlichen Plains wehrten sich die Minnecoujou noch bis Mai 1877, als sie von General >Miles in der Nähe des Rosebud River gestellt wurden. Zwischen den Linien kam es zu einer Begegnung des Generals mit L.D. Miles reichte dem Häuptling die Hand, in die dieser zögernd einschlug. Einen Anschlag fürchtend, richtete ein Scout aus Miles' Begleitung ein Gewehr auf L.D., der daraufhin sofort seine Hand zurückzog und auf Miles feuerte. Die Kugel traf einen der hinter dem General stehenden Soldaten, die L.D. daraufhin erschossen. In dem anschließenden blutigen Kampf wurden die Minnecoujou besiegt.

Laramie-Vertrag, als Ergebnis von >Red Clouds Krieg zwischen den USA und den Indianern geschlossener Vertrag, auf den sich die >Sioux bis heute berufen. In ihm wurde den Sioux eine sogenannte Great Sioux >Reservation für „ewig" garantiert. Sie umfasste große Teile Süddakotas inklusive der >Black Hills. Zusätz-

Little-Bighorn-Schlacht

lich garantierten die USA „hunting areas", also Jagdgründe, die weite Teile Süddakotas, Nebraskas, Wyomings und Gebiete in Norddakota und Montana einschlossen. Bereits 1874 brachen die USA durch >Custers Expedition in die Black Hills diesen Vertrag, um sich, nach der Entdeckung reicher Bodenschätze, fortan nicht mehr an ihn zu halten. 1889 löste der US-Kongress per Gesetz die Great Sioux Reservation auf und richtete sechs kleine Reservationen ein. In heutiger Zeit, da die Sioux ihre Rechte auf juristischen Wegen durchzusetzen versuchen, erreichen sie erste bescheidene Erfolge. Abb.

Leni-Lenape, s. unter >Delaware.

Lewis, Meriwether, amerikanischer Offizier und Forschungsreisender, * 18.8.1744, + 11.10.1809. L. kämpfte als Offizier gegen die Indianer des Ohio-Tales, wurde 1801 Privatsekretär von US-Präsident T. Jefferson. 1804 leitete er zusammen mit William >Clark die große, nach ihm und Clark benannte Expedition, die sie auf dem Missouri bis zur Mündung des Yellowstone River und von dort mit Hilfe der >Shoshone durchs Columbia-Becken bis zum Pazifik führte, wo sie 1806 umkehrten. L. brachte eine Vielzahl von Informationen über die Lebensweise und die Gebiete der besuchten Indianerstämme, über Flora und Fauna mit. 1807 wurde er Gouverneur von Louisiana.

Little-Bighorn-Schlacht, auch Indianerschlacht am Little Bighorn: letzte große Auseinandersetzung zwischen Indianern und Militär, in der die vereinigten >Sioux und >Cheyenne 1876 der US-Armee die schwerste Niederlage ihrer Geschichte beibrachten.
- Die Operation der Armee gegen die Sioux und Cheyenne vollzog sich in drei Angriffszügen: einer unter General George >Crook aus dem Fort >Fetterman im Wyoming Gebiet; ein anderer unter dem Befehl von Oberst John Gibbon aus dem Fort Ellis in Montana und ein dritter unter General Alfred H. >Terry aus Fort Abraham Lincoln in Norddakota. Diese Truppen sollten sich den Indianern nähern, welche sich im südöstlichen Teil Montanas unter Führung von Kriegshäuptlingen (>Häuptling) wie >Crazy Horse und >Gall um >Sitting Bulls Lager versammelt hatten. Crooks Truppe wurde Mitte Juni von Sioux und Cheyenne am Rosebud zum Rückzug gezwungen (s. Crook, Crazy Horse). Nach ihrem Sieg selbstbewusster geworden, zogen die Indianer westwärts zum Little Bighorn River. In der Zwischenzeit trafen sich Terry und Gibbon am Yellowstone River, in der Nähe der Rosebud-Mündung. In der Hoffnung, Indianer im Tal des Little Bighorn zu finden, befahl Terry der 7. Kavallerie unter >Custer den Rosebud flussaufwärts zu ziehen. Er selbst folgte mit den eigenen und mit Gibbons Truppen dem Yellowstone westwärts auf die Mündung des Little Bighorn zu, um aus nördlicher Richtung anzugreifen.

- Die 7. Kavallerie bestand aus etwa 600 Männern und fand das Indianerlager am Morgen des 25. Juni. Custer, der alle Warnungen seiner >Scouts abtat, unterschätzte die Zahl der versammelten Krieger und teilte sein Regiment in drei Bataillone auf. Drei Kompanien ordnete er Major A. Reno, drei Hauptmann Frederick Benteen zu, fünf behielt er unter seinem direkten Befehl. Eine zwölfte stellte er zur Deckung der Tragtierkolonne ab.
- Benteen wurde beauftragt, die Klippen im Süden auszukundschaften, während Custer und Reno sich in Richtung des Indianerdorfes im Tal des Little Bighorn bewegten. In der Nähe des Flusses wandte sich Custer nördlich dem vermuteten unteren Ende des Lagers zu.
- Reno, dem befohlen war, den Fluss zu überqueren und anzugreifen, marschierte durch das Tal, um am oberen Abschnitt des Lagers zuzuschlagen. Als er sich dem Dorf näherte, ritt eine Gruppe Sioux ihm entgegen, um ihn aufzuhalten. Reno versuchte seine Stellung zu halten, indem er seine Männer in Gefechtsformation beorderte. Nachdem indianische Krieger ihm in die Flanke gefallen waren, zog er sich jedoch bald zum Fluss zurück, um eine Verteidigungsposition im Schutz der Klippen einzunehmen. Hier stieß Benteen zu ihm, der aufgrund eines schriftlichen Befehls von Custer hierher geeilt war: „Komm schnell; großes Dorf, beeile dich, bring Tragtiere."
- Niemand wusste genau, wo sich Custer und seine Truppe aufhielten, jedoch wies starkes Gefechtsfeuer im Norden darauf hin, dass auch er angegriffen worden war. Sobald Munition verteilt werden konnte, bewegten Reno und Benteen ihre Truppen in nördliche Richtung. Ein Vortrupp unter dem Befehl von Hauptmann Thomas B. Weir marschierte ungefähr 1,5 km stromabwärts zu einem hohen Hügel, von dem aus die Gegend, die heute als Custer-Schlachtfeld bekannt ist, sichtbar war. Zu diesem Zeitpunkt hatte das Gefechtsfeuer aufgehört, und Custer und seine Männer waren nirgends zu sehen. Als die anderen Soldaten auf dem Hügel eintrafen, wurden sie von Sioux und Cheyenne angegriffen, und Reno befahl den Rückzug zu der ursprünglichen Position auf den Klippen über dem Little Bighorn. Hier verschanzten sich sieben Kompanien und hielten ihre Verteidigung bis weit in den nächsten Tag, indem sie das Feuer der Indianer erwiderten. Die Belagerung endete, als sich die Truppen unter Terry und Gibbon näherten.
- Inzwischen war Custer schon in die Militärgeschichte eingeritten. Seine genauen Bewegungen, nachdem er sich von Reno getrennt hatte, wurden nie festgestellt, aber detaillierte Berichte von Indianern, die an der Schlacht teilgenommen hatten, beschreiben, wie seine Truppe im unbarmherzigen Kampf umzingelt und vernichtet worden war. >Two Moon, Häuptling der Nord-Cheyenne, erinnerte sich Jahre später am Denkmal auf dem Schlachtfeld: „Custer ritt den Hügelrücken entlang über die Berge rechts vom Denkmal. Die Cheyenne und >Dakota kamen aus dem Tal vom Fuß des Reno-Hügels herauf und umkreisten die heranrückende Schar. Ich führte die Cheyenne. Custer ließ seine Soldaten auf diesem Hügel, wo das Denkmal steht, aufmarschieren. Wir feuerten auf die Soldaten. Viele wurden getötet. Aber auch von meinen Kriegern stürzten viele im Feuer der Soldaten. Ich trieb mein Pferd an und rief meinen Leuten zu, mit mir zu kommen; dies sei sonst der letzte Tag, an dem sie ihren Häuptling sähen. Abermals ritt ich gegen die Hügelkuppe vor. Die Cheyenne folgten mir mit gellendem Kriegsgeschrei und immerfort feuernd. Ich tötete einen verwundeten Soldaten und skalpierte ihn. Als ich mich aufrichtete, sah ich die Unsrigen mit den Soldaten im Handgemenge. Nun ritt ich auf den Bergrücken und fand fast alle Soldaten getötet. Zuletzt sahen wir Custer und den Rest seiner Leute in einer Gruppe beieinander. Wir schossen sie zusammen und nahmen

Little Crow

ihre Gewehre und >Skalpe. Nach dem Gefecht schnitten wir Weidenstöcke und ließen bei jedem Soldaten einen hinwerfen. Dann wurden die Stöcke gesammelt, und wir zählten vierhundertachtzig Tote auf dem Bergrücken. Als wir die Toten im Tal zählen wollten, kam General Terry, und wir mussten fliehen." - Nach amerikanischen Quellen verlor die 7. Kavallerie fünf Kompanien (C, E, F, I und L) unter Custers Befehl, ungefähr 225 Männer. Von den anderen Kompanien des Regiments unter dem Befehl von Reno und Benteen wurden diesen Quellen zufolge 47 Männer getötet und 52 verletzt. Die Indianer sollen nicht mehr als 100 Männer verloren haben. Die Zahl der am Little Bighorn versammelten und an der Schlacht beteiligten indianischen Krieger schwankt je nach Quelle erheblich. Wahrscheinlich waren es nicht mehr als 2000 Krieger. Diese Größe, die zeitgenössische Berichte oft nennen, wird auch gestützt von Schätzungen zur Zahl der >Tipis. Der Platz, an dem sich das Dorf befand, bot Raum für höchstens 800 bis 1000 Zelte. Dieser Zahl entsprächen etwa sechs- bis siebentausend Bewohner, von denen ein reichliches Viertel Krieger gewesen sein dürften.
- Als das Lager abgebrochen wurde, entfernten die Indianer ihre Toten vom Schlachtfeld. Die Stämme teilten sich in kleine Banden; einige zogen nach Norden, andere nach Süden. Die meisten kehrten zurück in die große Sioux->Reservation und ergaben sich in den nächsten Jahren. Abb.

Little Colorado River, kleiner Fluss, der südlich von Kayenta in der >Navajo->Reservation entspringt, nach Südwesten fließt, sich an der südwestlichen Reservatsgrenze nach Nordwesten wendet, um schließlich in den Colorado zu münden.

Little Crow, indianischer Name *Ta-oya-te-duta* (Der Habicht, der im Laufen jagt), >Häuptling der >Mdewakanton >Santee >Sioux, * um 1803, + 3.7.1863. L.C. verbrachte den Großteil seines Lebens in Minnesota. Er war ein leidenschaftlicher Redner, versuchte für die Santee gute Beziehungen zu den Weißen zu unterhalten, was an dem Vertragsbruch durch die USA scheiterte. Die Santee hatten 1851 im Vertrag von Mendota fast ihr gesamtes Land abgegeben, warteten aber vergebens auf die Zahlungen und Lebensmittellieferungen der Bundesregierung. Durch den drohenden Hungertod kam es zum Dakota-Aufstand von 1862, den L.C. anführte und der schnell und brutal niedergeschlagen wurde. 38 Santee wurden in der größten Massenhinrichtung in der Geschichte der USA gehängt. Anschließend setzte der Staat Minnesota 25 Dollar auf jeden Dakota->Skalp aus. L.C. war mit einigen seiner Leute entkommen und versuchte, andere Sioux-Stämme gegen die Weißen zu mobilisieren. Auch besuchte er die Engländer in Kanada, um sie als Helfer für die Santee zu gewinnen. Er erinnerte sie daran, dass seine Leute früher den Briten gegen die Amerikaner geholfen hatten. Außer etwas Proviant gaben ihm die Engländer nichts. L.C. kehrte daraufhin ins Santee-Land zurück. Er gedachte sich Pferde zu besorgen, damit sich seine Gruppe nach Westen, zu den Stammesbrüdern auf den >Plains, durchschlagen konnte. Während er in der Nähe der Siedlung Hutchinson mit seinem Sohn Wowinapa Himbeeren pflückte, wurde er von zwei Farmern entdeckt, die ihn erschossen. Sie erhielten außer den versprochenen 25 Dollar eine zusätzliche Skalpprämie von 500 Dollar. Skalp und Schädel von L.C. wurden in St. Paul öffentlich ausgestellt. Andere Santee-Häuptlinge wie Shakopee und Medicine Bottle wurden, nachdem man ihrer habhaft werden konnte, nach kurzem Prozess gehängt. Abb.

Little Turtle, indianischer Name *Michikiniqua*, >Häuptling der >Miami, * 1752, + 14.7.1812. L.T. gilt neben >Pontiac, >Tecumseh und >Chief Joseph als einer der bedeutendsten indianischen Redner und Militärstrategen. An der Spitze einer Konföderation aus Miami, >Potawatomi, >Ojibwa, >Ottawa, >Shawnee, >Delaware und Resten des Stammes der >Huron brachte L.T. überlegenen amerikanischen Truppen zwischen 1791-94 drei schwere Niederlagen bei, bevor er in der „Schlacht der Gefallenen Baumstämme" am 20.8.1794 von General Wayne besiegt wurde. Danach musste L.T. im Friedensvertrag von Greenville weite Teile des Indianerlandes abtreten. Tecumseh, der gegen General St. Clair siegreich auf L.T.s Seite gekämpft hatte, bestritt später die Gültigkeit dieses Vertrages und bemühte sich, ein neuerliches Militärbündnis der Stämme zusammenzubringen, um die Amerikaner hinter die Appalachen zurückzuwerfen. Diesem Bündnis trat L.T. und mit ihm der größte Teil der Miami nicht bei. Nach einigen Quellen soll Eifersucht auf den berühmten >Shawnee-Häuptling eine Rolle gespielt haben. Fest steht, dass L.T. in einem Brief an Gouverneur Harrison vom 25. Januar 1812 den Amerikanern anbot, Tecumseh für sie zu beobachten und ggf. zu denunzieren.

Little Wolf, indianischer Name *Ohcumgache*, Anführer des Wapiti->Kriegerbundes und oberster Schamane (>Medizinmann) im Rat der 44 >Häuptlinge der >Cheyenne, * um 1820, + 1904. L.W. kämpfte mit >Crazy Horse im sogenannten >Fetterman-Massaker, bei dem am 21.12.1866 in der Nähe von Fort Phil Kearny (auf dem Gebiet des späteren Wyoming) 82 US-Soldaten fielen. Vier Monate nach der Schlacht am >Little Bighorn, an der L.W. nicht teilnehmen konnte, weil er zu spät im Tal eintraf, wurde sein Lager mit allen Vorräten von der Armee zerstört. Er fand Aufnahme bei den >Oglala, musste sich aber im Frühjahr 1877 mit >Dull Knife ergeben. Beide wurden mit ihren Cheyenne nach Oklahoma (>Indianerterritorium) deportiert, von wo aus sie wieder nach Norden durchbrachen. L.W. vereinigte seine etwa 130 verbliebenen Anhänger am 25.3.1879 mit den Leuten von >Two Moon, die in Montana geblieben waren. Als Preis dafür, dass sie mit jenen zusammen in diesem Gebiet, das fünf Jahre später offiziell zur

Little Wolf

Northern Cheyenne >Reservation erklärt werden sollte, bleiben durften, verlangte General >Miles von L.W. und seinen Kriegern >Scout-Dienste für die Armee. L.W. erhielt den Rang eines Sergeants. Zehn Jahre später erschoss er besoffen und aus Eifersucht einen Stammesgenossen und verbrachte seine letzten Jahre in Einsamkeit. Abb.

Logan, indianischer Name *Tah-gah-jute* (Der alles sieht), >Sachem der Cayuga, eines Stammes der >Irokesen-Liga, * um 1725, + 1780. Nachdem 1774 weiße Siedler seine Familie ermordet hatten, wurde L., der bis dahin als friedliebend galt, zum gefürchteten Rächer seiner Sippe und zum Schrecken des Grenzlandes. Sechs Jahre nach dem Massaker an seiner Familie wurde auch er erschossen.

Lone Wolf, indianischer Name *Guipago*, ab 1866 Oberhäuptling (>Häupt-

Young-Man-Afraid-of-His-Horse

ling) und >Medizinmann der >Kiowa, * um 1815, + um 1879. L.W. war als berühmter Krieger vor allem auch der Führer der militanten Kiowa. Nach Washington eingeladen, machte er sein Kommen von der Entlassung der in Haft sitzenden Kiowa-Häuptlinge >Satank und >Satanta abhängig, woraufhin die Amerikaner die beiden im Sommer 1873 auf freien Fuß setzten. Nachdem Soldaten der US-Armee seinen Sohn erschossen hatten, nahm er die Angriffe auf Siedler und Wagentrecks wieder auf, überfiel zusammen mit den >Comanche unter >Quanah Parker Adope Walls. Die Armee zerstörte daraufhin am 26.9.1874 sein Lager, erschoss über 1000 Pferde und vernichtete die gesamten Vorräte der Kiowa. Am 25.2.1875 kapitulierte L.W. mit 250 halb verhungerten Leuten bei Fort Sill. Der Häuptling wurde zusammen mit 25 Getreuen nach Fort Marion in Florida verbannt, wo er an Malaria erkrankte. 1878 ließ man den Todkranken in die Fort Sill >Reservation zu seinem Stamm zurückkehren.

M

Mahican, >Algonkin sprechender Stamm, der am Hudson sesshaft von Fischfang und Ackerbau lebte und den >Mohegan verwandt war. Mit den >Delaware verbündet und später vermischt, verschwanden die M. nach den Kämpfen zwischen Franzosen und Engländern, an denen sie sich beteiligten, als Stamm aus der Geschichte.

Malecite, Stamm der >Algonkin-Sprachfamilie, der auf dem Gebiet des späteren US-Bundesstaates Maine sesshaft vor allem von Jagd und Fischfang lebte und mit den >Abnaki, >Penobscot und >Passamaquody zum Stammesverbund der Abnaki gehört.

Man-Afraid-of-His-Horse, indianischer Name *Tashunka kokipapi*: Man fürchtet (sogar) sein Pferd. 1) >Häuptling der >Oglala >Lakota >Sioux, * um 1817, + unbekannt. In den 50er Jahren des 19. Jhd. war er Oberhäuptling der nördlichen Oglala-Gruppen. Weil er sich weigerte, nach dem >Sand-Creek-Massaker gegen die Weißen in den Krieg zu ziehen, verlor er an Einfluss. >Red Cloud war bald als Häuptling aller Oglala anerkannt und M.-A.-o.-H.-H. wurde sein Stellvertreter. An den Verhandlungen zum >Laramie-Vertrag war er als einer der Wortführer neben Red Cloud beteiligt.
2) Sohn von 1), auch Young-Man-Afraid-of-His-Horse, * um 1830, + 1900. Oglala-Häuptling, der mit Red Cloud um das Land am Powder River kämpfte. Freund von >Crazy Horse. Spielte in der als >„Fetterman-Massaker“ denunzierten Schlacht vor Fort Phil Kearny (21.12.1866) einen der „Lockvögel“, die Captain Fettermans Truppe auf sich und in den Hinterhalt zogen. 82 Soldaten fielen. Wie sein Vater gehörte auch er zu den Unterzeichnern des Laramie-Vertrages. Anfang der 70er Jahre folgte er seinem Vater in die Red Cloud >Agentur (>Pine Ridge), wo er Chef der >Indianerpolizei wurde. 1884 wählte man ihn zum Ratsvorsitzenden der >Reservation. Abb.

Mandan, Eigenbezeichnung *Numamaki* (Menschen), zur >Sioux-Sprachfamilie gehörender Stamm von sesshaften Ackerbauern, die in den zentralen Plains am Missouri saßen. Die M. standen auf einer vergleichsweise hohen Kulturstufe, pflegten eine Vielzahl kultischer Tänze und zeichneten historische Ereignisse auf Leder auf. Wie die >Arikara und >Hidatsa, mit denen sie vor allem gegen die >Sioux verbündet waren, bauten sie kuppelförmige

Erdhäuser. Ihre Dörfer umgaben sie mit Palisaden und Gräben. Forschungsreisende wie >Lewis und >Clark und später Catlin und Bodmer beschrieben die M. als außerordentlich gastfreundlich, liebenswürdig und friedfertig. 1837 wurde der Stamm durch eine Blatternepidemie bis auf 150 Überlebende dezimiert. Heute soll es noch 350 mischblütige Nachfahren der M. in der Fort Berthold >Reservation in Norddakota geben. Abb.

Erdhäuser der Mandan

Mangas Coloradas, >Häuptling der Mimbreno->Apache, * 1797, + 18. 1.1863. Nachdem die Mimbreno seit Jahren mit den Mexikanern im Krieg lagen, setzte sich M.C. für ein friedliches Nebeneinander mit den Amerikanern ein, als diese 1846 New Mexico mit dem Territorium Arizona übernahmen. Dies änderte sich, als Bergarbeiter eine Gruppe Apache, die sie zu einem Fest eingeladen hatte, massakrierten. M.C., der ein kräftiger Hüne von über 2 Meter Körpergröße war, überfiel daraufhin mit seinen Leuten die Mörder und tötete etliche. Zum harten Guerillakrieg gegen Siedler und Armeepatrouillen kam es jedoch erst, nachdem Minenarbeiter M.C. ausgepeitscht hatten, um von ihm Goldfundstellen zu erpressen. Der Häuptling verbündete sich mit >Cochise, dem Führer der Chiricahua. Zusammen terrorisierten sie die Bergarbeitersiedlungen, Armeestützpunkte, Ranchs. 1863 ging M.C. unbewaffnet als Parlamentär in ein Lager der US-Armee, um zu verhandeln. Er wurde hinterrücks überfallen, gefesselt und ins Gefängnis gebracht, wo er durch Bajonettstiche zu Tode kam - offizielle Version: auf der Flucht erschossen.

Manitou, aus dem >Algonkin (geheimnisvoll, heilig), zentraler Begriff in den Glaubensvorstellungen der Algonkin-Stämme des östlichen Waldlandes Nordamerikas. Als unpersönliche Kraft, die in sakralem Kontext in Lebewesen, Objekten, Naturerscheinungen auftritt, verstanden die Algonkin unter M. nicht, wie von Weißen unterstellt, ein Gottwesen. Die Umschreibung „Großes Geheimnis", „Große Zauberkraft" trifft eher die indianische Vorstellung als „Großer Geist" (wie in Romanen gelegentlich gebraucht). Dem M. entspricht bei den >Sioux der Begriff *Wakanda* bzw. *Wakan tanka*, die >Iroquois sprechen von *Orenda*.

Maricopa, Stamm der >Yuma.

Massachusetts, ehemals volkreicher Stamm der >Algonkin-Sprachfamilie, der von Jagd, Fischfang, dem Sammeln von Wildfrüchten und Maisanbau in Hüttendörfern auf dem Gebiet des später nach ihm benannten US-Bundesstaates lebte. In der ersten Hälfte des 17. Jhd. wurden die M. durch Krankheiten, die die englischen Kolonisten eingeschleppt hatten, fast vollständig ausgerottet. Übrig gebliebene M. wurden missioniert und verfielen dem Alkohol. In der zweiten Hälfte des 17. Jhd. verliert sich der Stamm. Die M. gelten als ausgestorben.

Massasoit, auch *Ousamequin*, Oberhäuptling (>Häuptling) der >Wampanoag, * um 1600, + 1661. M. schloss mit den englischen Kolonisten einen Frie-

Mató-Tópe

Russel Means

dens- und Freundschaftsvertrag und half ihnen, sich an der Küste festzusetzen. Erst unter seinem Sohn >King Philip kam es 1675 zum Krieg mit den Weißen.

Mato paha, s. unter >Bear Butte.

Mató-Tópe (Vier Bären), vor allem durch den Maler Karl Bodmer, der M.-T. porträtierte, berühmt gewordener >Häuptling der >Mandan, * um 1800, + 30.7.1837. Als Krieger, der aus vielen Zweikämpfen, u.a. mit einem Häuptling der >Cheyenne, siegreich hervorging, genoss M.-T. hohes Ansehen unter den Indianern. Auch wird er als charaktervoller großherziger Mann von Prinz Maximilian zu Wied-Neuwied, der die Mandan 1832 besuchte, geschildert. Wie fast der gesamte Stamm starb auch M.-T. fünf Jahre danach an den Blattern. >Welskopf-Henrich schrieb den Namen M.-T. in ihrem Roman „Die Söhne der großen Bärin" *Mattotaupa*, was auf Lakota ebenfalls „Vier Bären" heißt. Abb.

Matrilineares Familiensystem, in der Erbfolge der mütterlichen Linie folgende soziale Gesellschaftsstruktur.

May, Karl, dt. Schriftsteller, * 25.2.1842 in Ernstthal (heute Hohenstein-Ernstthal), + 30.3.1912 Radebeul. Nach erzgebirgischen Dorfgeschichten, Humoresken und Kolportageromanen wie „Das Waldröschen" und „Der verlorene Sohn" schrieb M. fiktive Reiseerzählungen, die den Wilden Westen Nordamerikas oder den vorderen Orient betrafen. Er wurde zum meistgelesenen deutschen Abenteuerschriftsteller. Obwohl M. weder die von ihm beschriebenen Gebiete bereist noch über seine Gegenstände recherchiert hatte, kannte er keine Schreibhemmung. Emsig und mit zügelloser Phantasie verfertigte er so, fasziniert von der Idee vom „edlen Wilden", das verkitschteste Bild, das je von den Indianern gezeichnet wurde. Unkritisch dem herrschenden Zeitgeist verpflichtet, ist M.s Werk durchzogen von christlich-schwülstigen Einlassungen und einer nicht zu übersehenden Deutschtümelei.

Mdewakanton (Das Volk vom Geistersee), Gruppe der >Santee >Sioux (>Dakota). Die M. leben heute auf Stammesland (keine >Reservation!) im südöstlichen Süddakota. Allerdings ist das ihnen zuerkannte Gebiet von 953 ha in keiner gängigen Landkarte zu finden. In der nahe gelegenen Kleinstadt Flandreau unterhält der Stamm ein Büro und veranstaltet am dritten Wochenende im Juli das Santee Sioux Powwow (>Poww-Woww).

Means, Russel, indianischer Bürgerrechtskämpfer, * 10.11.1939. M., ein >Oglala >Lakota >Sioux, studierte Computerprogrammierung, arbeitete in den 60er Jahren am Anti-Armutsprogramm der US-Regierung mit und trat 1972 >American Indian Movement bei. An der Besetzung von >Wounded Knee 1973 hatte M. zusammen mit Dannis >Banks als Organisator maßgeblichen Anteil. Wie Banks versucht sich auch M. als Filmdarsteller und spielte u.a. in „Der letzte Mohikaner“ mit. Abb.

Medicine Crow, indianischer Name *Perits-shinakpas.* 1) >Häuptling und >Medizinmann der >Crow, * um 1848, + unbekannt. M.C. nahm bereits als 15-Jähriger an einem Kriegszug gegen die >Shoshone teil und wurde mit 22 Jahren Kriegshäuptling. Zahlreiche Nahkämpfe in Auseinandersetzungen mit den >Sioux, >Arapaho und Shoshone, aus denen M.C. als Sieger hervorging, hatten seinen legendären Ruf begründet. In den Kriegen der Weißen gegen die >Plainsstämme stand M.C. wie sein ganzer Stamm aufseiten der Armee. So kämpfte er mit seinen Kriegern 1876 am Rosebud gegen die >Lakota und >Cheyenne und 1877 gegen die aufständischen >Nez Percé, die, geführt von >Chief Joseph, versuchten, nach Kanada durchzubrechen. 2) Joseph M.C., Enkel von 1), Stammesforscher und Anthropologe der Crow. * 1913 in Lodge Grass in der Crow >Reservation Montana. J. M.C. wuchs bei seinen Großeltern auf, die noch frei umhergezogen waren, und lernte die Sitten und Überlieferungen des Stammes von ihnen. Nachdem er als erster Crow einen College-Abschluss gemacht hatte, studierte er an der University of Southern California Anthropologie und schloss mit dem Magistergrad ab. Sein Buch zur Stammesgeschichte der Crow erschien 1992 in New York und 1994 übersetzt in München („Mein Volk,die Krähenindianer“). Abb.

Medizinbeutel, auch Medizinsack bzw. Medizinbündel, oft aus dem Balg eines Vogels oder eines kleinen Säugetieres gefertigtes Behältnis, das kleine Fetische enthielt, denen magische Schutzfunktionen zugedacht waren. Vor allem bei den Indianern des östlichen Waldlandes und der >Prärien und >Plains verbreitet, war der persönliche M. ursprünglich der heiligste Besitz des Einzelnen.

Medizinmann, auch Schamane, bei den nordamerikanischen Indianern Heiler, Prophet und Mittler zwischen Diesseits und numinoser Sphäre. Es gab auch Medizinfrauen, die sich im Besitz transzendentaler Potenzen sahen. Ein M. war ebenso Zeremonienmeister religiöser und kultureller Bräuche. Als „Naturärzte“ kurierten die Medizinmänner und -frauen Kranke mit Hilfe von Pflanzenmedizin, Tänzen und Beschwörungsgesängen. Als Personen, die hohes Ansehen genossen, hatten sie oft großen Einfluss auf die Stammesführung oder waren gleichzeitig >Häuptlinge.

Menominee, Stamm der >Algonkin-Sprachfamilie,

Medicine Crow

Joseph Medicine Crow

der sesshaft im Gebiet zwischen dem Michigansee und dem Oberen See im Norden des heutigen Staates Wisconsin lebte und lebt. Die M. sammelten Wildreis, betrieben in Maßen Ackerbau, gingen auf Jagd und Fischfang und gewannen durch das Anzapfen des Zuckerahorns

Zucker und Sirup. Den Weißen gegenüber verhielten sie sich friedlich. Als einer der wenigen Stämme konnten die M. auf ihrem Land bleiben, wo man ihnen 1831 eine >Reservation einrichtete. Heute leben dort 7500 M.-Indianer.

Mesa (spanisch): Tisch, Tafel, in Lateinamerika und den USA Bezeichnung für Tafelberg oder Tafelland.

Mescalero, Stamm der östlichen >Apache.

Mestizen, Mischlinge aus Verbindungen zwischen Indianern und Weißen.

Metis, ausschließlich in Kanada Bezeichnung für Mischlinge mit einem indianischen und einem französisch sprechenden Elternteil. Die M. betrachten sich stolz als Ureinwohner. Ihr gesetzlicher Status in Kanada ähnelt dem der Indianer.

Miami (abgeleitet von dem >Algonkinwort *Omaugeg*: Menschen der Halbinsel). Stamm der Algonkin-Sprachfamilie, ursprünglich sesshaft südlich des Michigansees am Wabash und Ohio, lebte von Gartenfeldbau, Jagd und Fischfang. Im 16. und 17. Jhd. wurden die M. mehrfach von den >Iroquois mit Krieg überzogen und zeitweise unterworfen. 1812 beteiligten sie sich an der Konföderation, die unter >Tecumseh das Vordringen der Amerikaner über die Appalachen nach Westen zu stoppen versuchte. Nach der Niederlage mussten auch sie neben den >Creek, >Delaware und >Shawnee ihr Land an die USA abtreten und ins >Indianerterritorium nach Oklahoma umsiedeln. Heute zählen sich noch 4500 Personen zum Stamm der M.

Micmac (übersetzt: Verbündeter), ursprünglich selbstständiger >Algonkin-Stamm der Nordostküste, der im Stammesverbund der >Abnaki aufging.

Miles, Nelson A., General der US-Armee, * 8.8.1839, + 25.5. 1925. Als Freiwilliger im Bürgerkrieg 1861-65 ausgezeichnet und als Oberst in die reguläre Armee übernommen, war er an den meisten Feldzügen beteiligt, die nach 1865 gegen die Indianer geführt wurden. So kämpfte M. mit äußerster Härte und Brutalität gegen die >Comanche, >Kiowa , >Arapaho, >Cheyenne, >Nez Percé, >Sioux. Wegen seines mit Bärenfell gefütterten Mantels nannten ihn die Sioux „Bear Coat". Er war es, der >Chief Joseph und >Geronimo zur Kapitulation zwang, die Verhaftung >Sitting Bulls anordnete, der bei dieser Gelegenheit zusammen mit seinem Sohn ermordet wurde. Unter M.s Befehl kam es 1890 zum Massaker von >Wounded Knee.

Mills, Billy, Olympia-Sieger im 10 000-Meter-Lauf bei den olympischen Spielen in Tokio. Als erster Amerikaner gewann M. in dieser Disziplin, noch dazu in Rekordzeit. M., ein >Oglala >Lakota wurde in der >Pine Ridge >Reservation geboren.

Mimbreno, Stamm der westlichen >Apache.

Mingo, ursprünglich Bezeichnung, die die Kolonisten für Mitglieder der >Irokesen-Liga gebrauchten (so z.B. in den Romanen von J.F. >Cooper). Später bezeichnete man nur noch Iroquois, die fernab ihrer Stammesgebiete siedelten oder Krieg führten, als M.

Minnecoujou (Pflanze am Wasser), Gruppe der >Teton >Lakota >Sioux, die heute in der Cheyenne River >Reservation mit den Teton-Unterstämmen der >Sihasapa, >Itazipco und >Oohenumpa lebt.

Missouri, Eigenbezeichnung *Nintachi*, zur >Sioux-Sprachfamilie gehörender Stamm, der sesshaft am nach ihm benannten Fluss im Gebiet des späteren, ebenfalls seinen Namen tragenden US-Bundesstaates lebte. In vorgeschichtlicher Zeit sollen die M. mit den >Oto, >Iowa und >Winnebago aus einem Stamm hervorgegangen sein. Die M. waren Maisbauern, die aber auch, besonders nachdem sie in den Besitz von Pferden gekommen waren, auf Büffeljagd zogen. Um 1825-30 schlossen sich die M. mit den Oto zu einem Doppelstamm zusammen, um sich der von den Weißen in ihr Gebiet gedrängten >Osage erwehren zu können. 1850 wichen sie dem Siedlerzustrom nach Westen aus und ließen sich in Nebraska nieder. Von dort wurden sie später in eine >Reservation nach Oklahoma (>Indianerterritorium) getrieben. Dort leben heute noch etwa 1000 mit Oto-Indianern vermischte M.

Miwok (bedeutet: Menschen), ehemals volkreicher Stamm der >Penuti-Sprachfamilie, der nördlich der San Fransisco Bay an der Pazifikküste zahlreiche Siedlungen bewohnte. Die M. waren Fischer und Jäger, sammelten aber auch Wildfrüchte wie Eicheln, aus denen sie Mehl herstellten. Sie bauten Tabak an, handelten mit Salz, Muscheln und Obsidan. Ab 1848 wehrten sie sich gegen den Zustrom weißer Goldsucher, wurden jedoch in diesen Kämpfen fast aufgerieben. Heute leben lediglich an die 200 M., die, kulturell entwurzelt, sich in den Slums der Städte oder als Lohnarbeiter auf dem Land durchschlagen.

Modoc, zur >Penuti-Sprachfamilie gehörender Stamm, der auf den Gebieten der späteren Bundesstaaten Oregon und Kalifornien von Fischfang, Jagd und dem Sammeln von Wildfrüchten lebte. Die M. bewohnten Erdhütten. Ihre Siedlungen wurden von erblichen Dorfhäuptlingen (>Häuptling) regiert, eine Zentralgewalt des Stammes gab es jedoch nicht. Die M. zogen wie viele Stämme der Westküste auf Sklavenjagd, hielten Sklaven und handelten mit ihnen. Auf Betreiben weißer Siedler wurden sie in eine >Reservation eingewiesen, die sich auf dem Land der Klamath-Indianer befand und von denen sie als Eindringlinge behandelt wurden. Da auch die versprochenen Lebensmittellieferungen der Regierung ausblieben, verließen die M. unter Häuptling >Captain Jack, der bis dahin als Freund der Weißen galt, die Reservation, um in der alten Heimat zu fischen und Camaswurzeln zu suchen. 1872 wurden sie vom Indian Bureau aufgefordert, zurückzukehren. Captain Jack bat daraufhin die Behörde, ihm irgendwo im M.-Land am Lost River eine Reservation einzurichten. Das Indian Bureau war geneigt, dieser Bitte zu entsprechen, stieß aber auf den harschen Widerstand weißer Rancher, die inzwischen diese Gebiete beanspruchten. Der Armee wurde befohlen, die M. mit Gewalt zurück in die Klamath-Reservation zu bringen. Mit der Hälfte des Stammes floh Captain Jack in die schwer zugänglichen Lavafelder an der Grenze zwischen dem heutigen

Gefangene Modoc, rechts Captain Jack

Oregon und Kalifornien. Mit 50 Kriegern und 75 Frauen und Kindern entzog sich Jack den 650 nachsetzenden US-Soldaten, die von einer Batterie Feldhaubitzen unterstützt wurden. Es kam zu Verhandlungen, in denen General Canby und Reverend Dr. Thomas die M. zum Einlenken zu überreden versuchten. Von den eigenen Leuten dazu gezwungen, erschoss Captain Jack den General. Der Reverend fiel einem Krieger namens Bosten Charley zum Opfer. Unter dem Eindruck dieses Doppelmordes schickten die Amerikaner nun General Davis mit 3000 regulären Soldaten und 4 Batterien Artillerie gegen die 50 mit Vorderladern bewaffneten M. Sieben Wochen lang wurde Captain Jack mit den letzten drei Kriegern pausenlos gehetzt und schließlich gestellt. Nach

Lager der Montagnais um 1883

kurzem Prozess, in dem den Angeklagten nicht einmal ein Verteidiger zugebilligt wurde, hängte man alle vier auf. Captain Jacks Leiche wurde bald darauf heimlich ausgegraben und einbalsamiert. In Schaubuden in Städten an der Ostküste konnte sie später gegen 10 Cent Eintrittspreis besichtigt werden. Die überlebenden M. wurden noch 1872/73 ins >Indianerterritorium Oklahoma deportiert, von wo sie erst 1909 in die Klamath-Reservation zurückkehren konnten. 1961 starb der letzte M. Abb.

Mohave (abgeleitet von *Hamakhava*: drei Berge), Stamm der >Yuma.

Mohawk (etwa: Die lebendes Fleisch essen), Eigenbezeichnung *Kayingehaga* (Hüter des Feuersteins), Stamm der >Irokesen-Liga.

Mohegan oder Mohican (Mohikaner), Stamm aus der Sprachfamilie der >Algonkin (nahe verwandt mit den >Mahican, einem Stamm, der am Hudson saß und sich später mit den >Delaware vermischte). Im östlichen Waldland, im Gebiet des späteren Bundesstaates Connecticut, lebten die M. als sesshafte Fischer und Maisbauern. Bei der Niederwerfung der >Pequot 1637, an der sie unter ihrem >Häuptling Uncas, der selbst ein Pequot war, lebhaften Anteil hatten, wurden sie zu Handlangern der Engländer gegen die eigenen Brüder. Auch kämpften sie gegen die >Narragansett und andere Stämme immer aufseiten der Weißen. Ihr Häuptling Uncas, von >Cooper zum Vorbild für den Helden in der „Der letzte Mohikaner" stilisiert, wurde als intriganter, korrupter Denunziant zum Mündel der Invasoren. Für Habsucht, Rachsucht, Verrat, Raub und Mord bekannt, bemühte er sich zeitlebens, den Untergang der eigenen Rasse zu beschleunigen. Auch wird berichtet, dass er selbst vor kannibalischen Exzessen an seinen indianischen Opfern nicht zurückschreckte. Mehrfach sogar von den ihn beschützenden Engländern angeklagt, gelang es ihm immer wieder, sich den Kolonisten anzudienen. Als Dank dafür ehrten ihn die Amerikaner mit einem Denkmal in Norwich/Connecticut und einer Bronzestatue an Coopers Haus in Cooperstown/New York. Heute gelten die M. bis auf wenige Mischlinge für ausgestorben.

Mokassins, aus weichem, gegerbtem Leder hergestellte absatzlose indianische Fußbekleidung, die, im Norden mit langem Schaft versehen, in wärmeren Breiten als „Halbschuhe" hergestellt wurden. Oft reich verziert, ließen sie je nach Machart Rückschlüsse auf die Stammeszugehörigkeit ihres Trägers zu.

Montagnais (bedeutet: Bergleute, Leute der Berge), Eigenbezeichnung *Ne-eno-ilno* (Volk ohne Makel). Großer Stamm der >Algonkin-Sprachfamilie, der von alters her im Gebiet der heutigen kanadischen Provinz Quebec von Jagd auf Großwild (Karibus, Elche) und Fischfang lebt. Seit die M. mit den Weißen Handel trieben, spielte auch die Jagd auf Pelztiere eine bevorzugte Rolle. In kleinen Gruppen siedelten die M. weit verstreut in den Wäldern. Sie bewohnten mit Birkenrinde gedeckte >Tipis. Verbündet mit dem Stamm >Algonkin und den irokesischen >Huron kämpften die M. zu Beginn des 17. Jhd. auf französischer Seite gegen die Engländer und die mit ihnen konföderierende >Irokesen-Liga. Von letzterer wurden die M. vom St.-Lorenz-Strom nach Norden verdrängt, woraufhin sie sich bis zur Ostküste Labradors ausbreiteten. Heute leben die über 6000 M. vornehmlich von Jagd, Forstwirtschaft und Handwerk an der Küste von Labrador. Abb.

Mountain Men (Männer der Berge), zivilisationsmüde Abenteurer, die als Pelztierjäger im ausgehenden 18. Jhd. und vor allem in der ersten Hälfte des 19. Jhd. in die unerschlossenen Gebiete westlich des Missouri und in die Rocky Mountains vordrangen. Viele lebten friedlich mit den Indianern und nahmen oft deren Gebräuche und Lebensweise an. Nicht selten gab es Mischehen mit Indianerinnen. Eine große Rolle spielten sie später als >Scouts für Armee und vordringende Siedlertrecks, auch als Vermittler zwischen Weißen und Indianern. Ihre Zeit ging Mitte des 19. Jhd. zu Ende, als die Biber, aus deren Pelz Filz für Hüte hergestellt wurde, in weiten Gebieten fast ausgerottet waren. Zudem sank die Nachfrage nach Biberfellen dank einer neuen Mode, die Seide für Hüte favorisierte.

Muskogean, indianische Sprachfamilie des Südostens Nordamerikas, auch Golfküstensprache genannt, der die meisten Stämme dieser Region angehören (>Creek, >Chickasaw, >Choctaw, >Alabama, >Seminole usw.).

N

Na-Dené, große Sprachfamilie Nordamerikas, zu der neben dem Tlingit und Eyak vor allem die >athapaskischen Sprachen von Stämmen in Kanada, Alaska, an der Pazifikküste und im Südwesten (>Navajo, >Apache) gehören.

Nakota, nördliche Hauptgruppe der >Sioux, benannt nach ihrem Dialekt.

Narragansett (Menschen des kleinen Orts), ehemals großer Stamm der >Algonkin-Sprachfamilie, der im späteren Rhode Island genannten Gebiet sesshaft von Gartenfeldbau, Jagd und Fischfang lebte. Da große Teile des Stammes auf Inseln vor der Küste siedelten, wurden die N. nach der Landung der Weißen nicht in dem Maße von Seuchen heimgesucht wie andere Stämme. Friedlich lebten sie zunächst mit den Ankömmlingen zusammen, schlossen sich aber, nachdem diese sich hemmungslos an ihrem Land schadlos hielten, mit den >Wampanoag unter deren >Häuptling Metacom (King Phillip) zusammen. 13 Siedlungen der Kolonisten gingen in Flammen auf, 600 Siedler starben. Im Dezember 1675 jedoch wurden die N. von den Engländern in einer Schlacht, in der über 1000 Krieger fielen, vernichtend geschlagen. Die Reste des Stammes wurden, nachdem seine >Sachems von den Siegern hingerichtet worden waren, von anderen Algonkinstämmen der Region adoptiert. - Neueren Forschungen zufolge ist nicht auszuschließen, dass in vorkolumbianischer Zeit Wikinger in den N. aufgingen. So wären die N. größer als andere Indianer der Küste gewesen, hätten häufig rötliches Haar, einen sehr hellen Teint mit Sommersprossen und blaue Augen gehabt.

Naskapi (übersetzt: grob, unhöflich), Eigenbezeichnung *Nanenot* (Wahre

Krieger der Navajo um 1860

Menschen), Stamm der >Algonkin-Sprachfamilie, der von Karibujagd, Fischfang und Fallenstellerei lebte. Im 16. und 17. Jhd. wurden die N. durch die >Iroquois vom St.-Lorenz-Strom nach Labrador vertrieben, wo heute ein paar Hundert N. von Pelztierjagd und dem Verkauf von Waldfrüchten leben. Konfrontationen mit den Weißen blieben ihnen erspart - ihre Gebiete im hohen Norden sind bis heute für eine weiße Besiedlung uninteressant. Viele Autoren sehen die N. in einer ethnischen Einheit mit den >Montagnais.

Navajo, auch Navaho, Eigenbezeichnung *Diné* (Volk), der zur südlichen >Athapaskischen Sprachfamilie gehörende, mit 180 000 Angehörigen bei weitem größte Indianerstamm Nordamerikas. - Ihre Vorfahren wanderten zusammen mit den nahe verwandten >Apache nach der Abtrennung von den subarktischen Athapasken vom Nordwesten des Kontinents südwärts bis in den trockenen Südwesten, wo sie Ende des 15. Jhd. die sesshaften >Puebloindianer zum Teil verdrängten und sich zunächst als einfache Jäger und Sammler einrichteten. Infolge von Mischehen, die sie mit den kulturell höher stehenden Pueblos eingingen, übernahmen sie neben dem Maisanbau (der jedoch nicht in allen Gegenden möglich war) vor allem das matrilineare >Klan-System sowie religiöse Vorstellungen und Zeremonien. Durch die Spanier zu Pferden und Schafen gekommen, entwickelten sich die N. zu halbsesshaften Viehzüchtern, ohne auf Jagd und Raubzüge als Erwerbszweige zu verzichten. Ihre handwerklichen Fertigkeiten als Wollweber, Teppichknüpfer und ab dem 19. Jhd. auch als Silberschmiede, für die sie berühmt sind, bildeten sie unter spanischem und mexikanischem Einfluss aus. In Klangruppen lebend, war den N. eine zentrale Stammesorganisation unbekannt. Als Wüstenvolk sind die N. Meister der Anpassung. Ihre Wohnstätten, >Hogans genannt, gliedern sich gut in die Landschaft ein. Dicke Lehmwände dienen als Isolation sowohl gegen Sommerhitze als auch gegen Kälte im Winter und halten eine angenehme Innentemperatur. Durch ihre Farbgleichheit mit der Umgebung sind sie für ungeübte Beobachter aus der Entfernung nur schwer zu erkennen. - Dem Zustrom weißer Siedler begegneten die N. kriegerisch, überfielen Siedlungen, Transporte, Ranchs und Armeedepots. General >Carleton, für den Indianer „wilde Tiere“ waren, marschierte daraufhin ins Navajoland ein. Seinen Vorstellungen nach sollten alle Krieger getötet, Frauen und Kinder gefangen genommen werden. Um gegen den schwer zu fassenden Feind anzukommen, holte sich Carleton den erfahrenen >Scout Colonel >Carsen, den er beauftragte, ein Freiwilligenregiment aufzustellen. Carsen rekrutierte mexikanische Schafhirten, die traditionell Feinde der N. waren, >Trapper sowie >Ute- und >Zuni-Scouts und stieß ins Kernland der N. vor, wo er Fort Defiance aufbauen ließ. Die N. begegneten der Invasion durch Überfälle auf Soldatentrupps und Nachschubkolonnen und begannen einen verzweifelten Partisanenkrieg. Carson wandte nun die bewährte Strategie der US-Armee gegen Indianer an, die militärisch nicht zu unterwerfen waren: er zerstörte ihre Existenzgrundlage. Er ließ ihr Vieh stehlen, vernichtete ihre Siedlungen, brannte ihre Felder nieder, befahl ihre Obsthaine zu fällen. Halb verhungert und am Erfrieren, kapitulierten die meisten N. schließlich zu Winterbeginn 1864 im Canyon de Chelley. Im März 1864 deportierte Carleton die 8000 N., die Carsen zusammengetrieben hatte, zu Fuß in die mehrere hundert Kilometer entfernte Bosque Redondo >Reservation bei Fort Sumner. Hier pferchte er die N. mit >Apache zusammen auf ein Stück Ödland, auf dem nichts gedieh. Tausende starben an Ruhr, Tuberkulose, Lungenentzündung. 1868 wurde, nach zahllosen Beschwerden der >Häuptlinge, ein Vertrag unterzeichnet, der den N. eine >Reservation in ihrer alten Heimat garantierte. Während ihres erzwungenen Exils war jedoch ihr Gebiet wesentlich beschnitten worden. Die Regierung verpflichtete sich, beim Kauf von Schafen und Saatgut zu helfen, und die N. begannen ihr Leben wieder zu organisieren. Ein kleiner Verband von N., angeführt von Häuptling Hoskininni, war der Zusammentreibung entgangen und fristete sein Leben in den Schluchten und Klippen des Monument Valley. Diese Stammesgenossen halfen den Zurückkehrern beim Wiederanfang. - 1923 wurde erstmals ein Stammesrat gewählt, der seinen Sitz in Window Rock, heute 8000 Einwohner, nahm. Diese Institution ist bis heute die Regierung der Navajo Nation. Inzwischen wurden mit Hilfe der USA Krankenhäuser und Schulen errichtet, in denen heute wieder Diné, die Sprache der N., gelehrt wird. Dennoch greifen Probleme, wie sie auch aus anderen Reservationen bekannt sind, um sich: Arbeitslosigkeit (45%), Alkoholismus, Abwanderung in die Städte, Weißenfeindlichkeit. Großen Zulauf erfährt in den letzten Jahren die traditionelle >Peyote-Religion (Native American Church of North America). Damit einher geht eine verstärkte Besinnung auf die eigene kulturelle Identität. - Die Reservation der N. (in Teilen von Nordost-Arizona, Südost-Utah, Nordwest-New Mexico), die in der Vergangenheit mehrmals beträchtlich erweitert wurde, ist heute mit 64 000 km² die größte Amerikas. Abb.

Nez Percé (durchstochene Nasen), Eigenbezeichnung *Nimipu* (Volk). Stamm, der im nordöstlichen Oregon in festen Siedlungen vor allem von Fischfang, aber auch von der Jagd lebte. Die N.P. wurden angeführt von erblichen >Häuptlingen. Zusammen mit den >Cayuse, den Walla Walla, Palus, Klikitat, >Yakima und Umatilla gehören sie zur >Sahaptin-Sprachfamilie. Im 18. Jhd. kamen die N.P. durch die Plainsstämme zu Pferden, entwickelten sich zu den erfolgreichsten Züchtern und schufen mit dem Appaloosa eine neue Rasse. Das Pferd veränderte ihre Lebensweise. Die N.P. zogen nun über die Berge hinunter auf die >Plains, wo sie als Büffeljäger mit anderen Stämmen um die Jagdgebiete kämpften und zumindest saisonal in >Tipis lebten. - Die ersten Weißen, die die N.P. sahen, waren die Teilnehmer der Lewis- und Clark Expedition, die im September 1805 halb verhungert und von Ruhr geschwächt bei ihnen anlangten. Die N.P. nahmen sich der Fremden freundlich an, pflegten sie gesund und kümmerten sich um die Pferde, als die Forscher mit Kanus weiterzogen. Von da an betrachteten die N.P. Weiße als Freunde. Das änderte sich erst Mitte des 19. Jhd., als immer mehr Siedler in ihr Gebiet eindrangen. 1855 schließlich versuchte Isaak Stevens, Gouverneur des Territoriums Washington, die N.P. zu Gebietsabtretungen und zur Umsiedlung in eine >Reservation zu bewegen. Häuptling Aleiya und einige andere Führer ließen sich überreden, nahmen die versprochenen Decken als Geschenk an und akzeptierten mit einem Teil des Stammes die angebotene Reservation. Häuptling Old Chief Joseph, der Vater des später berühmten >Chief Joseph, blieb jedoch standhaft. Er nahm seinem Sohn sogar das Versprechen ab, niemals ihr Gebiet, das Wallowa Valley, die Erde, in der die Gebeine ihrer Eltern ruhen, aufzugeben. Um den Weißen klar zu machen, wo sein

Sewel Makes Room for Them – ein Oglala von heute

Land beginnt, ließ der Häuptling, wie er es von Siedlern gesehen hatte, sein Tal mit Grenzpfosten abstecken. - Nach seinem Tod 1871 wurde sein Sohn Häuptling. Regierungsbeamte kamen zu ihm, verlangten die Umsiedlung in die Lapwai-Reservation. Chief Joseph wandte sich daraufhin an den Präsidenten Ulysses Grant, der am 16.6.1873 eine Anordnung erließ, die den N.P. das Wallowa Valley für immer bestätigte und Weißen die Ansiedlung darin untersagte. Nur zwei Jahre später gab derselbe Präsident vor dem Hintergrund der Goldfunde in den nahen Bergen und unter dem Druck Washingtoner Lobbyisten das Tal zur Besiedlung frei. General Howard bekam den Auftrag, das Tal von den N.P. zu räumen. Er berief Chief Joseph in die Lapwai-Reservation zu einer Konferenz. *Too-hool-hool-zote*, den alten Medizinmann des Stammes aus Josephs Gefolge, ließ er jedoch verhaften, weil der sich am standhaftesten weigerte, das Tal aufzugeben. Howard gab den N.P. dreißig Tage Zeit, ihr Land zu räumen. Um den bei Weigerung unvermeidlichen Krieg zu verhindern, stimmte Joseph der Umsiedlung zu. Siedler nutzten den hastigen Aufbruch der N.P. und stahlen das Vieh der Indianer. Weitere Tiere ertranken im Snake River, der zu dieser Zeit Hochwasser führte. Es kam zur Rebellion junger Krieger, die sich mit der Vertreibung und den Übergriffen auf ihr Eigentum nicht abfinden wollten. Sie töteten elf Weiße und schufen damit eine neue Situation, aus der heraus sich der Häuptling widerstrebend an die Spitze des Aufstandes stellte. Es begann der legendäre Marsch der N.P., der Joseph als den genialsten Strategen, den die Indianer Nordamerikas hervorbrachten, berühmt machte. Auch markiert der Exodus der N.P., in dessen Verlauf die Armee der Vereinigten Staaten bloßgestellt wurde, das beschämendste Kapitel US-amerikanischer Indianerpolitik.

North Fork River, Fluss in Nordwest-Wyoming, der in der Nähe des Sylvan Pass entspringt. Ostwärts durchfließt er im Tal von Pahaska den >Shoshone National Forest, geht bei Wapiti in den Shohone River über, der an >Cody vorbei zum Bighorn Lake führt, in den er mündet.

O

Odjig, Daphne, Malerin, * 11.9.1919. O., deren künstlerisches Thema die Legenden ihres Stammes sind, wurde mit ihren Gemälden international bekannt. Ihre Werke sind in großen Galerien und Museen in Amerika, Europa, Japan und Israel vertreten. Geboren wurde sie als >Ojibwa auf der Wikwemikong >Reservation in Kanada.

Oglala, größter Unterstamm der >Teton >Lakota >Sioux, der heute in der >Pine Ridge >Reservation im südwestlichen Süddakota lebt. Mit 687 965 ha ist die Pine Ridge Reservation die größte der 9 Sioux-Reservationen. Abb.

Ojibwa, auch >Chippewa, Eigenbezeichnung *Ishinabe* (Erste Menschen). Großer Stamm der >Algokin-Sprachfamilie, der sich im östlichen Waldland, der Subarktis, vor allem um den Michigan und den Huronsee herum nomadisierend von Fischfang und Jagd, aber auch von gesammeltem Wildreis ernährte (>Erntevölker). In autonomen Lokalgruppen lebend, kannten die O. keine zentrale Struktur. Sie beteiligten sich in großem Umfang am Pelzhandel mit der >Hudson's Bay Company und der Northwest Company, die die O. durch „Kredite" abhängig machten. Man kreditierte ihnen Fallen, Waffen, Rum, nahm im Gegenzug die Ausbeute an Fellen und kreditierte wieder. Infektionskrankheiten und Alkoholexzesse, die nicht selten zu Mord und Totschlag unter den O. führten, waren unvermeidliche Begleiterscheinungen. Durch den Besitz von Feuerwaffen wurden die O. in die Lage versetzt, andere Stämme nach Süden und Westen abzudrängen und ihre eigenen, durch Raubwirtschaft geplünderten Jagdgründe auszudehnen. So trieben sie u.a. ihre Erbfeinde, die >Sioux, mit denen sie im ständigen Krieg lagen, in die Prärie. Einige O.-Gruppen, die ebenfalls westwärts zogen, entwickelten sich wie die Sioux zu Büffelnomaden (Plains-Ojibwa). - Im französisch-englischen Kolonialkrieg kämpften die O. aufseiten Frankreichs. Weil den siegreichen englischen und später amerikanischen Siedlern ihre Gebiete für den Ackerbau ungeeignet erschienen, blieben die O. danach dennoch fast hundert Jahre unbehelligt. Erst ab 1854 begann man, sie in >Reservationen abzuschieben, was sie ohne erheblichen Widerstand hinnahmen. Heute leben in zahlreichen kleinen Reservationen, die sich zum Teil in Städten befinden (Chicago, Milwaukee, Duluth) etwa 100 000 O. in den USA, etwa 65 000 in Kanada.

Omaha (bedeutet: Sie gehen gegen den Wind), zur >Sioux-Sprachfamilie gehörender sesshafter Stamm des Missouri-Tales. Die O. bauten Mais an und bewohnten Erdhäuser. Wie die kulturverwandten >Sauk und Fox, >Iowa und >Santee zogen auch sie mit >Tipis auf Bisonjagd, die noch an Bedeutung gewann, nachdem sie Pferde übernommen hatten. 1802 fiel der gesamte Stamm bis auf 300 Menschen einer Pockenepidemie anheim. Abb.

Oneida, Eigenbezeichnung *Onayothaga* (Menschen des aufragenden Steins), Stamm der >Irokesen-Liga.

Onontaga (Auf der Bergspitze), Stamm der >Irokesen-Liga.

Oohenumpa (Zwei Kessel), Stamm der >Teton >Lakota >Sioux, der heute in der Cheyenne Indian Reservation im Norden Süddakotas zusammen mit >Minnecoujou, >Itazipco und >Sihasapa am Highway 212 lebt.

Orenda, in der Vorstellung der >Iroquois eine in der natürlichen Welt waltende geheimnisvolle unpersönliche Kraft (vgl. auch >Manitou, >Wakanda).

Osage, Eigenbezeichnung *Niukonskah* (Menschen des mittleren Gewässers). Zur >Sioux-Sprachfamilie gehörender Stamm, der im 17. Jhd. auf den Territorien der späteren Bundesstaaten

Omaha-Häuptling Yellow Smoke (1883)

Osage-Häuptling Oh-lo-ho-walla (1904)

Illinois und Missouri sesshaft von Maisanbau und Büffeljagd lebte. Die O. bewohnten Dörfer aus Erdhäusern und auf ihren Jagdzügen >Tipis. Zu Beginn des 19. Jhd. gingen die O. zu einer halbnomadischen Lebensweise über und wurden ins Gebiet des Kansas-Territoriums abgedrängt, von wo man sie 1870 nach Oklahoma (>Indianerterri-

Osceola

Krieger der Oto um 1880

Now-on-dhu-go, ein Häuptling der Ottawa (1845)

torium) in eine >Reservation umsiedelte. Heute leben die meisten O. (1990 wurden 9527 gezählt) in Oklahoma. Abb.

Osceola, >Sachem und Kriegshäuptling (>Häuptling) der >Seminole, * um 1800, + 30.1.1838. Von Geburt ein >Creek, kam O. nach der Zerstörung seines Dorfes durch Amerikaner mit anderen Stammesmitgliedern zu den Seminole. Als junger, außerordentlich martialischer Kämpfer soll er bereits am 1. Seminolenkrieg (1817-18) teilgenommen haben. Nach Friedensbemühungen anderer Seminole->Sachems, die scheiterten, wurde O. zum einflussreichsten Häuptling und Anführer des Stammes im 2. Seminolenkrieg. Er verwickelte die US-Armee in den bis dahin schrecklichsten Guerillakrieg. Als intelligent, energisch und ausdauernd, aber auch als intolerant, jähzornig und gnadenlos beschrieben, wurde O. zur Geißel des weißen Südostens. Da die Armee seiner militärisch nicht habhaft werden konnte, arretierte man ihn kurzerhand 1837 während eines Waffenstillstandes als Parlamentär unter der weißen Fahne. Er starb kurz darauf im Gefängnis von Fort Moultrie. Abb.

Oto, zur Sprachfamilie der >Sioux gehörender Stamm der >Prärie, der zu Beginn des 19. Jhd. am unteren Missouri siedelte. Wie die eng verwandten >Winnebago, >Iowa und >Missouri und die weiter entfernt verwandten >Santee-Sioux lebten die O. in Erdhäuserdörfern, zogen aber als Halbnomaden mit >Tipis auch Büffeln hinterher, die neben dem Maisanbau zu ihrer Ernährungsgrundlage gehörten. Wie alle anderen Stämme dieses Kulturareals wurden die O. von den Amerikanern erst nach Westen vertrieben und dann in >Reservationen abgeschoben. Den O. wurde mehrfach die angewiesene Reservation wieder abgenommen und gegen eine andere ersetzt. Heute leben noch etwa 1000 mit Missouri-Indianern verschmolzene Nachkommen der O. in Oklahoma. Abb.

Ottawa (abgeleitet von dem >Algonkinwort *adawe*: Handel treiben). Algonkinstamm, der wie die >Ojibwa um die großen Seen herum beheimatet war. Mit den Ojibwa vielfältig versippt, glichen die O. ihren Verbündeten in vielem. Berühmt wurde ihr >Häuptling >Pontiac, der sich im 18. Jhd. um eine Einigung der Stämme des östlichen Waldlandes bemühte, um die Engländer zurückzudrängen. Er scheiterte nach anfänglichen politischen und militärischen Erfolgen und musste 1765 aufgeben. Die USA zwangen die O. schließlich, sich in Kansas anzusiedeln. Insgesamt wurden 1990 noch 7522

O. gezählt, die zum einen Teil in Kanada, zum anderen in den USA leben. Abb.

P

Paha sapa, Bezeichnung der >Lakota >Sioux für ihre Heiligen Berge, s.unter >Black Hills.

Paipai, Stamm der >Yuma.

Paiute, Eigenbezeichnung *Numa* (Menschen), Stamm primitiver Jäger und Sammler der >uto-aztekischen Sprachfamilie. Grassamen und Pinonnüsse gehörten ebenso zu ihrer Ernährungsgrundlage wie Murmeltiere, Hasen, Enten, Dickhornschafe oder Antilopen, die zumeist in Treibjagden erlegt wurden. Die P. lebten in halb nomadischen Familienverbänden im Großen Becken von Nevada und im südöstlichen Oregon. Eine zentrale Stammesstruktur oder überhaupt >Häuptlinge kannten sie nicht. Großen Einfluss hatten jedoch Schamanen (>Medizinmann). In den siebziger Jahren des 19.Jhd. wurden die P. in >Reservationen gesperrt. Die letzten freien P.-Banden wurden 1874 dorthin getrieben. 1889 wurde ihr Prophet >Wowoka, der die >Geistertanz-Bewegung ins Leben rief, vor allem unter den besiegten Stämmen der >Plains sehr populär. Heute leben etwa 11 000 P. in kleineren Reservationen und Siedlungen als Farmarbeiter in Nevada.
Abb.

Paiute-Gruppe um 1900

Papago, Eigenbezeichnung *Tohono o'odham*, Stamm der >uto-aztekischen Sprachfamilie, dessen Dialekt dem der >Pima ähnelt. Die P. waren sesshafte Gemüsebauern, die im Norden Mexikos und im Südwesten Arizonas kleine Siedlungen bewohnten. Ihre Häuser errichteten sie aus luftgetrockneten Ziegeln (span. Adobe). Jagd und Sammelwirtschaft spielten neben dem Feldbau eine untergeordnete Rolle. Die P. flochten Körbe und verstanden sich auf die Töpferei. Ende des 17. Jhd. wurden spanische Missionare zu ihnen gesandt. Die P. traten zum Christentum über und passten sich in der Folgezeit bereitwillig der Kultur der Weißen an. Sie übernahmen neben dem Obst- und Getreideanbau später auch die Viehzucht. Mit den Mexikanern und danach mit den Amerikanern arbeiteten die P. gegen andere Indianerstämme zusammen, stellten >Scouts und 1865 der US-Armee eine 150 Mann starke Truppe gegen die >Apache zur Verfügung. - Heute leben die etwa 18 500 P. zum größten Teil in vier >Reservationen in Südarizona und nur wenige im Norden der mexikanischen Provinz Sonora.

Passamaquoddy, >Algonkinstamm, der im Gebiet der späteren kanadischen Provinz New Brunswick sesshaft von Jagd und Fischfang lebte und in frühkolonialer Zeit im Stammesverbund der >Abnaki aufging.

Pawnee, eine ihrer Eigenbezeichnungen lautete *Chahiksichaniks* (Menschen unter Menschen). Stamm von sesshaften Ackerbauern der >Caddo-Sprachfamilie, der ursprünglich im Südosten lebte. Im 17. Jhd. wanderten die P. nach Westen, ließen sich im Gebiet des späteren Nebraska in Dörfern nieder, die aus

Esteemed Son, Krieger der Pawnee

Pawnee-Häuptling Petalasharo (1858), der das Morgensternopfer abschaffte

kuppelförmigen Erdhäusern bestanden. In den Besitz von Pferden gelangt, gingen sie zu einer halbnomadischen Lebensweise über und wurden nun auch Büffeljäger. Ein Teil des Volkes wanderte weiter nach Norden und siedelte sich am Missouri an, wo er sich zum eigenständigen Stamm entwickelte und >Arikara oder auch Ree genannt wurde. Bis Ende des 18. Jhd. gab es bei den P. sowohl rituellen Kannibalismus als auch Menschenopfer. Erst unter ihrem Oberhäuptling (>Häuptling) Petalasharo wurde um 1816 das sogenannte Morgensternopfer, bei dem ein junges Mädchen bestialisch umgebracht wurde, abgeschafft. Neun Jahre später kam es zum Freundschaftsvertrag zwischen den USA und den P., die sich fortan der US-Armee als >Scouts und treue Vasallen andienten. Unter Major Frank North wurde ein reguläres, uniformiertes Bataillon von P. geschaffen, das sich in allen Feldzügen der Armee gegen die Stämme der >Sioux, >Cheyenne, >Arapaho, >Comanche - alles traditionelle Feinde der P. - fragwürdigen Ruhm errang. Durch Pockenepidemien und Vergeltungsschläge der feindlichen Stämme wurden die P. in der 2. Hälfte des 19. Jhd. fast ausgerottet. Als die P. als Scouts nicht mehr gebraucht wurden, presste man den Stamm zur Aufgabe seines Landes und zur Übersiedlung in eine >Reservation in Oklahoma. Das ehemals große Volk der P. war auf ein Zehntel dezimiert. Heute soll es noch etwa 1000 P. geben, die in Oklahoma als Kleinfarmer und abhängig Beschäftigte leben. Abb.

Pend d'Oreille (Ohrgehänge), französische Bezeichnung für den Stamm >Kalipsel.

Penobscot, >Algonkinstamm, der an der Atlantikküste des späteren US-Bundesstaates Maine sesshaft von Maisanbau, Jagd und Fischfang lebte. Die P. gehörten zum Stammesverbund der >Abnaki. Gegen Ende des 18. Jhd. wurde ihnen eine >Reservation in ihrem angestammten Gebiet zugewiesen. Heute leben dort noch 1500 P.

Penuti, indianische Sprachfamilie, deren Vertreter hauptsächlich im Gebiet des heutigen Kalifornien und an der West- und Nordwestküste leben.

Pequot (bedeutet etwa „Zerstörer"), Stamm der >Algonkinsprachfamilie, der auf Gebieten der späteren US-Bundesstaaten Rhode Island, Connecticut und New York von Gartenfeldbau, Jagd und Fischfang lebte. Die P. galten als ausgesprochen martialischer Stamm, der mit seinen Nachbarvölkern in ständigem Krieg lag. Mit den englischen und niederländischen Kolonisten lebten die P. lange in Frieden, bis es 1637 wegen der Ermordung eines weißen Händlers auch mit den Weißen zur militärischen Auseinandersetzung kam. Die P. wurden in deren Folge von den Engländern bis auf zwei Dorfgemeinschaften nahezu ausgerottet. Einige Überlebende wurden in die Stämme der >Narragansett und >Mohegan aufgenommen. Um

1850 wurden noch 40 P. am Mystic River gezählt, danach galten sie für ausgestorben. Ende der achtziger Jahre des 20. Jhd. meldeten sich jedoch einige Indianer als P. und wurden als Stamm anerkannt, was sie in den Besitz von Landrechten brachte.

Peyote, kleine stachellose Kakteenart, die vor allem in Mexiko am Rio Grande wächst. Viele Indianer des Südwestens kauen diesen Kaktus, der Halluzinationen hervorruft. In der Native American Church, die ihn bis weit in den Norden verbreitete, ist er bis heute im Gebrauch.

Piegan, >Algonkin-Stamm aus der Konföderation der >Blackfoot.

Pima, Stamm der >uto-aztekischen Sprachgruppe, der sesshaft im Süden des späteren Arizona und im Norden der mexikanischen Provinz Sonora von Ackerbau lebte. Die P. legten Bewässerungsanlagen an. Zu den Mexikanern und später zu den Amerikanern unterhielten sie freundschaftliche Beziehungen und ließen sich gern als >Scouts gegen die >Apache, mit denen sie verfeindet waren, anwerben. Heute leben in >Reservationen in Arizona etwa 14 000 P.

Pine Ridge Indian Reservation, Landfläche: 687 965 ha, davon 48 562 ha „Badlands". Im südwestlichen Süddakota gelegene Indianerreservation der >Oglala >Lakota >Sioux, in der 20 000 Indianer leben. Diese Reservation ist der ärmste Distrikt der USA und hat mit 85% Arbeitslosigkeit und einer durchschnittlichen Lebenserwartung von 43 Jahren den höchsten Anteil an Alkoholikern. In der >Reservation fand 1890 das Massaker von >Wounded Knee statt. Abb.

Junge Oglala in der Pine Ridge Indian Reservation

Pizi, s. unter >Gall.

Plains, auch Great Plains, Bezeichnung für das mit Kurzgrassteppen bedeckte Vorland der Rocky Mountains, das sich von den Bergen ostwärts allmählich in Schichtstufen abdacht bis zum zentralen nordamerikanischen Tiefland. In Nord-Süd-Richtung erstrecken sich die P. über 5000 km vom Delta des Mackenzie in Kanada bis zur Golfküstenebene. Das Klima der P. ist kontinental, Niederschläge sind relativ selten. Den östlichen Teil der P., wo auf fruchtbaren Böden üppiges, mannshohes Gras wuchs, nannte man >Prärie. Heute sind diese Gebiete fast ausschließlich dem Getreideanbau zum Opfer gefallen. - Die P., deren kurzes Gras Millionen Büffeln ideale Lebensbedingungen bot, werden dagegen heute zum Teil als Weideland für Rinder genutzt. Die Kultur der nomadisierenden Büffeljäger-Stämme, die das Bild des Indianers so nachhaltig prägten, entstand nicht, wie fälschlich angenommen wird, in der Prärie, sondern in den P.

Ponca, Stamm der >Sioux-Sprachfamilie, der südlich von den >Arikara am Missouri von Ackerbau und Bisonjagd lebte. Die P. bewohnten Erdhäuser und während der Jagdzüge

>Tipis. Unter den kriegerischen Nachbarstämmen der >Pawnee im Westen, der >Sioux im Norden wie auch unter der fortschreitenden Besiedlung durch Weiße von Osten hatten die P. derart zu leiden, dass sie Schutz bei der US-Armee suchten. Auch Missernten, Überschwemmungen und Epidemien reduzierten den Stamm, so dass Mitte des 19. Jhd. nur noch etwa 400 P. lebten. 1877 wurden die friedlichen P. dennoch gezwungen, ihre >Reservation aufzugeben. Man deportierte sie ins >Indianerterritorium von Oklahoma. Der als „Todesmarsch“ bekannt gewordene Abzug der P. wurde trotz anhaltender winterlicher Wetterunbilden durchgesetzt - 160 P., meist Frauen, Kinder, Alte, starben unterwegs, ein weiteres Fünftel verhungerte in Oklahoma, über 50 P. fielen der Malaria zum Opfer. Eine kleine Gruppe P. unter ihren >Häuptlingen >Standing Bear und White Eagle, die geflohen war, wurde in Fort Omaha interniert. Inzwischen aber hatte sich ein Kommitee engagierter Bürger in Omaha gebildet, das um Unterstützung für die leidgeprüften P. warb. Es kam zu einem ordentlichen Gerichtsverfahren, in dem der junge Anwalt John L. Webster die P. ohne Honorar vertrat. Der Prozess, „Standing Bear gegen General Crook“, endete mit einem ersten Sieg nordamerikanischer Indianer vor einem Gericht. Richter Judge Dundy entschied in seinem Urteil, dass ein Indianer eine Person im Sinne der Habeas-Corpus-Akte sei und die freie Wahl des Wohnsitzes für Indianer ebenso wie für Weiße ein natürliches, unabdingbares Recht. Auch ordnete er an, die arretierten Indianer auf freien Fuß zu setzen. - Ein Teil des Stammes kehrte nach diesem beispiellosen spektakulären Erfolg unter Standing Bear in das alte Reservationsgebiet in Nebraska zurück. Die anderen P. wurden jedoch aus Furcht, die Angelegenheit könnte für andere Stämme einen Präzedenzfall darstellen, durch zahllose bürokratische Winkelzüge des Innenministeriums in Oklahoma festgehalten. Heute leben in Nebraska und Oklahoma wieder über 2000 P.

Pontiac, >Häuptling der >Ottawa, * um 1720, + 20.4.1769. P. versuchte nach dem verlorenen Krieg der Franzosen gegen die englischen Kolonien 1769 erstmals die nordöstlichen Stämme gegen die Engländer zu einem Militärbündnis zusammenzuschließen, was ihm zum Teil gelang. Er entfesselte den größten und erfolgreichsten Indianerkrieg des 18. Jhd. Seine Streitmacht nahm von 12 Forts, die er, teils unterstützt von verbündeten Franzosen, angriff, 9 im ersten Anlauf. Er belagerte Detroit, scheiterte aber durch Verrat und musste sich im Oktober zurückziehen. 1765 schloss er einen Friedens- und Freundschaftsvertrag mit den britischen Kolonien, bemühte sich jedoch weiter um eine Vereinigung der Stämme gegen das Vorrücken der Weißen. Er starb durch die Hand eines indianischen Verräters.

Potawatomi (bedeutet: Menschen von der Feuerstelle), Stamm der >Algonkin-Sprachfamilie, der um den Michigansee in Dörfern aus Rindenhütten wohnte, von Jagd und Fischfang lebte, aber auch Mais, Bohnen und Kürbisse anbaute. Sprachlich sind sie eng verwandt mit den >Ojibwa und >Ottawa. Wie sie wurden auch die P. in der ersten Hälfte des 19.Jhd. von der kolonialen Besiedlungsgrenze eingeholt. Einige wenige P.-Gruppen entschieden sich, in kleine >Reservationen östlich des Mississippi zu ziehen - Enklaven inmitten sich ausbreitender Farmen. Die meisten P. aber zogen westwärts. Sie wurden später in Reservationen in Kansas und Oklahoma (>Indianerterritorium) gebracht. 1990 wurden in den USA 16 763 P. gezählt.

Powhatan 1) Stamm der >Algonkin-Sprachfamilie, der an der Küste Virginias lebte. Von den 30 Algonkinstämmen der gleichnamigen, von ihm dominierten Konföderation bezog er Tribut in Form von Perlen,

Kupfer, Schmuck, Pelzen, Wildbret, Truthähnen und Mais. Die Frauen dieses Stämme-Verbundes betrieben Feldbau. Jagd und Fischfang dagegen war Sache der Männer. Die P.-Völker lebten in sehr fruchtbaren und wildreichen Gebieten, waren wohlhabend und zeigten deutliche Ansätze einer sozialen Differenzierung. Als die Engländer an den Küsten der P. anlandeten, bewohnten diese Indianer rindengedeckte Langhäuser, und ihre etwa 200 von Palisaden umgebenen Siedlungen wurden von >Sachems regiert, die einem erblich gewordenden >Häuptlingsadel angehörten.
2) von den englischen Kolonisten als King P. betitelter Obersachem der P.-Konföderation, der einen regelrechten Hof hielt und den seine Untertanen auch *Werowance* (der Reiche) nannten. Seine Tochter Pocahontas heiratete 1613 den englischen Kolonisten John Rolfe, was den Engländern Jahre des Friedens bescherte, so dass sie sich in Virginia festsetzen konnten. Nach dem Tode P.s im Jahre 1618 wuchsen jedoch die Spannungen zwischen den Siedlern und der Konföderation, die jetzt von *Opechancanough*, dem Bruder des verstorbenen Obersachems, regiert wurde. Er war nicht bereit, ein weiteres Vordringen der Weißen in sein Land hinzunehmen. Am 1. April 1622 eröffnete er den Krieg gegen die Kolonie. Über 300 Engländer starben im ersten Ansturm der Indianer. Dann schlugen die Kolonisten zurück und brachten der Konföderation am James River eine schwere Niederlage bei. 1644 fiel Opechancanough, nachdem er abermals die Ausbreitung der Kolonie militärisch zu stoppen versucht hatte, in die Hände der Engländer, die den Neunzigjährigen lynchten. Die Macht der P.-Konföderation war danach gebrochen. Die Stämme wurden weiter ins Landesinnere verdrängt, wo sie Opfer der >Iroquois wurden.

Poww-Woww, auch *wacipi*, indianische Kulturfeste, die die traditionellen Gemeinsamkeiten aller nordamerikanischen Indianer betonen und an denen in der Regel Mitglieder verschiedener Stämme teilnehmen. Vielen Indianern dienen P.W. auch zur Stärkung ihrer kulturellen Integration in Abgrenzung zur amerikanischen Anonymität. P.W. sind dennoch öffentliche Feste, zu denen Rodeos veranstaltet werden und indianische Speisen wie Taco (Indianerbrot) oder Wojapi (eine Art Fruchtpudding) angeboten werden. Aus den zahlreichen P.W., die jedes Jahr in den fast 300 Indianer->Reservationen veranstaltet werden, eine Auswahl:
- North American Indian Days: 2. Juliwoche, Blackfeet Tribal Fairgrounds, Browning/Montana, Blackfeet Reservation, Tel. (406) 338-72 76.
- Oglala Nation Powwow and Rodeo: 1. volles August-Wochenende, Pine Ridge Indian Reservation, Pine Ridge/South Dakota, Tel. (605) 867 5821.
- Great Plains Powwow: 2. Wochenende im Oktober (in Verbindung mit dem Native American Day), Sioux Falls Coliseum/South Dakota, Tel. (605) 339 7039.

Pueblo, New Mexico, 1880

Prärie, Grassteppe im zentralen Tiefland Nordamerikas zwischen dem östlichen Waldland und den >Plains im Westen. Heute ist die Prärie vor allem dem Anbau von Weizen vorbehalten.

Pueblo-Indianer, Sammelbezeichnung für die im Südwesten Nordamerikas (Arizona, New Mexico) sesshaften und kulturverwandten Feldbauern. In der Mehrzahl gehören sie zur >uto-aztekischen Sprachfamilie. Die P.-I. hielten Truthähne und Hunde als Haustiere und ergänzten ihre auf dem Mais beruhende Ernährungsgrundlage durch Jagd. Zu ihrem spanischen Namen >Pueblo

Quanah Parker mit einer von acht Frauen vor seinem Haus in Oklahoma (1892)

(Dorf) kamen sie dank ihrer Wohnanlagen, deren stufenförmig übereinander gesetzte Räume nur mit Außenleitern zu erreichen waren. Gegen die räuberischen Nomadenstämme dienten diese Wohnungen den P.-I. als Festung. Die soziale Gesellschaft der P.-I. basiert auf >matrilinearen >Klanen. Oberhäupter der einzelnen Dörfer waren die >Kaziken. - Nach gelegentlichen Auseinandersetzungen mit Mexikanern und Spaniern gestalteten sich die Beziehungen der P.-I. zu den US-Amerikanern, die ihre Gebiete nach 1848 übernahmen, in der Regel friedlich, da die angestammten Areale für diese Weißen uninteressant waren. Trotz jahrhundertelang währender Missionierungsversuche konnten sich die heutigen P.-I. (rund 53 000) ihre ethnische Identität weitgehend erhalten. Wesentliche Elemente ihrer Kultur gehen auf die Zivilisation der >Anasazi zurück. Abb.

Q

Quanah Parker, indianischer Name *Kwaina*, Kriegshäuptling (>Häuptling) der Quahadi>Comanche, * 1844, + 21.2.1911. Qu.P.s weiße Mutter, Cynthia Ann Parker, fiel als Neunjährige am 19.5.1836 den Comanche in die Hände, als diese das kleine Fort Parker (Adobe Walls) am Navasota River niedergebrannt und die etwa 40 Siedler getötet hatten. Sechs Jahre später wurde sie die Frau des Häuptlings Nacona, dem sie zwei Söhne und eine Tochter gebar. Die Verbindung war glücklich, und als weiße Jäger sie zur Rückkehr bewegen wollten, lehnte sie ab. Im Dezember 1860 wurde ihr Dorf von 40 Texas-Rangern und 20 US-Kavalleristen unter Captain Ross, dem späteren Gouverneur von Texas, überfallen. Ross tötete ihren Mann und nahm sie mit ihrer Tochter Prairie Flower gefangen, um sie beide später ihrem alten Onkel, Isaak Parker, zu übergeben. Qu.P., der mit seinem Bruder fliehen konnte, war zu diesem Zeitpunkt zwölf Jahre alt. Er sah seine Mutter, die mehrere Fluchtversuche unternahm, nie wieder. Sie und ihre Tochter starben Jahre später in tiefer Depression. Bis zuletzt hatte Cynthia Ann Parker sich allen Resozialisierungsversuchen widersetzt, was so weit ging, dass sie sich weigerte, englisch zu sprechen. - Qu.P. entwickelte sich zum erfolgreichen jungen Krieger, der unter den Comanche außerordentlich beliebt wurde. Zum Kriegshäuptling gewählt, forcierte er zwar den Kampf gegen die weißen Büffeljäger, die innerhalb von nur drei Jahren 3 700 000 Tiere abschossen, zeigte sich aber als maßvoller, trotz seiner Jugend weiser Führer, der auch von den Cowboys der südlichen >Plains, wie aus zeitgenössischen Berichten hervorgeht, als ehrenhafter Mann respektiert wurde. - Entschiedenen Widerstand setzte Qu.P. der Armee der Vereinigten Staaten entgegen, als diese 1871 eine Strafexpedition gegen die freien Quahadi ausschickte. Unter Colonel Ronald Mackenzie fielen 600 Mann der 4. Kavallerie über ein Comanchedorf her, töteten 23 Männer, nahmen 120 Frauen und Kinder gefangen und raubten über tausend Pferde. Qu.P., der mit mehreren hundert Kriegern Mackenzie nachsetzte, holte in einem nächtlichen Überraschungsangriff alle Pferde zurück. Einige Soldaten verloren ihr Leben. Frauen und Kinder zu befreien, war ihm jedoch nicht gelungen. Mackenzie brachte sie in die >Reservation bei Fort Sill, wohin ihnen etliche Comanche, die mit ihren Familien leben wollten, freiwillig folgten. - Qu.P. setzte mit seinen Kriegern, denen sich >Kiowa unter >Lone Wolf und >Satanta, >Cheyenne und >Arapaho anschlossen, den Kampf fort und überfiel im Juni 1874 mit siebenhundert Mann Adobe Walls, das zum Stützpunkt der Büffeljäger geworden war. Mit weittragenden Repetiergewehren, auf denen Zielfernrohre saßen, schossen die Jäger aus sicherer Deckung heraus und trafen noch auf anderthalb Kilometer ihre Ziele. Nach mehreren Angriffswellen und nachdem fünfzehn Indianer gefallen waren, zogen sich die Krieger aus der Reichweite der Büffelflinten zurück und gaben nach kurzer Belagerung auf. Zwei Jäger, die zuvor auf einem Wagen zu flüchten versucht hatten, blieben die einzigen Opfer unter den Weißen von Adobe Walls. Die Comanche töteten beide und skalpierten sie. - Drei Monate später stellte Colonel Mackenzie die Indianer im Palo Duro Canyon, vernichtete ihre sämtlichen Vorräte und ließ die gefangenen Pferde erschießen. Ohne Nahrung, Kleidung und Tipis überlebten die Entkommenen den Winter, gejagt von tausenden Soldaten. Im Februar 1875 endlich kapitulierten die 252 Kiowa unter Lone Wolf. Qu.P. ergab sich drei Monate später mit den letzten freien Comanche und wurde mit ihnen in die Reservation von Fort Sill eingewiesen. - Ohne seine indianische Identität aufzugeben, wurde Qu.P. später zum erfolgreichen Geschäftsmann, der mit seinen acht Frauen (>Ehe) ein offenes Haus führte. Als von Weißen und Indianern gleichermaßen geachteter Mann soll er mit der Zeit Ambitionen auf das Amt des Gouverneurs von Texas entwickelt haben. Erfolgreich nutzte er seine Bekanntschaft mit Präsident Roosevelt, der bei ihm zu Gast war und mit ihm jagen ging, um für >Geronimo die Begnadigung zu erwirken. Der >Apache-Häuptling wurde aus dem Gefängnis in Florida entlassen und auf eine Reservation in Oklahoma (>Indianerterritorium) überstellt. Abb.

Quapaw, kleiner Stamm der >Sioux-Sprachfamilie, der im 17.Jhd. im Gebiet des späteren Arkansas zwischen dem Arkansas River und dem Mississippi sesshaft von Feldbau und Jagd lebte. Die Qu. sind verwandt mit den >Kansas, >Ponca, >Omaha und >Osage. Bereits 1818 akzeptierten sie eine enge >Reservation in ihrer angestammten Heimat, zogen aber sechs Jahre später ins >Indianerterritorium Oklahoma ab. Heute leben im US-Bundesstaat Oklahoma 1300 mit Osage vermischte Qu.

Quileute, kleiner Fischerstamm an der Küste des heutigen US-Bundesstaates Washington. Die Qu. gehören der >Salish-Sprachfamilie an, errichteten die für die nördliche Westküste typischen Plankenhäuser und Totempfähle und zogen unter sogenannten Wal->Häuptlingen auf Walfang. Mitte des 19. Jhd. begrenzte man ihr Gebiet zur >Reservation, auf der in den neunziger Jahren des 20. Jhd. noch knapp 400 Qu. leben.

Quinaielts, südlich der >Quileute sesshafter >Salish-Stamm, dessen Existenz vorzüglich vom Lachs abhing. Ihr Gebiet wurde 1855 von den USA zur >Reservation erklärt. Heute leben dort noch etwa 2500 Qu.-Indianer weitgehend traditionell vom Fischfang.

R

Rain-in-the-Face, indianischer Name *Ite-o-magazu*, berühmter Krieger der >Hunkpapa >Lakota >Sioux, * um 1835, + 14.9.1905. Er kämpfte sowohl in >Red Clouds Krieg als auch nach 1870 in zahlreichen Gefechten gegen die US-Armee. In der Schlacht am >Little Bighorn tötete er >Custers Bruder Tom, der ihn 1874 in der Standing Rock->Agentur in Ketten hatte legen lassen. Ite-o-magazu, der fliehen konnte, schwor ihn zu töten und sein Herz zu essen. Nach eigenen Aussagen will er, nachdem er Tom Custer auf dem Schlachtfeld erschossen hatte, auch tatsächlich sein Herz herausgerissen, ein

Rain-in-the-Face

Red Cloud

Stück abgebissen und es ihm ins Gesicht gespuckt haben. Diese Darstellung wurde jedoch oft angezweifelt. 1877 floh er mit >Sitting Bull nach Kanada, kehrte dann aber nach der Amnestie 1880 in die USA zurück, wo er künftig in der >Reservation lebte. Abb.

Red Cloud, indianischer Name *Mahpina-luta,* >Häuptling der >Oglala >Lakota >Sioux, * 1822 am Platte River/ heute Nebraska, + 10.12.1909 in >Pine Ridge. R.C., dessen Häuplingswürde nicht ererbt war, verschaffte sich bereits in jungen Jahren als tapferer Krieger den Respekt seiner Stammesgenossen, die ihn schließlich zu ihrem Kriegshäuptling machten. Sein Aufstieg zum einflussreichsten Häuptling der Oglala begann Anfang der 60er Jahre des 19.Jhd. Er attackierte die Kolonnen weißer Einwanderer, die auf dem neu erschlossenen >Bozeman Trail zu den Goldfeldern Montanas zogen, so erfolgreich, dass sich die Regierung gezwungen sah, die Indianer 1866 zu Verhandlungen nach Fort >Laramie zu bitten. R.C. kam mit über 1000 Oglala und errichtete beim Fort sein Lager. >Spotted Tail und Red Leaf kamen mit ihren >Sicangu, >Dull Knife mit den >Cheyenne. Doch noch während die Konferenz abgehalten wurde, erschien Colonel Carrington mit siebenhundert Mann des 18. Infanterieregiments. Carrington hatte den Auftrag, die Forts am Bozeman Trail auszubauen, den Verkehr zu sichern. Die Indianer waren empört. „Der Große Vater schickt uns Geschenke und will eine neue Straße", sagte R.C., „aber der weiße Häuptling geht mit den Soldaten die Straße stehlen, bevor die Indianer ja oder nein sagen!" Die Unruhe, die R.C.s Rede unter den Indianern auslöste, bewog E.B. Taylor, den Vorsitzenden der Friedenskommission, die Verhandlungen zu unterbrechen. Am nächsten Morgen waren R.C. mit den Oglala und die meisten der anderen Indianer verschwunden. Die heiße Phase des sogenannten Red Cloud's War hatte begonnen. An der Spitze einer Konföderation aus Oglala, >Minnecoujou, >Hunkpapa, >Sicangu, >Itazipco, >Oohenumpa, Cheyenne und >Arapaho attackierte R.C. die Forts am Bozeman Trail sowie den Verkehr auf ihm. Die indianische Streitmacht, die R.C. zusammengebracht hatte, wurde auf 3000 Krieger geschätzt. Militärische Erfolge der Indianer, wie das sogenannte Fetterman-Massaker bei Fort Kearny, bei dem eine Abteilung Kavallerie mit 82 Soldaten komplett aufgerieben wurde, führten allmählich zu einem Umdenken in der US-Administration. 1868 wurde schließlich in Fort Laramie ein Vertrag abgeschlossen, in dem den Indianern große Gebiete zuerkannt wurden und in dem sich die USA verpflichteten, den Bozeman Trail zu schließen und die Forts an ihm aufzugeben. R. C. hatte damit alle Kriegsziele erreicht. Er ging in die Geschichte ein als der einzige Häuptling der >Plainsstämme, der einen ganzen Krieg gegen die Amerikaner gewonnen hatte. - 1870 reiste er zusammen mit >Sitting Bull und Spotted Tail an der Spitze einer Delegation nach Washington. Tief beeindruckt von der Macht und der Zahl der Weißen beteiligte er sich fortan an keinen kriegerischen Auseinandersetzungen mehr, auch nicht, als der Vertrag bereits 1874 durch >Custers Expedition gebrochen wurde. Später ließ sich R.C. auf der >Pine Ridge >Reservation nieder, wo er mit den Jesuiten einen Vertrag über die Errichtung und Führung einer Schule schloss, was ihm ebenfalls bis heute viele seiner eigenen Leute vorwerfen. Abb.

Red Jacket, indianischer Name *Sa-go-ye-wat-ha* (Der sie mit seiner Rede wachhält), einer der >Häuptlinge der >Irokesen-Liga, * um 1758, + 20.1.1830. R.J. war >Seneca->Sachem, der sich zu Beginn des Unabhängigkeitskrieges mit seinem Stamm unwillig auf die Seite der Engländer schlug, aus Loyalität der Irokesen-Liga gegenüber. Wegen einer roten Uniform, die ihm von den Engländern geschenkt wurde und die er stolz trug, wurde er R.J. genannt. Er war einer der begabtesten Diplomaten und Redner, die die nordamerikanischen Indianer hervorgebracht haben. Nachdem die Iroquois 1779 von den Amerikanern geschlagen wurden und der mit den Engländern gemeinsam geführte Krieg verloren war, die Provinzen sich unabhängig erklärt hatten, trieb R.J. die Irokesen-Liga in der Konferenz von Fort Stanwix (1784) zu einem Bündnis mit den ehemaligen Gegnern und trat für die Kriegsteilnahme aufseiten der Amerikaner ein. Im sogenannten 2. Unabhängigkeitskrieg (1812) standen die Iroquois dann auch zu den neuen Verbündeten, was den Raub ihrer Gebiete allerdings nicht bremsen konnte. Bis R.J. achtzehn Jahre später an Cholera starb, hatte er noch erleben müssen, wie die Stämme der Liga nach Kanada, Wisconsin und Oklahoma (>Indianerterritorium) vertrieben wurden. Abb.

Red Jacket

Red Tomahawk, Krieger der >Hunkpapa >Lakota >Sioux, * 1849, + 7.8.1931. R.T. genoss zunächst großes Ansehen unter seinen Leuten, weil er sich in Kämpfen mit den >Flathead ausgezeichnet hatte. Als der Stamm in der Standing Rock >Reservation interniert wurde, ließ sich R.T. als Indianerpolizist anwerben. Bei dem Versuch der >Indianerpolizei, >Sitting Bull zu verhaften, erschoss R.T. am 15.12.1890 seinen >Häuptling von hinten.

Ree, s. unter >Arikara.

Reservationen, in den USA und Kanada für die Indianer reservierte Gebiete,

Behausung in der Oglala-Reservation

meist unter staatlicher Treuhandverwaltung, die geschaffen wurden, um die unterworfene Urbevölkerung ihres Landes zu berauben und sie zu kontrollieren. Die Mehrzahl der R. waren vor allem in den USA in erster Linie Kriegsgefangenenlager, die die Indianer erst nach und nach mit Passierscheinen verlassen konnten. In der Regel auf Ödland eingerichtet, sind die R. bis heute Armutsgebiete mit extrem hoher Arbeitslosigkeit geblieben. Rechtlosigkeit, hohe Kindersterblichkeit, Analphabetismus, niedrige Lebenserwartung charakterisieren das Leben in der Mehrzahl der R.

Roman Nose, indianischer Name *Woquini*, Kriegshäuptling (>Häuptling) der >Cheyenne, * um 1830, +17.9.1868. R.N. wurde nach dem >Sand Creek Massaker (>Black Kettle, >Chivington) zum erbarmungslosen Gegner der Weißen. Es gelang ihm am 7.1.1865, ein Jahr nach Chivingtons Überfall, eine Abteilung Kavallerie bis zum letzten Mann zu vernichten. Anschließend führte R.N. seine Krieger nach Julesburg/Colorado und erbeutete bei zwei Angriffen Waffen und Munition im Wert von 40 000 Dollar. Er schloss sich >Red Cloud an, kämpfte in dessen Konföderation um die Jagdgründe am Powder River. - Am 14.4.1867 überfiel General W.S. Hancock mit 1400 regulären Soldaten das Lager von R.N. und zerstörte es. R.N. boykottierte daraufhin die Vertragsverhandlungen im Oktober 1867 am Medicine Lodge Creek und sandte Krieger, um den vertrauensseligen Häuptling Black Kettle zu überwachen und dadurch zu verhindern, dass dieser für die Cheyenne unvorteilhaft abschloss. R.N. zog indes ab und fiel in den Kämpfen mit der ihm nachsetzenden Abteilung unter Oberst G.A. Forsyth.

Nach dem Sand-Creek-Massaker begnügten sich auch die Indianer nicht mehr mit dem Skalpieren ihrer Feinde. Das Foto zeigt die Leiche von Sergeant Frederick Wylyams, der zur 7. Kavallerie gehört hatte und am 26.6.1867 bei Fort Wallace/Kansas einer Gruppe Cheyenne in die Hände fiel. Ihm wurde die Kehle durchgeschnitten und die Bauchdecke bis zur Brust geöffnet, dass das Herz freilag. Dem rechten Unterarm entfernten die Krieger das Muskelgewebe, die Oberschenkel schlitzten sie bis auf die Knochen auf: der Soldat sollte im Jenseits nicht in der Lage sein zu laufen oder sein Pferd zu satteln. Zum Schluss schossen die Cheyenne mehrere Pfeile in den Leichnam. Fotos wie dieses wurden nach Washington geschickt, wo sie die Runde machten und die Stimmung gegen „die roten Teufel" anheizten. Grausamkeiten, wie sie z.B. Chivingtons Soldateska an den Cheyenne verübte, wurden dagegen nicht dokumentiert.

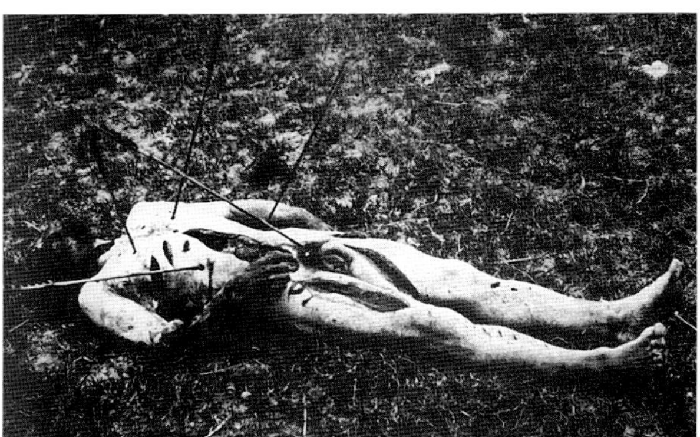

S

Sachem, ursprünglich bei den >Algonkin- und >Iroquois-Stämmen der Dorfhäuptling (>Häuptling), bei der Irokesen-Liga auch der Friedenshäuptling.

Sahaptin, nordamerikanische Sprachfamilie, zu der vor allem Indianerstämme der Gebiete des heutigen Idaho, Oregon und Washington gehören. Bekannteste Vertreter sind die >Nez Percé, >Cayuse, >Yakima.

Salish, indianische Sprachgruppe im Gebiet der heutigen US-Bundesstaaten Washington, Oregon, Idaho, Montana sowie des kanadischen British Columbia. Zu ihr gehörten sowohl Plateau-Stämme wie die >Flathead, Spokane und Shuswap als auch Nordwestküsten-Stämme wie die >Bella Coola oder die Tillamook.

Sand-Creek-Massaker, Überfall von Colorado-Regimentern auf >Black Kettles friedliche >Cheyenne-Gruppe, die sich bei Fort Lyon unter dem Schutz der US-Armee niedergelassen hatte. Am 27.11.1864 traf Colonel >Chivington, im Zivilberuf Methodisten-Prediger, mit 600 Mann der Colorado-Miliz in Fort Lyon ein. Viele Offiziere und Soldaten des Forts weigerten sich jedoch, an Chivingtons Zug gegen dieses Cheyenne-Dorf, das unter der Sicherheitsgarantie des Fortkommandanten errichtet worden war, teilzunehmen. Die Offiziere wandten ein, „dass es Mord im wahrsten Sinne des Wortes" wäre und jeder Offizier, der daran teilnähme, die Uniform der Armee entehren würde. Chivington bedrohte sie mit dem Kriegsgericht und setzte durch, dass seine Regimenter mit 100 Mann aus dem Fort ergänzt wurden. Auch bestand er darauf, 4 Zwölf-Pfund-Haubitzen mitzunehmen. Als der Zug sich am frühen Morgen des 29.11. dem Dorf näherte, in dem sich zu diesem Zeitpunkt etwa 600 Indianer befanden, zwei Drittel davon Frauen und Kinder, hisste Black Kettle die US-Flagge und eine weiße Fahne auf seinem >Tipi. Die Krieger befanden sich weit draußen auf den >Plains zur Büffeljagd. Chivington gab Befehl, keine Gefangenen zu machen und weder Frauen noch Kinder zu schonen. Die Greueltaten, die die Soldateska daraufhin verübte, waren so entsetzlich, dass sie noch Jahrzehnte später von Historikern nur umschrieben wurden. 105 Frauen und Kinder und achtundzwanzig vor allem ältere Männer wurden niedergemacht oder bei lebendigem Leibe zerfleischt. Brüste wurden abgesäbelt, die Bäuche Schwangerer aufgeschlitzt, die Ungeborenen neben ihre Mütter gelegt. Am Ende gab es keine Leiche, die nicht skalpiert und bis zur Unkenntlichkeit verstümmelt war. Die geflohenen Cheyenne schleppten sich bis ins 80 km entfernte Jagdlager. - Der Eindruck, den das Massaker auf die Indianer machte, war so nachhaltig, dass sich bald darauf mehrere Stämme vereint erhoben. Wie das Massaker von >Wounded Knee gilt Sand Creek den Indianern bis heute als Synonym für den an ihnen begangenen Völkermord. Den Amerikanern, die mit Gedenkstätten ansonsten nicht sparsam umgehen, sind diese Bluttaten bis heute keine Erinnerung wert. - Siehe auch unter >Chivington, >Black Kettle, >Roman Nose. Abb.

Satank

Sans Arc, eigentlich >Itazipco, Stamm der >Teton >Lakota. Siehe auch unter >Sioux.

Santee, östlichste, nach ihrem Dialekt auch als >Dakota bezeichnete Gruppe der >Sioux.

Santa-Barbara-Indianer, s. unter >Chumash.

Satank, auch unter dem Namen Sitting Bear bekannt, * zwischen 1810 und 1815 in den >Black Hills, + 6.6.1871, >Häuptling und >Medizinmann der >Kiowa. S. gehörte zu den Initiatoren des Friedensvertrages von 1840, den die verbündeten Kiowa und >Comanche mit den ebenfalls miteinander konföderierenden >Cheyenne und >Arapaho schlossen. Dieses

Satanta

Wah-com-mo, ein Krieger der Fox (1868)

Bündnis konnte jedoch nicht verhindern, dass weite Teile von Texas durch die Weißen besiedelt wurden. 1867 unterzeichnete S. für die Kiowa den Vertrag von Medicine Lodge Creek, in dem die USA Stämmen der >Sioux, >Crow, >Blackfoot, >Gros Ventres, >Ponka, Comanche, Cheyenne, Arapaho, >Apache und Kiowa >Reservationen zuwiesen. Dieser Vertrag erlaubte den Indianern noch, ihre Reservationen zur Jagd zu verlassen. Das änderte sich per Gesetz bereits 1868. Gegen diesen Vertragsbruch wehrten sich auch die Kiowa, und S. wurde 1871, nachdem die Weißen seinen Sohn ermordet hatten, festgenommen. Auf dem Weg ins Gefängnis stimmte er sein Totenlied an, erstach den nächsten Posten und entriss dem anderen das Gewehr. Dann brach er unter einer Salve zusammen. Seine Leiche wurde in den Straßengraben geworfen.
Abb.

Satanta, auch White Bear , bedeutender >Häuptling der >Kiowa, * um 1830, + 11.10.1878. S. war ein hünenhafter, dem guten Leben zugeneigter Mann, der als Krieger jedoch für Mut und Tollkühnheit berühmt war. Obwohl er den Vertrag von Medicine Lodge Creek (>Satank) mit unterzeichnet hatte, nahm er mit dem >Comanche-Häuptling >Quanah Parker an mehreren Gefechten gegen die Weißen teil. Von 1871 bis 73 war er Gefangener der Armee. Als er 1874 abermals verhaftet wurde, beging er durch einen Sprung aus einem höheren Stockwerk des Gefängnisspitals in Huntsville/Texas Selbstmord. Abb.

Sauk und Fox, auch *Muskwaki*, zur Algonkin-Sprachfamilie gehörende Stämme, die sich bereits im 18.Jhd. zu einem Doppelstamm vereinigten. Die S.u.F. lebten sesshaft am Westrand des östlichen Waldlandes, wo sie saisonal zur Bisonjagd in die >Prärie zogen. In >Klanen organisiert lebten die S.u.F. in kuppelförmigen Strohhütten vor allem als Feldbauern. In den Auseinandersetzungen der Kolonialmächte und im Unabhängigkeitskrieg der USA kämpften die S.u.F. auf seiten der Engländer u.a. in >Tecumsehs Konföderation. 1830 wurden die S.u.F. gezwungen, ihre Gebiete östlich des Mississippi an die USA abzutreten. Während ein Teil der S.u.F. unter >Häuptling >Black Hawk nach der Ermordung mehrerer ihrer Parlamentäre und militärischer Übergriffe der US-Truppen zurückschlug, ging der andere unter dem Häuptling >Keokuk den Weg der Anpassung und bezog die angebotene >Reservation. Nach anfänglichen Kriegserfolgen erlagen die kämpfenden S.u.F. der Übermacht der Armee und mussten zu ihren Stammesbrüdern in die Reservation umsiedeln. Black Hawk, nachdem man ihn zunächst in Fort Monroe eingesperrt hatte, setzten die Amerikaner(!) bei seinem Einzug in die Reservation als Oberhäuptling ab und ernannten den willfährigen Keokuk. Im folgenden wurden die S.u.F. mehrfach umgesiedelt. - Heute leben an die 4000 S.u.F. verstreut in den Bundesstaaten Iowa, Kansas, Oklahoma. Abb.

Schwarzfuß-Indianer, s. unter >Blackfoot.

Scouts (Kundschafter), vor allem von der US-Armee oder von Siedlertrecks engagierte Indianer oder Weiße (>Trapper; >Mountain Men), die die geographischen Gegebenheiten bestimmter unerschlossener Gebiete kannten, oft die Sprachen der darin beheimateten Indianerstämme beherrschten. Indianische Scouts wurden in den Indianerkriegen von der Armee bevorzugt aus Stämmen rekrutiert, die jenen, die bekämpft werden sollten, traditionell feindlich gesonnen waren. So setzte man in den Kriegen gegen die >Sioux und >Cheyenne vor allem >Crow und >Arikara als Kundschafter ein. Aber auch für Handel und Expeditionen kamen Scouts zum Einsatz. Abb.

Seminole, Eigenbezeichnung *Ikaniuksalgi* (Menschen der Halbinsel), zur >Muskogean-Sprachfamilie gehörender Stamm von Feldbauern (Mais, Süßkartoffeln, Kürbisse, Melonen, Tabak), Jägern und Fischern aus dem Südosten Nordamerikas, der sich erst im 18. Jhd. herausbildete, als vom Norden eindringende >Creek und andere Muskogeegruppen sich mit den ansässigen, durch Kämpfe mit weißen Kolonisten und durch Sklavenjäger stark dezimierten Apalachee, Timukua und Calusa vermischten. Von Anfang an integrierte der so entstandene Stamm entflohene Negersklaven. General A. Jackson marschierte in der Absicht, sie zurückzuholen, mit amerikanischen Truppen ins spanische Florida ein, was zum 1. S.-Krieg führte (1817-18). In der Folge trug diese Invasion zur Abtretung Floridas an die USA bei (1819). Unter ihrem >Häuptling >Osceola wehrten sich die S. mit Guerillaaktionen aus den Everglades heraus gegen die Landnahme durch die Amerikaner. Es kam zum 2. S.-Krieg (1835-42), in dem die US-Armee die S. von ihrem Land zu vertreiben suchte. Die Mehrzahl der S. willigte danach in die Umsiedlung nach Oklahoma ein. Nach dem 3. S.-Krieg brach der letzte Widerstand zusammen, und die meisten verbliebenen S.-Gruppen gingen auf den Deportationsmarsch, auf dem Hunderte von ihnen starben. Aber immer noch lebten in den Sümpfen versteckt Gruppen von S., die erst ab 1935 kleine >Reservationen zu akzeptieren begannen. Ein Teil von ihnen, 1961 unter dem Namen Miccosukee als Stamm anerkannt

Custer mit Arikara-Scouts

Seminole in traditioneller Kleidung (um 1900)

(1990 530 Mitglieder), lebt jedoch bis heute ungebunden in den Everglades und hat bis dato keinen Friedensvertrag mit den USA geschlossen. Abb.

Seneca, Eigenbezeichnung *Tsonontouan* (Volk des

Weason, ein Krieger der Shoshone (1899)

He Dog (1836-1927), frei geborener Sicangu Lakota, der seine letzten Jahrzehnte in der Rosebud Reservation verbringen musste

großen Berges), Stamm der >Irokesen-Liga.

Shawnee (abgeleitet von dem >Algonkinwort *Shawun*: Süden). Sesshafter, jedoch kriegerischer Algonkin-Stamm, der am Ohio neben Feldbau von Jagd lebte. Die Sh. widersetzten sich der Landnahme durch die Kolonisten entschieden. Unter ihrem >Häuptling >Tecumseh, der die Völker des amerikanischen Ostens gegen die Okkupanten zu vereinigen versuchte, bildeten sie die Speerspitze des indianischen Widerstandes. Nach der Niederlage der Konföderation wurden auch sie, wie die verbündeten Stämme, ins >Indianerterritorium Oklahoma vertrieben.
- Der Volkszählung von 1990 zufolge gab es noch 6179 Sh. in den USA.

Sheep-Creek, kleiner Fluss in Alberta/Kanada, der in der Willmore Wilderness entspringt und in den Smoky River mündet.

Sheridan, Philip Henry, amerikanischer General, * 6.3.1831 in Albany/New York, + 5.8.1888 in Nonquitt/Massachusetts. Während des nordamerikanischen Bürgerkrieges (1861-65) als erfolgreicher Offizier schnell aufgestiegen, wurde Sh. im März 1867 Militärkommandant von Texas und Louisiana. Wegen seines harten Kurses während der Wiedereingliederung der elf Südstaaten in die Union (Reconstruction) wurde Sh. im September 1867 von US-Präsident A. Johnson seines Postens enthoben und in den Westen versetzt, wo er für Indianerangelegenheiten zuständig war. Er erarbeitete 1876 den Plan für die großflächig angelegte Militäroperation gegen die >Sioux, >Cheyenne und >Arapaho, die man am Rosebud River vermutete. Der sich in drei Zügen gleichzeitig vollziehende Aufmarsch führte zur Schlacht am >Little Bighorn. - Sh. war danach (1870-71) als Beobachter bei den deutschen Truppen in Frankreich eingesetzt und erhielt 1884 den Oberbefehl über die US-Armee.

Short Bull, >Medizinmann der >Sicangu >Lakota >Sioux, * um 1845, + 1915. Zusammen mit 10 anderen Medizinmännern der Sioux suchte Sh. B. Anfang 1890 den Paiute-Propheten >Wowoka auf, um den >Geistertanz-Kult zu übernehmen. Als nach dem Massaker von >Wounded Knee (29.12.1890) die Erweckungsbewegung zusammengebrochen war, trat Sh. B. in der „Wild-West-Schau" von >Buffalo Bill auf.

Shoshone (übersetzt: Grashüttenbewohner), ursprünglich in Sippen im nordwestlichen Felsengebirge umherziehend, primitive Jäger und Sammler, die zur >uto-aztekischen-Sprachfamilie gehörten. Die Sh. hingen kaum im Sinne eines Stammes zusammen, kannten weder >Häuptlinge noch feste Siedlungen. Erst als sie um 1700 in den Besitz von Pferden gelangten, entwickelten sie sich zu typischen Büffelnomaden, die ihre Strauchhütten gegen >Tipis tauschten und von Häuptlingen angeführt wurden. Wie bei ihren Feinden, den >Sioux, >Cheyenne oder >Blackfoot, begannen auch bei ihnen >Kriegerbünde eine Rolle zu spielen. So früh sie über Pferde verfügten - sie waren die ersten unter den Indianern des Nordwestens -, so spät kamen sie an Feuerwaffen heran, mit denen Stämme wie die Blackfoot oder >Assiniboin, die vom Pelzhandel partizipierten, längst ausgestattet waren. Häufig wurden die Sh. nun Opfer dieser besser bewaffneten Reiterstämme, so dass ihr Häuptling >Washaki, um gegen sie anzukommen, sich mit den Weißen verbündete. Er diente ihnen mit außerordentlicher Loyalität, unterstützte die US-Armee mit >Scouts und Kriegern. Auch bat er die USA um eine militärisch geschützte >Reservation, die ihm per Vertrag von 1868 (Fort Bridge) im Wind-River-Gebiet, dem Kernland der Sh., zugewiesen wurde. Abb.

Sicangu (Verbrannte Schenkel), auch Brulé, Stamm der >Teton >Lakota >Sioux, der heute in der Rosebud Indian >Reservation und in der Lower Brulé Indian Reservation, beide im mittleren Süden Süddakotas, lebt. Die Landfläche der Reservationen beträgt 357 100 und 53 662 ha. Die Lower Brulé Sioux betreiben wie auch die >Oglala und andere Stämme ein Spielcasino (Golden Buffalo Casino), und das Lower-Brulé-Landwirtschaftsunternehmen ist Amerikas führender Popcornhersteller. Dennoch liegen Arbeitslosigkeit, Alkoholismus und Suizide auch hier weit über dem US-amerikanischen Durchschnitt. Abb.

Sihasapa (Schwarzfuß), Gruppe der >Teton >Lakota >Sioux, die heute in der >Cheyenne River Indian >Reservation im mittleren Norden von Süddakota zusammen mit den >Itazipco und >Oohenumpa und >Minnecoujou lebt.

Siksika, s. unter >Blackfoot.

Sioux, 1) neben >Athapasken und >Algonkin sind die S. die volkreichste nordamerikanische Sprachfamilie, deren Vertreter vor allem in den >Plains und >Prärien zwischen dem östlichen Waldland und den Rocky Mountains lebten. Zu ihr zählen u.a. die >Dakota, >Assiniboin, >Crow, >Mandan, >Omaha, >Ponka, >Osage, >Iowa, >Kansas, >Winnebago, >Missouri. Das Wort S. ist die französische Abwandlung des >Ojibwa-Wortes *nadowe-is-iw*, das verschiedene >Algonkinstämme für die Dakota, die ihre Feinde waren, benutzten. Es bedeutete „Nattern" oder „kleine Schlangen". Die französischen >Trapper gaben es als „nadouessioux" wieder und verballhornten es später zu S. (sprich *Ssu*). 2) Allgemein versteht man unter S. auch die Stämme, die als Dakota (bedeutet:

Sioux heute: Urgroßmutter mit Enkel

Freund, Verbündeter) bekannt wurden, und die den Namen S. mit der Zeit als Eigenbezeichnung gebrauchten. Ursprünglich lebten sie in festen Dörfern südlich und westlich des Michigansees, wo sie Ackerbau betrieben, Wildreis sammelten, jagten und fischten. Sie bestanden aus drei Hauptgruppen, von denen sich die Santee und die Yankton in Untergruppen aufgespaltet hatten. Sie vereinigten sich durch ein Bündnis, das sie *Oceti sakowin* (Die sieben Ratsfeuer) nannten. Den Hauptgruppen entsprachen drei Dialekte. Die Santee sprachen Dakota, die Teton Lakota, die Yankton Nakota. Abb.

Die Untergruppen der Santee:
- die >Mdewakanton (Das Volk vom Geistersee)
- die >Sisseton (Das Volk vom Sumpf)

Sitting Bull

- die >Wahpeton (Das Volk vom Traverse-See)
- die >Wahpekute (Die Blattschützen)

der Yankton:
- die >Ihanktonwan (Das Volk vom Ende)
- die >Yanktonai (Das kleine Volk vom Ende)

Die Teton hatten vor ihrem Wandel zu Büffelnomaden noch keine Unterstämme gebildet.

Die >Ojibwa, denen der Pelzhandel frühzeitig zu Feuerwaffen verholfen hatte, trieben die S. nach Westen. Die Teton und Yankton wurden als erste hinaus auf die >Prärien gedrängt. Von den Yankton, die sich vor allem im späteren Norddakota ansiedelten und weiterhin Ackerbauern blieben, spaltete sich ein großer Teil ab und entwickelte sich zum eigenen Stamm, den >Assiniboin. Auch die Santee gaben den Ackerbau nicht auf und setzten sich im Osten des späteren Süddakota fest. Wie die Yankton zogen sie nur gelegentlich zur Büffeljagd aus.

Allein die Teton änderten, sowie sie in den Besitz von Pferden gelangt waren, ihre Lebensweise völlig. Sie entwickelten sich zu Nomaden, die in Ledertipis wohnten und beinahe ausschließlich vom Büffel lebten, aus dessen Haut, Knochen, Hörnern, Eingeweiden sie so ziemlich alle Gebrauchsgegenstände anfertigten. Sie prägten als ausgesprochen kriegerisches Reitervolk das Bild vom Prärieindianer am nachhaltigsten und werden von vielen als die S. wahrgenommen. Verbündet mit den >Cheyenne und >Arapaho beherrschten sie die Plains und Prärien der späteren Territorien von Süd- und Norddakota, Nebraska, Teile Montanas und Wyomings, Colorados und Kansas'. Als Mittelpunkt ihrer Welt aber sahen sie die >Black Hills (*paha sapa*), die für sie eine spirituelle Bedeutung hatten und in denen viele Stammesgruppen ihre Winterlager aufschlugen. - In seiner neuen Lebensweise sehr erfolgreich, wuchs der Teton-Lakota-Stamm auch zahlenmäßig so stark an, dass er sich in mehrere Unterstämme aufspreizte und zur weitaus größten Hauptgruppe der S. wurde. So untergliederten sich die Teton selbst bald in sieben Unterstämme, die sich ebenfalls „Sieben Ratsfeuer" nannten:

- >Oglala
- >Sihasapa (Schwarzfuss-Sioux)
- >Minnecoujou (Pflanze am Wasser)
- >Itazipco (Ohne Bogen)
- >Oohenumpa (Zwei Kessel)
- >Sicangu (Verbrannte Schenkel)
- >Hunkpapa

Die Teton-Lakota-Stämme waren es, die der Westexpansion der Weißen den zähesten Widerstand entgegensetzten. Unter berühmt gewordenen >Häuptlingen wie >Red Cloud, >Crazy Horse und American Horse von den Oglala, >Gall und >Sitting Bull von den Hunkpapa brachten sie der US-Armee die größten Niederlagen ihrer Geschichte bei. Als große Nation kriegerischer Nomaden waren die S. in ihrem weiten Land militärisch nicht zu besiegen. Erst als die Amerikaner 60 Millionen Bisons systematisch ausgerottet und damit die gesamte ökologische Grundlage der Kultur der Plainsstämme vernichtet hatten, waren nach den >Comanche, >Kiowa, >Cheyenne, >Arapaho, >Shoshone, >Crow, >Blackfoot auch die S. am Ende. - Mit dem Massaker vom >Wounded Kee, bei dem >Big Foot mit über 250 Minnecoujou und Hunkpapa unter der weißen Fahne zusammengeschossen wurde, fand der Völkermord der USA an den amerikanischen Ureinwohnern schließlich sein trauriges Finale. - Heute leben die Stämme der Sioux in neun >Reservationen in Süddakota, den ärmsten Destrikten der gesamten USA. Die Arbeitslosenquote beträgt bis zu 85%, die durchschnittliche Lebenserwartung liegt bei 43 Jahren, der Anteil an Alkoholikern ist extrem hoch. Die Zahl der auf Reservationen lebenden S. wird auf 40 000 geschätzt, 20 000 allein davon sind Teton Oglala (>Pine Ridge Reservation).

Sisseton (Das Volk vom Sumpf), Stamm der >Santee >Sioux (>Dakota), der heute 42 958 ha Stammesland im Nordosten Süddakotas bewohnt. Die wenigen Arbeitsplätze finden sich bei der >Dakota Sioux Casino Corporation, der Stammesregierung und dem Büro für Indianerangelegenheiten.

Sitting Bear, s. unter >Satank.

Sitting Bull, indianischer Name *Tatanka yotanka* (Bedeutung etwa „Sitzender Büffelstier, der unter uns bleibt"), >Medizinmann und >Häuptling der >Hunkpapa >Lakota >Sioux, * 1831, + 15.12.1890. Seine Erfolge beruhten weniger auf seinen kriegerischen Fähigkeiten. Als Redner und Agitator war er wohl eher ein politischer Kopf, der zu Intrigen neigte. So soll unter seinen Stammesgenossen die Einschätzung verbreitet gewesen sein, er besitze einen großen Kopf und ein kleines Herz. Auch galt er vielen als Feigling (>Gall), weil er sich z.B. in der Schlacht am >Little Bighorn abseits gehalten und „Medizin" gemacht habe. - Unbestritten jedoch ist sein großer, einigender Einfluss auf die Sioux, >Cheyenne und >Arapaho seiner Zeit, denen er als berühmter Medizinmann durch seine Visionen eine Art Identifikationsfigur wurde. Es gelang ihm, Kriegshäuptlinge wie >Crazy Horse, >Gall, Big Man, >Rain-in-the-Face und >Two Moon zu gemeinsamen Aktionen um sich zu versammeln. Auch war er, obwohl er mit >Red Cloud und >Spotted Tail die Hauptstadt der USA besucht und die Städte des Ostens gesehen hatte, der Faszination der Macht der Weißen keineswegs erlegen. Im Gegenteil: kein Indianerführer seiner Zeit schürte wohl den Hass gegen die weißen Invasoren mehr als er. Dass er aber von der amerikanischen Geschichtsschreibung zum militärischen Strategen stilisiert wurde, unter dem das 7. Kavallerieregiment am Little Bighorn „hingemetzelt" wurde, mag damit zusammenhängen, dass >Custer bereits ein legendärer Kriegsheld war, der schon im Bürgerkrieg die Presse begeistert hatte. Wie konnte dieser Custer anders verlieren als gegen einen namhaften Gegner? S.B. war ebenso bekannt wie Red Cloud. Crazy Horse und Gall dagegen kannte man damals im weißen Amerika kaum. - Nach der Schlacht am Little Bighorn floh S.B. mit einer Gruppe Hunkpapa-Sioux nach Kanada und kehrte erst zurück, nachdem die USA eine Amnestie verkündet hatten. Als Indianerdarsteller zog er mit >Buffalo Bills Truppe eine Zeit lang umher und gab für einen Dollar Autogramme. Später unterstützte er von der Standing Rock >Reservation aus, auf der er sich angesiedelt hatte, den >Geistertanz, der von den Behörden als Widerstand aufgefasst wurde. Beim Versuch, S.B. zu arretieren, kam es zum Handgemenge zwischen der >Indianerpolizei und seinen Anhängern. Er starb durch eine Kugel seines uniformierten Stammesgenossen >Red Tomahawk.
Abb.

Skalp, in vorkolumbianischer Zeit nur an Nordamerikas Ostküste verbreitete Trophäe aus der abgezogenen Kopfhaut eines Feindes. Durch die Kolonisten, die den Indianern eigens für das Skalpieren hergestellte Eisenmesser verkauften, und insbesondere durch die Engländer, die den mit ihnen verbündeten Stämmen Prämien für die Skalpe von Fran-

Von den Cheyenne am 7.12.1868 bei Fort Dodge/Kansas skalpiert: Jäger Ralph Morrison

zosen und feindlichen Indianern bezahlten, verbreitete sich dieser Brauch über weite Teile des Kontinents. Aber nicht allein die >Plainsstämme übernahmen ihn. In den Indianerkriegen skalpierten Soldaten, Cowboys und Siedlermilizen ebenso. In Arizona beispielsweise wurden staatliche Prämien für die Skalpe von >Apache gezahlt, und das, obwohl dieser Stamm selbst das Skalpieren verachtete. Lebend skalpiert, überstanden wegen des hohen Blutverlustes nur wenige diese Tortur. Die Größe der Trophäe variierte von Stamm zu Stamm. Manche schnitten nur ein Stück von der Fläche eines Handtellers heraus, manche den Großteil der Kopfhaut und bei Bärtigen auch die Kinnhaut. Skalpe wurden, in einen Holzreif gespannt, zu festlichen Anlässen vor dem >Wigwam oder >Tipi ausgestellt oder an Lanzen getragen. Nicht selten wurden sie auch als Zierde auf Hemden oder Leggins genäht. Mit dem bei verschiedenen Stämmen üblichen Skalptanz sollten die Geister der besiegten Feinde versöhnt werden. Abb.

Smoky River, Fluss in Alberta/Kanada, der am Mont Robson (3454 m) entspringt, nach Norden fließt, in den Peace River übergeht, der dann in den Großen Sklavensee in den Nordwest-Territorien mündet. Seinen Namen verdankt der S.R. dem Dunst, der sich häufig über seinem eisig kalten Gletscherwasser bildet. Gefährliche Stromschnellen, Untiefen und Canyons, durch die der S.R. als reißender Strom führt, haben immer wieder Kanuten das Leben gekostet.

Sonnentanz, kollektives Ritual der Prärie- und Plainsstämme, das durch eine Klausur der Teilnehmer mit Fasten und Reinigungsschwitzen vorbereitet wurde. Der sich anschließende eigentliche S., der von Stamm zu Stamm einem eigenen Ritual folgte, lief in den meisten Fällen auf eine Marterungszeremonie hinaus, während der die Akteure Mut und Standhaftigkeit beweisen mussten. So schnitt man z.B. Schlitze in die Brusthaut, zog durch die so entstandene Lasche eine Lederschnur, die den Sonnentänzer mit einem in der Mitte der Tanzfläche stehenden Pfahl verband. Der Tanz zu Trommelschlag und monotonem Gesang wurde von den Tanzenden fortgesetzt, bis das Fleisch riss. Riss es zu schnell, konnte der Betreffende abermals geschnitten und mit dem Pfahl verbunden werden, wie es dem >Hunkpapa->Sioux Rain-in-the-Face geschah. >Sitting Bull, der als >Medizinmann den S. beaufsichtigte, schlitzte, nachdem die Schlaufen auf der Brust von Rain-in-the-Face schon nach kurzer Marter gerissen waren, dem jungen Krieger den Rücken oberhalb der Nieren auf und zog die Lederschnur hindurch. Daraufhin hing Rain-in-the-Face noch zwei Tage am Pfahl. Er sang dabei und rühmte sich seiner Taten, ohne dass die Muskeln rissen. Schließlich ließ Sitting Bull Büffelschädel an die Beine des Tänzers binden, deren Gewicht ihn dann befreite. Noch Jahre danach waren die Narben tief genug, um eine Faust hineinzuschieben. - Zeigte ein Teilnehmer Anzeichen von Schwäche oder ließ gar Schmerzäußerungen hören, wurde er für den Rest seines Lebens als weibisch angesehen. Erfolgreiche Tänzer jedoch steigerten durch ihre Teilnahme ihr gesellschaftliches Ansehen enorm. - Zweck des S. war neben Selbstreinigung auch die Erlangung von Visionen, die sich bei den Tänzern im Trancezustand einstellten. Fruchtbarkeit und Erneuerung der Natur sollte durch den S. befördert werden.

Spotted Tail, indianischer Name *Sinte-galeshka* (Gefleckter Schwanz). >Häuptling der >Sicangu >Lakota >Sioux, * um 1823, + 5.8.1881. Bereits in jungen Jahren war S.T. als Krieger berühmt. Als er mit 32 Jahren 1855 bei einem Überfall der Armee auf sein Dorf in Gefangenschaft geriet, hatte er bis dahin an die 100 >Skalpe erbeutet. Seine einjährige Haft in Fort Leavenworth und Fort Kearney führte S.T. die Macht der Weißen vor Augen. Zehn Jahre hielt er sich aus Kämpfen mit der Armee heraus. Erst nach dem >Sand-Creek-Massaker 1865 griff er wieder zu den Waffen und nahm am Überfall auf Julesburg teil. Die Sicangu wählten ihn daraufhin zu ihrem Oberhäuptling. 1868 gehörte er zu den Unterzeichnern des >Laramie-Vertrages und reiste in den folgenden Jahren wiederholt nach Washington. 1876 ernannte ihn General >Crook zum Oberhäuptling der S.T.- und >Red Cloud-Agentur. Anfang 1877 versuchte er seinen Neffen >Cracy Horse und andere Häuptlinge zur Aufgabe zu bewegen. Wahrscheinlich aber kapitulierten die letzten freien Sioux-Gruppen weniger wegen seiner Überzeugungsarbeit als aus Hunger und Verzweiflung. Unter seinen Leuten geriet S.T. offenbar durch dieses Engagement ins Zwielicht. Auch warf man ihm wohl vor, mit der US-Regierung zu selbstständig verhandelt zu haben. Sein Unterhäuptling Crow Dog erschoss ihn. Letztendlich sind jedoch die Motive von >Crow Dog, der Chef der >Indianerpolizei war, nie aufgeklärt worden. Abb.

Spotted Tail

Squaw, aus dem >Algonkin stammende Bezeichnung für Indianerin. Im 19. Jhd. änderte sich die Bedeutung zum Negativen. Heute gilt S. unter Indianern als Schimpfwort, unter dem man eine Prostituierte versteht.

Standing Bear, indianischer Name *Mon-chu-non-zhin* (Stehender Bär), >Häuptling der >Ponca, * um 1850, + September 1908. Nach der Zwangsumsiedlung der Ponca ins >Indianerterritorium Oklahoma, bei der 160 Indianer den Strapazen erlagen, floh S.B. mit einer kleinen Gruppe, um in die Heimat zurückzukehren. General >Crook internierte ihn in Fort Omaha. Dort kam es auf Betreiben engagierter Bürger zu dem spektakulären Prozess S.B. gegen General Crook. Das Gericht entschied, dass ein Indianer eine Person im Sinne der Verfassung sei und somit das Recht habe, seinen

Standing Bear

Wohnsitz frei zu wählen. Jahrzehntelang verhinderte die US-Bürokratie die Durchsetzung der Konsequenzen aus diesem Urteil. S.B. wurde auf freien Fuß gesetzt und durfte mit seiner Gruppe auf die alte Reservation heimkehren. Abb.

Steppenwolf, s. unter >Kojote.

Stonies, kanadische Bezeichnung für >Assiniboin.

T

Tanner, John, * um 1780, + um 1847. T. wurde als Kind weißer Eltern 1789 in Kentucky von >Ottawa geraubt und nach zwei Jahren an die >Ojibwa verkauft, unter denen er 28 Jahre lebte und eine Familie gründete. 1820 kehrte er vorübergehend zu den Weißen zurück, diente eine Zeit lang als Dolmetscher und diktierte dem Arzt Edwin James seine Lebensgeschichte, die von der Leipziger Ethnologin Eva Lips ins Deutsche übertragen wurde („Dreißig Jahre unter den Indianern"). Diese zuverlässig verbürgte Biografie des John T. gehört zu den interessantesten Berichten über nordamerikanische Indianer überhaupt.

Tasunke witko, indianischer Name von >Crazy Horse.

Tatanka yotanka, indianischer Name von >Sitting Bull.

Tecumseh, >Shawnee->Häuptling, * um 1768 bei Old Piqua/Ohio, + 5.10.1813 bei Thamesville/Ontario. Ähnlich wie vor ihm >Pontiac die Stämme des Nordostens zu vereinigen versuchte, bemühte sich T., die Stämme des Mittelwestens und Südostens gegen das Vordringen weißer Siedler zu einer militärischen Konföderation zu bewegen. Noch vor Abschluss seiner diplomatischen Bemühungen schlug sein Bruder, der „Prophet" (>Medizinmann) *Tenskwatawa*, während seiner Abwesenheit los und verriet mit seinem Angriff auf die US-Truppen die geplante Großoffensive. T. verbündete sich daraufhin mit den Briten im Krieg von 1812-13 und fiel in der Schlacht am Thames River als englischer Brigadegeneral.

Teton, westlichste und größte Hauptgruppe der >Sioux, deren Angehörige sich selbst, nach ihrem Dialekt, als >Lakota bezeichnen.

Tipi, kegelförmiges Zelt nomadisierender Stämme der Prärien und >Plains Nordamerikas. Der Grundriss eines T. war leicht oval und hatte in der Regel einen Durchmesser zwischen 4 und 8 Metern, bei Medizin- und Versammlungstipis auch darüber. Das Gerüst bestand in der Regel aus 3 oder 4 starken Pfählen und aus 8 bis 18 schmalen Stangen, die, zu einem Kegel gegeneinandergestellt, oben mit einem Lederriemen zusammengezurrt wurden. 15 bis 20 zusammengenähte Bisonfelle dienten als Zeltplane. Hölzerne Stifte verschlossen es vorn, wo sich auch der ovale Einstieg befand. Durch Fett und Rauch des T.-Feuers wurde die Lederhaut nach und nach vollkommen wasserdicht. Als ideales Nomadenzelt hielt ein T. im Sommer kühl, im Winter warm, konnte von zwei Frauen innerhalb einer Stunde auf- und in einer Viertelstunde abgebaut werden. Für den Transport wurden die Stangen zu einer Schleifbahre verbunden, die man von einem Pferd ziehen ließ. Außer der Zeltplane konnte so der Hausrat gleich mitbefördert werden. In einem normalen T. fanden 6 bis 8 Menschen genügend Platz, um in ihm zu wohnen. Ritualtipis der Teton->Sioux, >Cheyenne oder >Crow konnten an die 50 Personen fassen.

Tomahawk, ursprünglich eine in Nordamerika weit verbreitete Kriegskeule, die aus einem oben knolligen Hartholzschaft oder, besonders bei den Stämmen der >Prärie und der >Plains, aus einem Schaft mit Stein bestand. Nach der Ankunft der Europäer wurden mehr und mehr Eisenklingen, die die Indianer einhandelten, verwendet, so dass es sich später bei einem T. in der Regel um eine Streitaxt handelte.

Trapper (Fallensteller), fingen als Waldläufer Pelztiere ausschließlich mit Fallen. Unterhielten in der Regel gute Beziehungen zu den Indianern, auf deren Territorien sie unterwegs waren, dienten allerdings auch bei der Expansion der weißen Siedler als Pfadfinder. Geographische Kunde über unerschlossene Gebiete gelangte wie später durch die >Mountain Men zunächst durch sie in den besiedelten Osten.

Tuscarora (bedeutet: Hanfsammler), Stamm der >Iroquois-Sprachfamilie, der ursprünglich auf dem Gebiet des späteren US-Bundesstaates North Carolina vor allem von Mais-, Bohnen- und Kürbisanbau lebte. Die T. bewohnten mit Rinde gedeckte Langhäuser. Ende des 17., Anfang des 18. Jhd. wanderte der Stamm nordwärts und schloss sich 1722 als letztes Bundesvolk der >Irokesen-Liga an.

Two Kettle, eigentlich >*Oohenumpa*, Stamm der >Teton >Lakota >Sioux.

Two Moon, indianischer Name *Ish-hayu-nishus*, >Häuptling der Nord->Cheyenne, * 1847, + um 1917. T.M. kämpfte an der Spitze eines >Kriegerbundes in zahlreichen Gefechten gegen die US-Armee. In der Schlacht am >Little Bighorn soll er die Cheyenne angeführt haben. Als danach alle Cheyenne-Banden ins >Indianerterritorium Oklahoma zwangsumgesiedelt wurden, erhielt T.M.s kleine Gruppe von General >Miles die Erlaubnis, in Montana zu bleiben, wo 1884 ein Gebiet zur Northern Cheyenne >Reservation bestimmt wurde. Die Armee ernannte T.M. in diesem Zusammenhang zum Oberhäuptling der Nord-Cheyenne, was >Little Wolfs Leute, die später auch in Montana bleiben durften, nicht akzeptierten.

Junge Ute-Krieger (1908)

U

Union Pacific Railway, amerikanische Eisenbahngesellschaft, die zusammen mit der Central Pacific Railroad in den 60er Jahren des 19. Jhd. die transkontinentale Ost-West-Verbindung baute. Während die Central Pacific Railroad im Jahr 1863 in Kalifornien begann, Tunnel in die Berge der Rocky Mountains zu sprengen, Brücken zu bauen und den Schienenstrang in östlicher Richtung zu verlegen, startete die U.P.R. 1865 von Omaha/Nebraska aus. Am 10.5.1869 trafen sich die Schienen beider Gesellschaften in Utah. Möglich geworden war der Bau durch freizügige Landschenkungen, die die Regierung den Eisenbahnbetreibern gemacht hatte. Landstreifen von bis zu 50 Meilen Breite beiderseits der Gleise konnten so von den Gesellschaften an Bodenspekulanten veräußert werden. Auch Konzessionen für Betreiber von Hotels, Saloons, Sägewerken brachten Geld in die Kassen der Gesellschaften. Unmittelbar betroffene Opfer dieser Entwicklung waren die Indianer, deren Land verhökert wurde. Auch zerschnitten die Schienen ihre Jagdgründe und störten die Wanderungen der Büffel, weshalb Stämme wie die >Sioux oder >Cheyenne die Eisenbahn häufig attackierten.

Ute, Eigenbezeichnung *Nu-chi* (Menschen), zur >uto-aztekischen Sprachfamilie gehörender Stamm. Die U. lebten bis in die zweite Hälfte des 17. Jhd. als einfache Jäger und Sammler in kleinen Gruppen in den Gebirgen der späteren Staaten Utah, Colorado, im westlichen Teil

Nevadas und im Norden New Mexicos. In den Besitz von Pferden gelangt, entwickelten sie sich ähnlich wie die mit ihnen verbündeten >Comanche und zogen nun häufig in die >Plains zur Büffeljagd.
- Nachdem das Bündnis mit den Comanche Mitte des 18. Jhd. zerfallen war, ließen sich die U. von den Spaniern als >Scouts gegen ihre ehemaligen Freunde anwerben. Auch gegen die >Navajo, mit denen viele U.-Gruppen traditionell verfeindet waren, kämpften die U. aufseiten der Weißen und fielen mit Kit >Carson in deren Land ein. Andererseits wehrten sie sich gegen Ansiedlungsversuche in ihrem eigenen Territorium und setzten z.B. den Mormonen, die ab 1848 einwanderten, heftigen Widerstand entgegen, den sie bis in die 70er Jahre fortsetzten. Dennoch gelang es den Weißen, schrittweise den U. immer mehr Land abzupressen. So gaben sie in einem Vertrag mit dem Gouverneur des Territoriums Colorado 1863 sämtliche Gebiete östlich der Wasserscheide der Rocky Mountains auf. Gegen die Zahlung von 10 000 Dollar und Lebensmittel im Wert von weiteren 10 000 Dollar räumten sie den Weißen sämtliche Schürfrechte für den Rest ihres Landes ein. Genau zehn Jahre später sandte das Büro für indianische Angelegenheiten eine neue Kommission, die die U. zu großen Gebietsverkäufen überreden sollte. >Häuptling Ouray, der sowohl englisch als auch spanisch fließend berherrschte, ließ sich in Verhandlungen ein, bei denen es um wenig Geld und ganze Gebirgszüge ging, in denen die Weißen Goldvorkommen entdeckt hatten. Nach siebentägigem Hin und Her wurde abgeschlossen: Die U. bekamen für 4 Millionen Morgen Land 25 000 Dollar jährlich und waren ab sofort Reservationsindianer. Ouray sollte 10 000 Dollar pro Jahr erhalten, auf zehn Jahre hin oder solange er Oberhäuptling der U. blieb. Als die U. von dieser Klausel erfuhren, warfen sie ihm Verrat vor. Viele wandten sich von ihm ab.
1873 kam es dann zu einem blutigen Aufstand in der White River Agency, der vom Indianeragenten Nathan Cook Meeker, der vorher als Schriftsteller und Journalist gescheitert war, aus Unfähigkeit und Ignoranz provoziert wurde. Mit Gewalt hatte er versucht, die U. innerhalb der >Reservation umzusiedeln und zum Ackerbau zu zwingen. Als sich ihr Unwille deutlich artikulierte, forderte Meeker militärischen Schutz an. In den Kämpfen, die daraufhin ausbrachen und fast eine Woche währten, fielen außer dem Befehlshaber Major Thornburgh und Meeker noch 12 Soldaten, 43 wurden verwundet. Die Ute verloren 37 Krieger. Im August 1881 schließlich vertrieb die Armee die U. ganz aus Colorado, um sie in Utah in einer neuen Reservation anzusiedeln, wo sie verelendeten. Die USA hatten die U. wegen des Aufstandes zu 70 000 Dollar Reparationszahlung verurteilt.
1990 wurden noch 7273 U. gezählt, von denen knapp zwei Drittel in Reservationen leben. Abb.

Uto-Azteken, Sprachfamilie Nord- und Mittelamerikas, zu der u.a. die Sprachen der >Shoshone, >Comanche, >Ute, >Kiowa gehören.

W

Wahpekute (Die Blattschützen), Gruppe der >Santee >Sioux (>Dakota). Die W. leben heute auf 953 ha Stammesland im südöstlichen Süddakota, nördlich der Kleinstadt Sioux Falls. In Flandreau unterhält der Stamm eine kleine Geschäftsstelle. Außer im „Royal River Casino" und in der Indianerschule gibt es keine Arbeitsplätze.

Wahpeton (Das Volk vom See Traverse), Gruppe der >Santee >Sioux (>Dakota), die heute 43 000 ha Stammesland im Nordosten Süddakotas bewohnt. In Agency Village (bei Sisseton) unterhalten die W. eine Geschäftsstelle. Einnahmen erzielt der Stamm vor allem aus dem „Dakota Sioux Casino", Watertown.

Wakanda, auch Wakan. Alles erfüllende Kraft, an

die die >Sioux glaubten. W. ist nicht als Gottperson zu denken. Dem W. ähnliche europäische Vorstellungen finden sich am ehesten im Pantheismus (vgl. auch >Manitou, >Orenda).

Wakan tanka, bei den >Sioux die Einheit von 16 guten (*Wakan-tanka-washte*) und 7 bösen Kräften (*Wakan-tanka-sitsha*), in die sich das alles erfüllende >Wakanda auffächert, um das Schicksal der Menschen zu bestimmen.

Walapai, Stamm der >Yuma.

Wampanoag (Volk des Ostens), Stamm der >Algonkin-Sprachfamilie, der im Waldland der nordöstlichen Atlantikküste sesshaft von Jagd, Fischfang und in bescheidenem Maße von Ackerbau lebte. Als einer der ersten Indianerstämme Nordamerikas hatten die W. Kontakt zu den angelandeten Weißen. Die W. begegneten den Fremden zunächst gastfreundlich. Der von den Engländern der „große und gute >Massassoit“ genannte Oberhäuptling (>Häuptling) der W. blieb bis zu seinem Tode ein großzügiger Landüberlasser, der den Pilgervätern, die die kleine Kolonie nach außen vertraten, einfältige Freundschaft hielt. Erst unter seinem Sohn >King Philip, der eine Konföderation von Algonkinstämmen gegen die zunehmende Besiedlung der Territorien der W. durch die Kolonisten zusammenbrachte, kam es 1675 zum Krieg. Dreizehn Städte der Kolonie gingen in Flammen auf, 600 Kolonisten starben. Die W. aber wurden dabei vernichtend aufgerieben. Der Stamm der W. gilt seitdem als erloschen.

Washakie, auch *Pinaquana* (Der den Büffel im Laufen erlegt), >Häuptling der >Shoshone, * 1798, + 20.2.1900. W. empfing die Weißen, die zu ihm kamen, freundlich. Zeitlebens begegnete er ihnen als Verbündeter, half Siedlertrecks aus allen möglichen Nöten und beschützte sie gegen andere Indianer. Auch der US-Armee stellte er >Scouts und Krieger zu Verfügung und diente ihr mit solcher Ergebenheit, dass man schließlich ein Fort und ein Wildnisgebiet nach ihm benannte. - So wohlwollend er sich den Neuankömmlingen gegenüber zeigte, so despotisch trat er als Häuptling auf. Jedem Angriff auf seine Autorität begegnete er entschieden und oft genug mit Gewalt. Alle Regungen seiner Leute, sich am Kampf gegen die Weißen zu beteiligen, unterdrückte er brutal. Den eigenen Sohn, der ebenfalls gegen die Eindringlinge ausziehen wollte, versprach er eigenhändig zu erschlagen, falls er nicht davon abstehe. Da W. Widerspenstige aus den eigenen Reihen bei Zornesausbrüchen nicht nur verwundet, sondern auch schon erschossen hatte, musste man davon ausgehen, dass dies keine leere Drohung war. Berühmt und gefürchtet durch seine außerordentliche Körperkraft, durch Mut und Entschlossenheit, beruhte seine Autorität als Häuptling, wie bei anderen Führern der >Plainsnomaden auch, auf freiwilliger Gefolgschaft. - Noch im Alter kämpfte er an der Spitze von 86 Shoshone-Kriegern unter General >Crook gegen seine Erzfeinde: >Sioux und >Cheyenne überfielen ihn selbst noch in seiner >Reservation, die ihm die Amerikaner auf seine Bitte hin(!) eingeräumt hatten. - Er starb 102-jährig im Kampf mit einem Häuptling der >Crow, der den Gang ebenfalls nicht überlebte. Abb.

Washakie

Welskopf-Henrich, Liselotte, dt. Schriftstellerin und Historikerin, * 15.9.1901 in München, + 16.6.1979 in Garmisch-

Partenkirchen. W.-H. studierte von 1921-25 in Berlin Alte Geschichte, Philosophie und Ökonomie, promovierte 1925. Während der Nazi-Diktatur arbeitete sie im Statistischen Reichsamt und betätigte sich im antifaschistischen Widerstand. 1949 ging sie als wissenschaftliche Mitarbeiterin an die Humboldt-Universität Berlin, wo sie 1960 zur Professorin für Alte Geschichte berufen wurde. Bekannt wurde W.-H. vor allem durch den 1951 im Altberliner Verlag erschienenen Roman „Die Söhne der großen Bärin", den sie später zur Trilogie erweiterte. In dem 5 Bände umfassenden Roman „Blut des Adlers" behandelte sie die zeitgenössischen Probleme nordamerikanischer Indianer. W.-H.s Romane erreichten Auflagen von mehreren Millionen Exemplaren und wurden in 18 Sprachen übersetzt. Zeit ihres Lebens engagierte sie sich für die Rechte der Indianer und reiste mehrmals in die USA und nach Kanada. >Sioux nahmen sie in ihren Stamm auf und gaben ihr den Namen Tashina, was soviel wie Schutzdecke bedeutet.
- W.-H. recherchierte gründlich, glorifizierte jedoch in ihrer Sympathie die Indianer erheblich. Die überwiegende Zahl ihrer literarischen Figuren ist zudem nach einem Schwarz-Weiß-Schema konstruiert, was die Romane trotz sachkundiger Schilderungen indianischen Lebens gelegentlich in die Nähe gängiger Abenteuerliteratur rückt.

White Bear, s. unter >Satanta.

White Eagel, erster indianischer Opern- und Musicalsänger, der an großen und berühmten Bühnen arbeitet. Er gehört zum Stamm der >Sicangu >Lakota >Sioux.

Wichita, Eigenbezeichnung *Kirikitisch* (Wahre Menschen). Stamm der >Caddo-Sprachfamilie, der im Norden des späteren Bundesstaates Texas am Red River sesshaft von Feldbau lebte. Mit den aggressiven >Comanche unterhielten die W. Handelsbeziehungen, was ihnen den Rücken im Westen freihielt. Durch die mit Feuerwaffen ausgerüsteten >Osage, die ihre Sesshaftigkeit aufgaben und sich als halbnomadisierende Büffeljäger in die >Plains ausdehnten, wurden die W. dennoch von ihren Wohnplätzen vertrieben. Auch Konflikte mit anderen Nachbarstämmen und den Texanern mögen dazu beigetragen haben, dass sich die W. 1859 ins >Indianerterritorium Oklahoma in eine >Reservation begaben, wo sie unter dem Protektorat der >Fünf zivilisierten Nationen lebten. 1990 wurden noch 500 W. in Oklahoma gezählt.

Wickiup, im Südwesten Nordamerikas verbreitete, traditionelle, dem >Wigwam ähnelnde Kuppelhütte, bei der statt Rindenstücken aus Gras geflochtene Matten die Ummantelung bilden. Typische W.-Bewohner waren die >Apache und >Paiute.

Wigwam, Kuppelhütte der >Algonkin sprechenden Waldlandindianer, die in der östlichen Subarktis, an der Atlantikküste und um die Großen Seen lebten. Ein W. bestand aus einem Gerüst aus Holzstöcken, das mit Birkenrinde verschalt wurde. Im Dach blieb ein Loch als Rauchabzug für die Feuerstelle. Oft wird in der Abenteuerliteratur und in Filmen W. und >Tipi verwechselt.

Window Rock, Hauptstadt der >Navajo >Reservation und Sitz des Stammesrates und des Präsidenten der Navajo Nation. Benannt wurde W.R. nach einem nahe gelegenen roten Felsen. In und um W.R. leben 8000 Navajo.

Winnebago, Eigenbezeichnung *Hotchanggara* (Volk mit der richtigen Sprache), ehemals am Westufer des Michigansees sesshafter Stamm der >Sioux-Sprachfamilie, der Feldbau betrieb und im Sommer auf Büffeljagd zog. Die W. waren >Wigwambewohner und partizipierten am Pelzhandel. Als die weiße Besiedlungsgrenze immer näher rückte, beteiligte sich ein Teil des Stammes 1832 am Kampf der >Sauk und Fox gegen die Weißen. 1837 verlor der Stamm infolge eines betrügerischen Vertrages, zu dem ihn die USA gepresst hatten, seine Gebiete in Wisconsin. Die W. wurden nach Minnesota getrieben und mit dem Flussdampfer von Minnesota nach Missouri deportiert. Später wurde dem Stamm in Nebraska eine >Reservation zugewiesen. Für die W., die in Wisconsin der Vertreibung entgangen waren, richtete man später in Zentral-Wisconsin eine >Agentur für verstreute Kleinsiedlungen ein, wo 1987 noch 3200 W. registriert waren. 3100 W. lebten zu dieser Zeit im nordöstlichen Nebraska. Viele W. haben sich auch in Großstädten wie Omaha/Nebraska, Milwaukee/Wisconsin oder Chicago/Illinois niedergelassen.

Gefrorene Leiche des Minnecoujou-Häuptlings Big Foot nach dem Massaker von Wounded Knee (aufgenommen am 3.1.1891)

Wounded Knee, kleiner Ort (und Bach) in der >Pine Ridge >Reservation der >Oglala >Lakota >Sioux in Süddakota. Bekannt wurde W.K. durch das Massaker an 300 entwaffneten Sioux, das von der 7. Kavallerie am 28.12.1890 aus Rache für >Custer und die Niederlage am >Little Bighorn begangen wurde (>Big Foot). 1973 besetzten Mitglieder der Indianischen Protestbewegung (>American Indian Movement, gegr. 1968) W.K., um ihren Forderungen nach Rückgabe von Indianerland Nachdruck zu verleihen. Medienwirksam forderten sie die Einhaltung und Revision aller Verträge, die die USA mit den Indianern geschlossen hatten. Gleichzeitig wiesen sie auf die Missstände in den Reservationen, namentlich in Pine Ridge hin. Unter Führung von Russell >Means und Dennis >Banks hielten die Aktivisten den Ort 71 Tage mit Waffengewalt gegen die Nationalgarde. Zwei Indianer starben bei den Auseinandersetzungen. - Seit 1986 kommt es jährlich Ende Dezember zum Big-Foot-Gedenkritt, an dem Reiter verschiedener Stämme teilnehmen. Abb.

Wowoka, Prophet der >Paiute. * um 1858, + 20.9.1932. Berühmt wurde W. durch eine Vision, die er während der Sonnenfinsternis vom 1.1.1889 hatte und aus der heraus er die >Geistertanz-Bewegung entfachte. Nach dem Massaker von >Wounded Knee brach die Euphorie zusammen. W. bemühte sich von da an um ein friedliches Nebeneinander von Indianern und Weißen. Abb.

Wowoka mit General Tim McCoy (1926)

Wyandot, s. unter >Huron.

Y

Yakima, Eigenbezeichnung *Waptailmin* (Volk vom engen Fluss). Stamm der Sprachfamilie >Sahaptin,

Zuni-Pueblo (1897)

der im Gebiet des heutigen US-Bundesstaates Washington sesshaft am Columbia River und am Yakima River von Fischfang, Jagd und Sammelwirtschaft lebte. Sprachlich und kulturell nahe mit den >Cayuse und >Nez Percé verwandt, gehörten die Y. zu den typischen Vertretern der Plateau-Kultur des nördlichen Columbia-Beckens. Als 1855 Goldsucher auch das Land der Y. heimsuchten, wehrten diese sich mit Überfällen auf die Eindringlinge und töteten den für sie abgestellten Indianeragenten. Freiwilligenverbände aus weißen Siedlern und reguläre US-Soldaten vertrieben daraufhin die Y. aus ihren angestammten Arealen und zwangen sie 1858 in eine >Reservation.

Yankton, nördliche Hauptgruppe der >Sioux. Auch nach ihrem Dialekt >Nakota genannt.

Yanktonai, Gruppe der >Yankton >Nakota >Sioux, die heute zusammen mit den >Hunkpapa >Teton >Lakota in der Standig Rock >Reservation (227 581 ha) im nördlichen Süddakota lebt.

Yavapai, Stamm der >Yuma.

Yellowknife, Eigenbezeichnung *Tatsanottine* (Meeresschaummenschen), zur Sprachfamilie der >Athapasken gehörendes, zahlenmäßig kleines Volk. Geschichtlich kaum hervorgetreten, leben die Y. in der südlichen Subarktis unterhalb des Großen Sklavensees in einfachen >Tipis nomadisierend von Jagd, hauptsächlich auf Karibus, Elche und Moschusochsen. Am Y.-River fanden die Y. oberirdisches Kupfer, aus dem sie Messer und Beilklingen herstellten. Ihr Name (Gelbmesser) rührt daher. Etwa 500 Y. sollen heute weit verstreut in ihrem angestammten Gebiet in Kanada leben.

Yellowstone Park, größter und ältester Nationalpark der USA (gegr. 1872). Eingerichtet auf einer Fläche von 8980 km^2, befindet sich sein Hauptteil im Nordwesten der Rocky Mountains Wyomings. Bekannt ist der Y.P. wegen seiner Naturschönheiten, seinem Wildreichtum und seiner heißen Quellen. Neben Wapitis, Elchen und Grislibären leben Bisons hier in freier Wildbahn.

Yuma, Eigenbezeichnung *Kwichana* (Würmerfresser), sesshafte Gruppe kleiner Stämme, die eine eigene gleichnamige Sprachfamilie bilden. Die Y.-Stämme bauten am Colorado River im westlichen Arizona Mais, Bohnen, Sonnenblumen und Kürbisse an. In vielen verstreuten Kleinsiedlungen lebend, kannten die Y. keine zentrale Organisation, wurden von erblichen Dorfhäuptlingen (>Häuptling) geführt und schlossen sich lediglich zu Kriegszügen unter einem Kriegshäuptling zusammen. Zu den Y. gehörten neben Kleinststämmen die Stämme der Mohave, Havasupai, Paipai, Yavapai, Walapai, Cocopa, Halchidhoma und Maricopa. Viele dieser Y.-Gruppen waren untereinander verfeindet und haben sich jahrhundertelang gegenseitig mit Krieg überzogen und dezimiert. Auch Konflikte mit den Weißen trugen sie aus. 1858 überfielen die Mohave, die als besonders kriegerisch galten, einen Siedlertreck, töteten 18 Amerikaner und riefen so die US-Armee auf den Plan, die die Hälfte des Mohave-Stammes niedermachte. Die Mohave mussten, um nicht völlig vernichtet zu werden, sechs ihrer Häuptlinge in Fort Yuma als Geiseln stellen. Vier von ihnen wurden umgehend „auf der Flucht erschossen“. Vier Jahre später erhoben sich die Yavapai und Havasupai, in deren Territorien Scharen von Goldsuchern einfielen. Über zehn Jahre kam es zu zahllosen Scharmützeln, in denen mehr als 100 Weiße starben. Die Zahl der getöteten Indianer lag bei über 1000. Heute zählen die Y.-Stämme über 10 000 Angehörige.

Z

Zuni, Eigenbezeichnung *Aschiwi* (Das Fleisch), >Pueblo-Stamm im Südwesten New Mexicos. Die Sprache der heute etwa 7000 Z. gehört keiner der bekannten Sprachfamilien an, weist aber Ähnlichkeiten zum >Penuti auf. Erste Kontakte mit Weißen hatten die Z. 1540, als der spanische Konquistador Francisco Vasquez de Coronado in ihrem Gebiet nach Gold suchte. In den folgenden Jahrhunderten waren die Z. immer wieder der katholischen Missionierung ausgesetzt, praktizieren ihre religiösen Zeremonien aber im Geheimen bis heute. Die Silberschmiedekunst, die sie von den Missionaren übernahmen, entwickelten sie weiter, so dass der von ihnen gefertigte Schmuck heute zu Recht berühmt ist. Abb.

USA - Einwanderung / Besiedlung

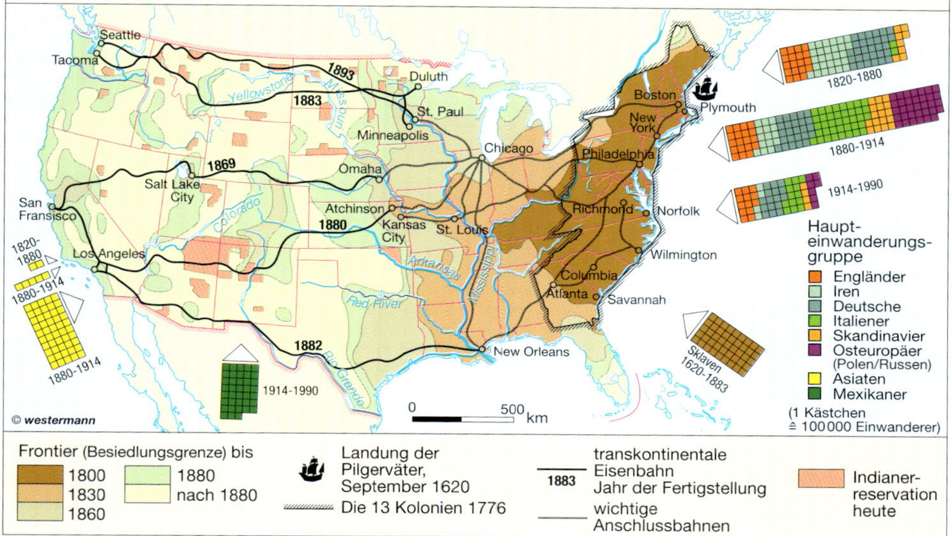

Gebiete der Indianer in den USA

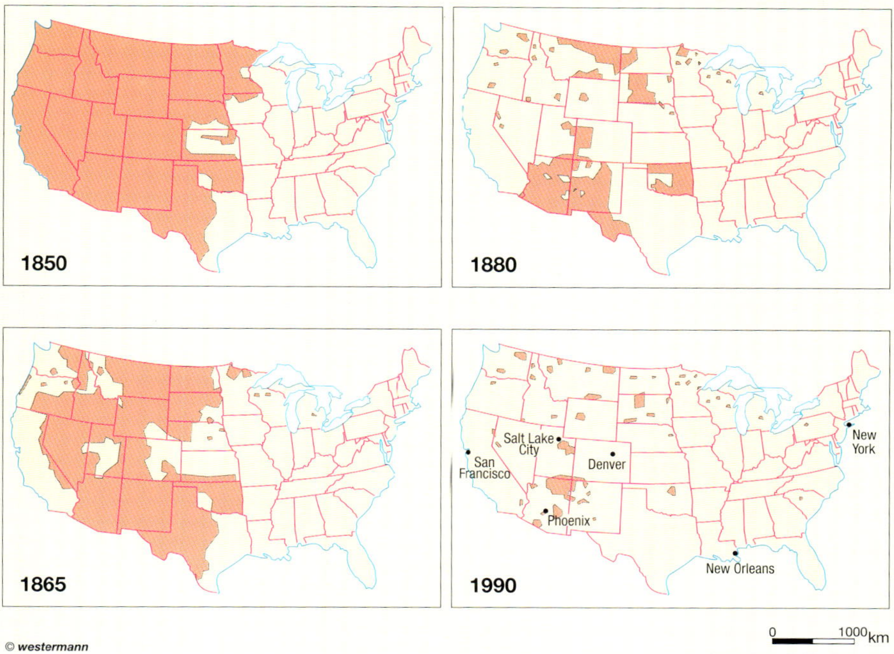

Die vom Autor 1998/99 bereisten Gebiete
① 1.Teil - Die Cree vom Smoky River
② 2.Teil - Indianerzeit
③ 3.Teil - Rückkehr ins Indianerland
0
500
1000
km
Alaska
Golf von Alaska
Pazifischer Ozean
Kanada
Vereinigte Staaten
Mexiko
Yukon-Territory
Northwest-Territories
British-Columbia
Alberta
Saskatchewan
Washington
Oregon
Idaho
Montana
Wyoming
Nevada
Utah
Colorado
California
Arizona
New Mexico
Nebraska
North Dakota
South Dakota
Texas
Golf von Kalifornien
Bethel
Fairbanks
Fort Yukon
Anchorage
Seward
Kodiak
Yukon
Inuvik
Dawson
Norman Wells
Whitehorse
Fort Simpson
Yellowknife
Hay River
Großer Bärensee
Großer Sklavensee
Mackenzie
Sklavenfluss
Banks-Insel
Victoria-Insel
Prince of Wales-Insel
Nördlicher Polarkreis
Back
Thelon
Uranium City
Athabascasee
Peace
Alexander Archipel
Skagway
Sitka
Prince Rupert
Königin-Charlotte-Inseln
Dawson Creek
Fort Mc Murray
Lynn Lake
Churchill
Edmonton
Athabasca
Fraser
Vancouver Insel
Vancouver
Victoria
Columbia
Banff
Calgary
Saskatoon
Saskatchewan
Prince Albert
Regina
Seattle
Olympia
Spokane
Portland
Salem
Helena
Butte
Yellowstone
Billings
Boise
Snake
Buffalo
Rapid City
Casper
Cheyenne
Salt-Lake-City
Green River
Denver
Platte
Pueblo
Oakland
San Francisco
Sacramento
Carson City
Las Vegas
Los Angeles
Long Beach
San Diego
Tijuana
Mexicali
Flagstaff
Phoenix
Colorado
Tucson
Los Alamos
Santa Fe
Albuquerque
Rio Grande
El Paso
Ciudad Juárez
Rio Bravo del Norte
Hermosillo
Chihuahua
Torreón
Monterrey
Saltillo
Culiacán
Durango
La Paz
Mazatlán
Ciudad Victoria
160°
150°
140°
130°
120°
110°
100°
50°
40°
30°

© westermann
Baffin-Insel
Repulse Bay
Southampton-Insel
Iqaluit
Kangerlussuaq
Davisstraße
Nuuk (Godthåb)
Paamiut (Frederikshåb)
Qaqortoq (Julianehåb)
Labradorsee
Hudsonbai
Inukjuak
Hebron
New-foundland
Schefferville
Smallwood-reservoir
Goose Bay
Churchill
Labrador City
Quebec
Neufundland
Gander
Channel-Port-aux-Basques
St. John's
Factory
James-bai
Sept Îles
Anticosti
Miquelon (Fr.)
St. Pierre (Fr.)
Sydney
Fort Albany
Moosonee
Chibougamau
Albany
New Brunswick
Charlotte-town
Fredericton
Nova Scotia
Halifax
Jonquière
Quebec
St. Lorenz-Strom
St. John
Cochrane
Noranda
Shawinigan
Maine
Thunder Bay
Coball
Montreal
Montpelier
Augusta
Sault Ste. Marie
Oberer See
Sudbury
Ottawa
Vermont
Concord
Portland
Duluth
Superior
Michigan
Sault Ste. Marie
Huronsee
New Hampshire
Toronto
New York
Boston
Massachusetts
Wisconsin
Michigansee
Hamil-ton
Rochester
Albany
Hartford
Providence
Rhode Island
Connecticut
Milwaukee
Lansing
Buffalo
New York
New Jersey
Madison
Detroit
Cleveland
Scranton
Trenton
Chicago
Toledo
Pennsylvania
Harris-burg
Philadelphia
Ohio
Pittsburgh
Dover
Indiana
Columbus
Baltimore
Delaware
Illinois
Indianapolis
West Virginia
Annapolis
Maryland
Washington D.C.
Cincinnati
Kansas City
Springfield
Charleston
Richmond
Norfolk
Frankfort
Virginia
Jefferson City
St. Louis
Louis-ville
Kentucky
Raleigh
Bermuda-Inseln (G.B.)
Missouri
Knoxville
Charlotte
North Carolina
Nashville
Tennessee
Wilmington
Chattanooga
Memphis
Columbia
Arkansas
Mississippi
Tennessee
Charleston
Birming-ham
Atlanta
South Carolina
Little Rock
Mississippi
Alabama
Georgia
Savannah
Shreveport
Jackson
Montgomery
Louisiana
Jacksonville
Mobile
Baton Rouge
Tallahassee
New Orleans
Florida
Tampa
Galveston
West Palm Beach
Bahamas
Atlantischer Ozean
Sargassosee
Nördlicher Wendekreis
Golf von Mexiko
Miami
Nassau
San Salvador
Floridastraße
Key West
Caicos- und Turks-Inseln (G.B.)
Havanna
Santa Clara
Kuba
Camagüey
Dominikanische Republik
Puerto Rico (USA)
San Juan
80°
70°
60°
50°
40°
30°
20°
90°

Literaturverzeichnis zum Lexikon

Augustin, Siegfried: Die Geschichte der Indianer. Von Pocahontas bis Geronimo 1600-1900. München 1995.

Brockhaus Enzyklopädie in vierundzwanzig Bänden. Mannheim 1986-1996.

Brown, Dee: Begrabt mein Herz an der Biegung des Flusses. Berlin 1976.

Capps, Benjamin: Die großen Häuptlinge. Amsterdam 1994.

Capps, Benjamin: Die Indianer. Amsterdam 1994.

Catlin, George: Die Indianer Nordamerikas. Leipzig und Weimar 1979.

Das Indianerlexikon. Hrsg. Ulrich van der Heyden. Göttingen 1997.

Der Große Bildatlas Indianer. Die Ureinwohner Nordamerikas, Geschichte, Kulturen, Völker und Stämme. Gütersloh/München 1992.

Die Welt der Indianer. Geschichte, Kunst und Kultur von den Anfängen bis zur Gegenwart. München 1994.

Engel, Elmar: Blackfoot, Cree, Mohawks. Zur Geschichte der Indianer im Norden Amerikas. Göttingen 1993.

Engel, Elmar: Die Comanchen und ihr Häuptling Quanah Parker. Göttingen 1997.

Fleming, Paula, Richardson/Luskey, Judith: Die Nordamerikanischen Indianer in frühen Photographien. München 1988.

Fleming, Paula, Richardson/Luskey, Judith Lynn: Schattenfänger. Die Indianer Nordamerikas in historischen Meisterphotographien. München 1993.

Frank, Patty: Die Indianerschlacht am Little Big Horn. Berlin 1957.

Hiesinger, Ulrich W.: Indianer in Nordamerika. Eine photographische Dokumentation vom Bürgerkrieg bis Wounded Knee. München 1994.

Indianerland. Dakota, Wyoming, Montana. München 1995.

Kreutzkamp, Dieter: Rocky Mountains. Zwischen New Mexico und Kanada, Colorado River und Prärien. München 1998.

La Farge, Oliver: Die Welt der Indianer. Kultur, Geschichte und Kampf eines großen Volkes. Berlin 1977.

Legay, Gilbert: Atlas der Indianer Nordamerikas. Hamburg 1997.

Paige, Harry W.: Land of the Spotted Eagle. A Portrait of the Reservation Sioux. Chicago 1987.

Rocky Mountains. Amerikas Zauberberge. Fotos: Max Schmid, Text: Rainer Höh. Luzern 1996.

Stammel, H.J.: Indianer. Legende und Wirklichkeit von A-Z, Leben-Kampf-Untergang. München 1997.

Tanner, John: Dreißig Jahre unter den Indianern. Leben und Abenteuer des John Tanner, nach seinen mündlichen Berichten im Jahre 1830 aufgeschrieben von Edwin James. Hrsg. Eva Lips. Leipzig 1983.

Turner, Geoffrey: Indianer. Zur Kultur und Geschichte der Indianer Nordamerikas. Leipzig 1983.

Utley, Robert M.: Little Bighorn Battlefield. Custer Battlefield 1988.

West, Ian: Portraits der Ureinwohner Nordamerikas. München 1996.

Wiltsey, Normen B.: Stolz starben die Stämme. Der Untergang der Indianer in zeitgenössischen Berichten und Bilddokumenten. Berlin, Bayreuth, Zürich 1997.

Wood, Norman B.: Die großen Häuptlinge der Indianer. Geschichte ihrer Leben. Hrsg. Eva Lips. Weimar o.J.

Zimmerman, Larry J.: Indianer. Geschichte und Stämme - Häuptlinge, Geister, Medizinmänner - Spirituelles Leben und Schöpfungsmythen. München 1998.

Zwischen Hudson und Mississippi. Berichte deutscher Reisender des 18. und 19. Jahrhunderts. Hrsg. Eberhard Czaya. Berlin 1987.